도서출판 대장간은
쇠를 달구어 연장을 만들듯이
생각을 다듬어 기독교 가치관을
바르게 세우는 곳입니다.

대장간이란 이름에는
사라져가는 복음의 능력을 되살리고,
낡은 것을 새롭게 풀무질하며, 잘못된 것을
바로 세우겠다는 의지가 담겨져 있습니다.

www.daejanggan.org

기독교 신학의 숲 II

느헤미야 기독교 입문 시리즈 ⑥
기독교 신학의 숲 II

지은이	김형원
초판발행	2014년 10월 1일
초판2쇄	2020년 4월 17일
펴낸이	배용하
책임편집	윤순하
등록	제364-2008-000013호
펴낸곳	도서출판 대장간
	www.daejanggan.org
등록한곳	충남 논산시 매죽헌로1176번길 8-54
편집부	전화 041-742-1424 전송 0303-0959-1424
분류	기독교 | 조직신학 | 신학
ISBN	978-89-7071-337-3
	978-89-7071-322-9 04230(세트)

이 책은 저작권법에 의해 보호를 받는 출판물입니다.
기록된 형태의 허락 없이는 무단 전재와 복제를 금합니다.

 값 13,000원

느헤미야 기독교 입문 시리즈 ⑥
기독교 신학의 숲 II

김 형 원

차례

서문 / 8

제 1 장 · 하나님이신 예수 그리스도 ……………………………… 11

제 2 장 · 인간이신 예수 그리스도 ………………………………… 21

제 3 장 · 성육신 Incarnation ………………………………………… 34

제 4 장 · 그리스도의 세 가지 역할 ………………………………… 46

제 5 장 · 그리스도의 속죄 Redemption …………………………… 62

제 6 장 · 그리스도의 부활 Resurrection …………………………… 75

제 7 장 · 구원이란 무엇인가? ……………………………………… 90

제 8 장 · 중생 Regeneration ………………………………………… 99

제 9 장 · 회심 Conversion …………………………………………… 110

제10장 · 칭의 Justification …………………………………………… 119

제11장 · 하나님의 자녀 ……………………………………………… 133

기독교 신학의 숲 II
하나님의 구원 계획

제12장 · 성화 Sanctification ····································· 144

제13장 · 성령 충만 ······································· 159

제14장 · 구원을 이루는 삶 ····························· 171

제15장 · 구원의 확신 ····································· 189

제16장 · 교회란 무엇인가? ····························· 200

제17장 · 참된 교회의 특징 ····························· 216

제18장 · 교회의 사명 ····································· 228

제19장 · 교회, 은사 공동체 ···························· 243

제20장 · 죽음과 부활 ····································· 254

제21장 · 재림과 최후심판 ······························ 267

제22장 · 새 하늘과 새 땅 ······························· 284

서문

성경은 이중적 성격을 띤다. 한 편으로는 누구나 성경에 담겨 있는 구원의 진리를 이해할 수 있을 만큼 평이하지만, 또 다른 편으로는 누구도 완벽하게 이해하기 어려울 만큼 그 깊이가 무한하다. 이러한 이중적 성격은 성경에 대한 우리의 태도에도 이중성을 요구한다. 한편으로는 하나님 앞에서 겸손하고 단순한 믿음이 필요하다. 성경의 모든 것을 이해한 후에 믿을 수는 없기 때문이다. 이해가 믿음에 선행하지 않는다. 그러나 또 다른 편으로, 우리는 믿음의 걸음을 내디딘 이후에 제자리에 머물러서는 안 된다. 하나님 말씀의 풍부한 광맥을 계속 파나가야 한다.

히브리서에는 이런 기록이 있다. "멜기세덱에 관하여는 할 말이 많이 있지만, 여러분의 귀가 둔해진 까닭에 설명하기 어렵습니다. 시간으로 보면, 여러분은 이미 교사가 되었어야 할 터인데, 다시금 하나님의 말씀의 초보적 원리를 남들에게서 배워야 할 처지에 놓여 있습니다. 여러분은 단단한 음식물이 아니라, 젖을 필요로 하는 사람이 되었습니다."히 5:11-12 히브리서 저자는 예수 그리스도의 대제사장직에 대해서 멜기세덱을 끌어다가 깊이 있게 설명하려다 보니 불현듯 독자들이 이 내용을 이해할 수 있을까 하는 의문이 들어서 이렇게 한탄하면서 책망하고 있는 것이다. 그는 목사가 아니라 모든 성도에게 말하고 있다. 모두가 단단한 음식을 먹는 수준까지 성장해야 한다고 말하는 것이다. 이 한탄을 듣고 한국 교회와 성도들은 떳떳할 수 있을까? 성경과 신학에 대한 우리의 이해 수준이 젖을 먹는 단계를 넘어섰다고 말할 수 있을까?

교회의 역사를 보면 교회가 하나님 앞에서 올바로 서 있는지 여부는 성도들의 성경과 신학의 이해 수준과 밀접한 관련이 있다는 것을 잘 알 수 있다. 초대 교회의 생동력 있는 모습은 성령의 충만한 체험뿐만 아니라 회심한 성도들이 사도들에게 열심히 배운 것과 무관하지 않다.^{행2:42} 중세 교회의 암울한 모습은 성도들의 삶에서 성경이 박탈되어 오직 사제들만의 소유물로 전락한 것과 깊이 연관된다. 종교개혁이 탄력을 받은 것은 성경이 번역되어 성도들 손에 들려졌고 종교개혁자들이 열심히 성경과 신학을 가르쳤기 때문이다. 교회의 부흥은 하나님 말씀의 부흥과 함께 한다.

하나님의 말씀을 바르게 이해하고, 그 깊이를 헤아리려는 신학 작업이 점차 성도들의 삶에서 멀어지고 있다. 그 결과 성도들은 계속해서 젖 먹는 어린아이 상태에 머물면서 세상의 유혹과 도전을 하나님의 말씀으로 판단하고 분별하는 능력, 그리고 세상에 대항하여 담대하게 맞서는 힘을 상실했다. 지성적 노력을 기울이지 않는 그리스도인들은 판단 능력이 약해져서 세상이 이끄는 대로 끌려 다닐 수밖에 없다. 그러므로 신학은 목사를 만들기 위한 특수 학문이 아니라 모든 성도가 습득하여 세상에서 활용해야 하는 필수적 훈련의 하나로 다시금 자리매김 해야 한다. 그것이 교회를 굳건하게 하고, 성도들을 거룩하고 강한 믿음의 용사로 세우는 길이기 때문이다.

하나님의 온 백성이 하나님의 말씀을 이해하고 자신의 것으로 만들어 세상 속에서 담대한 믿음의 용사로 서기를 바라는 마음을 담아 이 책을 쓴다. 비록 작고 부족한 시도이지만, 이 작은 소망이 성도들의 삶 속에서 아름다운 열매로 나타나기를 기대한다.

제1장 · 하나님이신 예수 그리스도

"태초에 '말씀'이 계셨다. 그 '말씀'은 하나님과 함께 계셨다. 그 '말씀'은 하나님이셨다." 요1:1

I. 예수에 대한 생각

인류 역사에 가장 큰 영향을 끼친 사람은 누구일까? 소크라테스, 콜럼버스, 셰익스피어, 마르크스, 뉴턴, 아인슈타인, 붓다, 마호메트, 공자? 사람마다 거론하는 위인들이 조금씩 다르겠지만, 기독교를 좋아하든지 그렇지 않든지, 예수를 그 목록에 포함하는 것에 반대하는 사람은 거의 없을 것이다. 그러면 사람들은 예수를 어떤 존재로 생각하는 것일까?

어떤 사람들은 예수를 위대한 사상가로 생각한다. 간디는 예수를 종교는 다르지만 가장 존경하는 인물로 생각했고, 예수의 위대한 가르침 중 하나인 산상설교를 삶의 바탕으로 삼아 거기서부터 비폭력 무저항 운동을 전개하였다. 또 다른 사람들은 예수를 위대한 종교지도자요 영성가로 생각한다. 이슬람교에서는 예수를 비록 마호메트보다는 열등하지만, 알라가 보낸 위대한 선지자 중 하나로 여긴다. 달라이 라마는 예수가 고도의 영적 깨달음을 얻은 존재였을 것이라고 말한다. 그러나 이렇게 예수를 위대한 인물로 칭송하는 이들도 예수가 '성자 하나님'이라는 기독교의 주장은 냉소적으로 거부한다. 그는 단지 위대한 인간일 뿐이라고 생각하는 것이다.

이런 경향은 최근에 와서 나타난 것이 아니고, 2천 년 전 기독교가 처음이 세상에 뿌리를 내리기 시작할 때부터 있었던 생각이다.

초기 기독교의 한 분파인 에비온 파Ebionites는 예수가 비범한 재능을 소유한 자이며, 율법을 완벽히 준수함으로써 의롭게 되어 메시야로 인정받은 사람일 뿐이라고 여겼다. 그들은 예수와 그리스도를 분리하면서, 예수가 세례를 받을 때 하늘에서부터 그리스도가 예수에게 임했고, 예수의 생애의 끝에서 다시 떠났다고 주장한다. 즉, 예수는 철저한 인간이었다는 것이다. 이와 유사한 견해를 가장 강력하게 설파했던 사람이 아리우스이다. 그는 하나님은 절대적으로 유일한 분이기에 자신의 존재나 본질을 다른 누구와도 공유할 수 없다고 확신했다. 이것은 예수도 예외가 아니다. 예수가 신이라고 주장하는 것은 하나님이 나뉜다는 것을 의미하므로 단일신이 아니라는 뜻이 된다. 이런 맥락에서 아리우스는 성자는 피조물에 불과하다고 생각한다.

이에 대해 아타나시우스는 예수가 완전한 신성을 지녀야 하나님의 구원이 완성될 수 있다는 것을 근거로 예수가 인간임과 동시에 신이라고 주장했다. 325년에 열린 니케아 공의회는 아리우스의 주장을 거부하고, 아타나시우스의 주장을 성경을 바르게 이해한 정통적 견해로 채택했다. "예수가 성부로부터…성부의 본질substance로부터 났고…성부와 하나의 본질로부터 만들어진 것이 아니라 그 본질로부터 났다." 즉, 성부 하나님과 성자 예수님은 본질상 동등하다는 것이다. 그 후 어거스틴에서 종교개혁가들에 이르기까지 교회와 신학자들은 예수의 역사적 삶을 담은 복음서와 사도들의 증언에 근거해볼 때 예수는 신이었다고 확신하였다.

Ⅱ. 예수와 당시 사람들의 주장

예수가 단순히 위대한 인간이 아니라 신적 존재라는 것은 여러 가지 근거에 기초한 것이다.

1. 제자들과 초대교회 성도들은 예수를 하나님이라고 인정하고 고백했다

그들은 예수님을 태초부터 하나님과 함께 계셨던, 하나님과 동등한 분이라고 생각하였다. "태초에 '말씀'이 계셨다. 그 '말씀'은 하나님과 함께 계셨다. 그 '말씀'은 하나님이셨다."요1:1 또한, 예수는 "하나님의 영광의 광채시요, 하나님의 본체대로의 모습", 즉 하나님과 동등한 분이라고 말한다.히1:3 그래서 오직 하나님에게만 돌려야 할 찬양을 예수님에게도 드리고 있다, "그는 만물 위에 계시며 영원토록 찬송을 받으실 하나님이십니다. 아멘."롬9:5 "그에게 영광과 권세가 영원무궁 하도록 있기를 빕니다. 아멘."계1:6; 딤후4:18; 벧후3:18

예수님은 세상을 향해서도 하나님과 동등한 권위를 가진 분으로 인정되었다. 그는 세상의 창조자이며,요1:3 "모든 것이 그로 말미암아 창조되었으니, 그가 없이 창조된 것은 하나도 없다." 만물을 보존하는 자다.히1:3 "그는 자기의 능력 있는 말씀으로 만물을 보존하시는 분이십니다.",골1:17 또한, 예수는 종말에 하나님과 더불어 심판자로 나타나실 것이다. 고후5:10 "우리는 모두 그리스도의 심판대 앞에 나타나야 합니다."

이처럼 예수님과 가장 가까이 있었던 제자들과 주변 사람들은 예수가 하나님과 같은 존재이며 하나님과 같은 능력을 가진 분이라는 것을 확실하게 알았고 인정했다.

2. 예수는 자신이 하나님과 같다고 스스로 주장했다

그뿐만 아니라 예수님은 스스로 자신이 하나님이라고 주장했다.

예수님은 자신이 아브라함이 태어나기 전부터 존재했다고 주장하였다. 요8:58, "내가 진정으로 진정으로 너희에게 말한다. 아브라함이 태어나기 전부터 내가 있다" 유대인들은 이 말이 무엇을 의미하는지 알았다. 즉, 그들은 예수가 자신을 하나님과 동등한 존재라고 주장하는 것으로 이해했다. 그래서 그들은 예수가 신성모독의 죄를 범했다고 생각하여 즉결심판을 하려 했던 것이다. 요8:59

또한, 예수님은 이렇게 말씀하신 적도 있다, "내 아버지께서 이제까지 일하고 계시니, 나도 일한다."요5:17 유대인들은 이 말씀 때문에 더욱더 예수를 죽이려고 하였다. 그것은 예수님이 안식일을 범하셨을 뿐만 아니라, 하나님을 자기 아버지라고 불러서, 자기를 하나님과 동등한 위치에 놓았기 때문이다. 더 나아가 예수님은 자신이 하나님과 똑같은 형상이며, 요14:9, "나를 본 자는 아버지를 보았거늘" 실질적으로 하나님과 하나라고 주장하였다. 요10:30, "나와 아버지는 하나이다"

예수님은 자신이 하늘에서 왔다고 주장한다, "그것은, 내가 내 뜻을 행하려고 하늘에서 내려온 것이 아니라, 나를 보내신 분의 뜻을 행하려고 왔기 때문이다."요6:38 하늘은 하나님이 계신 곳을 의미한다. 그러므로 이 말은 자신과 하나님이 동등한 존재라는 주장이다. 요3:13, "하늘에서 내려온 이 곧 인자 밖에는 하늘로 올라간 이가 없다"

또한, 예수님은 자신이 하나님의 아들이며 심판자로 올 것이라고 주장하셨다, "예수께서 말씀하셨다. 내가 바로 그이요. 당신들은 인자가 전능하신 분의 오른쪽에 앉아 있는 것과, 하늘의 구름을 타고 오는 것을 보게 될 것이오."막14:62

또한, 예수님은 자신이 하나님과 동등한 권한을 가졌다고 주장했다.

죄 사하는 권세, 막2:5, "예수께서는 그들의 믿음을 보시고, 중풍병 환자에게 '이 사람아! 네 죄가 용서받았다' 하고 말씀하셨다" 영생을 주는 능력, 요5:24, "내가 진정으로 진정으로 너희에게 말한다. '내 말을 듣고 또 나를 보내신 분을 믿는 사람은, 영원한 생명을 가지고 있고 심판을 받지 않는다. 그는 죽음에서 생명으로 옮겨갔다'" 그리고 심판하는 권세까지. 요 5:22, "아버지께서는 아무도 심판하지 않으시고, 심판하는 일을 모두 아들에게 맡기셨다"

3. 예수의 독특성

예수님의 이런 주장들은 다른 종교지도자들과 분명하게 구별되는 점이다. 사이비 종교지도자들을 제외하고 유력 종교의 지도자들이나 창시자들은 결코 자신이 신이라고 주장하지 않았다. 그러나 예수님은 여러 번에 걸쳐서 매우 분명하게 자신이 하나님과 똑같은 존재라고 주장하였다.

이런 주장을 했다는 것이 더욱 사실적인 이유는 바로 그 이유신성 모독 때문에 당시 종교지도자들이 예수를 죽이려고 했다는 점이다. "유대 사람들이 대답하였다. '우리가 당신을 돌로 치려고 하는 것은, 선한 일을 하였기 때문이 아니라, 하나님을 모독하였기 때문이오. 당신은 사람이면서, 자기를 하나님이라고 하였소.'" 요10:33 대제사장 앞에 잡혀가서 심문을 받을 때도 똑같은 주장이 오갔다. 대제사장이 물었다, "내가 살아 계신 하나님을 걸고 그대에게 명령하니, 우리에게 말해 주시오. 그대가 하나님의 아들 그리스도요?" 예수님이 그렇다고 대답하자 대제사장은 예수가 하나님을 모독한다고 분노하면서 예수를 죽이기로 결정하였다. 마26:63-65 이처럼 예수님은 죽음을 앞에 두고서도 자신이 하나님과 동등하다는 주장을 결코 철회하지 않았다. 그리고 바로 그것 때문에 십자가 형벌을 받고 죽은 것이다.

Ⅲ. 예수의 신성 주장은 믿을만한 것인가?

1. 예수가 미친 것은 아닌가?

당시에도 예수님이 자신은 하나님과 같은 존재라고 주장하자 많은 사람이 예수가 미쳤다고 생각했다, "그 가운데서 많은 사람이 말하기를 '그가 귀신이 들려서 미쳤는데, 어찌하여 그의 말을 듣느냐?'"요10:20, 7:20, 8:48; 마12:24 그러나 동시대의 다른 사람들은 예수가 미쳤다는 데 결코 동의하지 않았다, "또 다른 사람들은 말하기를 '이 말은 귀신이 들린 사람의 말이 아니다. 귀신이 어떻게 눈먼 사람의 눈을 뜨게 할 수 있겠느냐? 하였다."요10:21

예수님도 자신이 미쳤다는 주장에 동의하지 않았고, 오히려 그 주장이 잘못되었다는 것을 논리적으로 반박하셨다, "내가 바알세불의 힘을 빌어서 귀신을 쫓아낸다고 하면, 너희의 아들들은 누구의 힘으로 귀신을 쫓아낸다는 말이냐? 그러므로 그들이야말로 너희의 재판관이 될 것이다. 그러나 내가 하나님의 영을 힘입어서 귀신을 쫓아내는 것이면, 하나님의 나라는 너희에게 왔다."마12:27-28

실제로 예수님의 행적을 살펴보면 그가 미쳤다는 주장에 동의하기 어렵다. 많은 사람이 그를 따라다녔다. 또한, 그의 말은 매우 논리적이고 권위 있었다.산상설교나 천국 비유들을 보라 그래서 당대 최고의 랍비 중 한 사람이었던 니고데모를 비롯해서 심지어 그를 반대하던 많은 종교지도자도 그의 권위를 인정할 수밖에 없을 정도였다. 그러므로 자신이 하나님과 동등한 존재라는 예수님의 주장을 미친 소리로 치부할 수는 없을 것이다.

2. 예수가 사기꾼은 아니었을까?

예수님 당시에도 그가 거짓말을 하면서 사람들을 미혹하고 있다고 생각하는 사람들이 있었다. "무리 가운데서는 예수를 두고 말들이 많았다. 더러는 그를 좋은 사람이라고 말하고, 더러는 무리를 미혹하는 사람이라고 말하였다."요7:12 그러나 다수의 사람은 그런 판단에 동의하지 않았으며, 그런 주장이 사실이 아니라는 많은 증거가 있다.

예수님 당시부터 이후로 수많은 사람이 죽음을 무릅쓰고 예수의 주장과 가르침에 동조했다는 사실이 그 첫 번째 증거다. 예수님도 스스로 자신의 가르침에 충실하게 살았고, 그것을 위해 죽기까지 했다. 어떤 사람이 자신이 하는 말이 거짓인 것을 알면서도 그것을 위해 죽을 수 있을까? 더욱이 예수의 사후에 그와 가장 가까웠던 사람들이 겁쟁이에서 변해 목숨 걸고 예수를 증거 하는 자들이 되었다. 예수가 사기꾼이었다면 그의 제자들은 스스로도 믿지 않는 사실 때문에 이렇게 목숨을 걸고 사기꾼을 위해 목숨을 걸었다는 말이다. 무엇보다 그들이 그토록 분명하게 변한 것은 무엇 때문이었을까? 오늘날에도 자칭 신이라고 주장하는 사람들이 많이 나왔지만, 우리는 그들의 결말을 잘 안다. 결국, 그들의 행각은 거짓으로 드러나고 추종자들도 모두 흩어져버린다.

결론적으로, 예수님이 하셨던 말씀과 행적으로 보나 그의 추종자들이 보여주었던 모습으로 보나, 예수가 사기꾼이었다고 보기는 어려운 일이다.

3. 우리가 대답해야 할 질문

그렇다면, 요즘 사람들이 흔히 생각하는 것처럼 예수가 단지 위대한 사람일 뿐이라고 생각하는 것은 합당한가?

예수의 가르침이나 행한 일들을 보면 위대한 영적 지도자의 면모가 여지없이 드러나는 것이 사실이다. 너무나 멋진 말들이 많고, 우리가 귀담아 들어야 할 금과옥조 같은 명언들이 많기 때문이다. 그래서 많은 사람이 그의 가르침을 추종하고 칭송한다. 그러나 문제는, 그가 그런 명언들만 말했던 것이 아니라는 데 있다. 앞에서도 봤듯이 그는 여러 번에 걸쳐서 자신이 하나님과 동등한 존재라고 분명하게 주장했다. 그는 진리를 추구하는 구도자요 선생에 머무르지 않고 자신이 바로 진리 그 자체라고 주장했다.

예수가 자신에 대해 하나님과 같은 존재이며 진리 그 자체라고 주장한 이상, 그를 단순히 위대한 교사로만 생각할 수는 없는 일이다. 그것은 자신이 하나님과 동등하다는 예수의 주장을 거짓말로 간주하는 것과 같기 때문이다. 그렇다면, 예수가 자신을 신이라고 주장한 것이 거짓말을 한 것이라고 여기든, 과대망상증에 걸린 것이라고 보든, 결국 그런 사람을 위대한 교사로 여기는 것은 앞뒤가 맞지 않는 모순적인 태도다.

그러므로 우리는 예수님의 위대한 가르침뿐만 아니라 자신이 하나님이라는 주장을 모두 받든지 아니면 둘 다 거부하든지 해야 한다. 둘 다 예수에게서 나온 것이기 때문이다. 만약 신성에 대한 그의 주장을 진지하게 고려하고 그것을 진리로 받아들이지 않는다면, 예수를 미친 사람이거나 사기꾼으로 취급하는 것이 훨씬 일관성 있는 태도일 것이다. 그러나 그의 주장을 전체로 받는다면, 우리는 그가 하나님이라고 인정할 수밖에 없게 된다. 그가 하나님이기에 그토록 위대한 가르침이 나올 수 있었던 것이다.

예수님은 제자들과 가이사랴 지방에 있을 때 이런 질문을 던진 적이 있었다, "사람들이 인자를 누구라고 하느냐?"마16:13 "제자들이 대답하였다. '세례자 요한이라고 하는 사람들도 있고, 엘리야라고 하는 사람들도 있고, 예레미야나 예언자들 가운데에 한 분이라고 하는 사람들도 있습니다.'"14절 예수님은 다시 그들에게 물었다, "그러면 너희는 나를 누구라고 하느냐?"15절 그때 베드로가 용감하게 일어나서 대답하였다, "선생님은 살아 계신 하나님의 아들 그리스도십니다."16절 예수님은 그 대답에 매우 만족하셨다. 예수님이 하나님의 아들이요 하나님과 똑같은 존재라는 것을 정확하게 간파한 대답이었기 때문이다.

Ⅳ. 예수의 신성의 의미

예수가 하나님이라는 것은 어떤 의미인가?

1. 이것이 구원을 가능케 한다

예수님이 단순히 위대한 영적 스승이 아니라 하나님이셔야 하는 가장 중요한 이유는 하나님과 인간을 화해시키려면 완전한 인간인 동시에 완전한 신적 존재가 필요하기 때문이다. 그래야 신을 대변함과 동시에 인간도 대변할 수 있기 때문이다.

모든 인간은 죄인이다. 그러므로 어떤 인간도 다른 인간의 죄를 대신해서 죽을 수 없다. 그가 죽는다면 자신의 죄 때문에 죽는 것이기 때문이다. 그러므로 인간을 대신해서 누군가 죽어야 한다면 그것은 죄 있는 인간이 아니어야 한다. 그래서 하나님이신 그리스도가 예수가 되어 인간을 대신해서 죽으신 것이다. 이처럼 예수는 완전한 신이셔야 그를 통해 구원이 이루어질 수 있는 것이다.

2. 예수를 통해서 하나님에 대한 참된 지식을 가질 수 있다

예수님은 하나님을 보여 달라고 요청하는 도마를 향해 "나를 본 자는 아버지를 본 것"요14:9이라고 말씀하셨다. 이 말씀은 예수님은 하나님을 계시하는 분이라는 뜻이다. 우리는 예수 안에서 하나님의 본성을 발견하고 하나님을 본다. "하나님의 계시자로서 예수는 자신의 지상적 삶과 사역 전체를 통해서 하나님에 대한 객관적인 묘사를 전달한다."스탠리 그렌츠,「조직신학」, 394 예수님을 통해서 우리는 하나님이 어떤 분인지, 그리고 하나님의 속성사랑, 은혜, 위엄, 거룩함, 능력이 어떤 것인지 구체적으로 이해할 수 있다.

3. 예수님께 기도하고, 그를 경배할 수 있다

예수는 하나님과 하나이기 때문에 그는 세상의 주인이시다. 이것은 무엇을 의미하는가? 예수는 만유에 대한 통치권을 가지신 주권자라는 뜻이다.빌2:9-11 또한, 예수님은 우리 각자의 삶을 다스리는 통치자요 주님이시다. 그뿐만 아니라, 예수님은 하나님과 더불어 역사를 이끌어 가시고 역사에 의미를 부여하는 분이시다.

그러므로 예수 그리스도는 이 땅에 계실 때 수많은 도움 요청에 응하셨던 것나사로를 살린 것, 문둥병자를 고친 것, 풍랑을 잠잠케 하신 것 등처럼 우리의 간구에 귀를 기울이시고 응답하실 수 있는 분이다. 그분은 곤경에 처한 인간에게 그저 탁월한 지혜를 나누어줄 수 있는 스승이기만 한 것이 아니라, 그 문제의 근원을 해결하실 수 있는 초월자로서 기도를 듣는 분이시다.

그렇기에 우리는 하나님이신 예수 그리스도를 찬양하고 그의 이름을 높이며 노래하는 것이 마땅하다.

"죽임을 당하신 어린 양은 권세와 부와 지혜와 힘과 존귀와 영광과 찬양을 받으시기에 합당하십니다."계 5:12

제2장 · 인간이신 예수 그리스도

"우리의 대제사장은 우리의 연약함을 동정하지 못하시는 분이 아닙니다. 그는 모든 점에서 우리와 마찬가지로 시험을 받으셨지만, 죄는 없으십니다. 그러므로 우리는 담대하게 은혜의 보좌로 나아갑시다. 그리하여 우리가 자비를 받고 은혜를 입어서, 제때에 주시는 도움을 받도록 합시다." 히4:15-16

I. 예수에 대한 왜곡

1. 예수의 모습

우리 주변에서 흔히 볼 수 있는 예수님의 그림에는 거의 예외 없이 금발에 잘 생기고 키도 훤칠한 멋진 서양인의 모습이 등장한다. 1500년대에 유통되었던 어느 위조문서는 예수의 모습을 이렇게 묘사하고 있다, "그는 키가 크고, 용모가 준수하며, 거룩한 모습을 하고 있다. 그는 우아하게 굽이치는 고수머리를 하고 있고, 그 색깔은 어떤 사람과도 비교할 수 없을 만큼 아름답다. 그의 이마는 높고 넓으며 당당하다. 홍조를 띤 그의 양 볼은 반점이나 주름살 하나 없이 아름답기만 하다. 그의 코와 입의 균형미는 완벽하다." 필립 얀시, 『내가 알지 못했던 예수』, 135

그러나 이런 묘사와는 달리 실제 예수님의 외모는 그렇게 특별하지 않았을 것이라고 보는 것이 더 합당하다. 진위는 불분명하지만, 이탈리아 튜린에 보관되어 있는 예수의 성의라고 주장되는 수의에 나타난 모습은 지극히 평범한 유대인의 얼굴 그대로였다. 이것은 이사야가 예언한 것과 일맥상통하는 것처럼 보인다, "그에게는 고운 모양도 없고, 훌륭한 풍채도

없으니, 우리가 보기에 흠모할 만한 아름다운 모습이 없다."사53:2

외모뿐만 아니라 실제 삶에서도 공생애 이전 예수의 인간적인 모습은 표면적으로 볼 때 매우 평범했다. 그 점은 예수님의 고향 나사렛 사람들이 증명한다, "'이 사람은 마리아의 아들 목수가 아닌가? 그는 야고보와 요셉과 유다와 시몬의 형이 아닌가? 또 그의 누이들은 모두 우리와 같이 여기에 살고 있지 않은가?' 그러면서 그들은 예수를 달갑지 않게 여겼다."막6:3 예수님은 공생애를 시작하기 전까지 평범한 한 사람으로 사셨다.

예수님의 외모나 삶의 모습에 대한 진실이 어떻든, 그가 이 땅에서 인간으로 사셨다는 것은 분명하다.

2. 예수의 인성을 부정하는 사람들

예수님을 숭앙하는 사람들 가운데 예수님이 인간이라는 사실을 받아들이기 어려워하는 사람들이 종종 있었다.

어떤 사람들은 물질을 본질적으로 악하다고 생각하여 신성을 지닌 예수 그리스도가 실제로 인간의 몸을 입을 수는 없다고 생각하였다. 그는 우리 눈에 육체를 가진 인물로 보였을 뿐, 실제로는 완전한 신적 존재였다고 주장한다. 이런 주장을 가현설docetism이라고 한다. 사도들 시대에도 이렇게 주장하는 사람들이 있었기에 요한 사도는 분명하게 선포하였다, "곧 예수 그리스도께서 육신을 입고 오셨음을 시인하는 영은 다 하나님에게서 난 영입니다. 그러나 예수를 시인하지 않는 영은 다 하나님에게서 나지 않은 영입니다. 그것은 그리스도의 적대자의 영입니다."요일4:2-3

가현설과는 조금 다른 주장도 대두하였는데, 아폴리나리우스라는 사람은 그리스도가 인간의 육체를 가지기는 했지만, 그의 마음과 영혼은 신적이었다고 주장하였다. 이것 역시 예수는 완전한 인간이 아니었다는 말이다.

이처럼 한쪽에서는 예수의 신성을 부인하는 사람들이 있었지만, 또 다른 쪽에서는 예수의 인성을 부인하는 다양한 사람들이 나타났다.

Ⅱ. 인성의 증거들

성경은 예수님이 완전한 인간이었다고 분명하게 증언하고 있다. 실제로 예수님 당시 사람들이 증언하는 것을 보면, 예수님이 모든 점에서 보통 사람들과 똑같은 모습을 가지고 있었다는 점을 확인할 수 있다.

1. 예수는 인간들과 똑같은 육체와 정신을 가지고 있었으며, 인간들이 살아가면서 겪는 일들을 똑같이 겪었다

예수님은 출생부터 죽음까지 인간이 겪는 모든 과정을 똑같이 겪었다. 임신을 통해 태아가 되었고, 열 달이 지나서 아기로 태어났다. 어린 시절을 부모 밑에서 양육 받았고, 정상적인 인간의 성장과정을 거쳤다. 눅2:40-52; 히5:8 죽을 때에도 다른 인간들과 마찬가지로 고통 속에서 괴로워했다. 그래서 예수님의 동네 사람들은 물론이고 친형제들도 예수님을 자신들과 전혀 다르지 않은 인간으로 보았다. 마13:54-56; 요7:5; 막6:3

예수님은 다른 사람들과 똑같은 육체를 가지고 있었고, 그렇기에 육체적인 필요들을 느꼈다. 그는 몸의 반응대로 굶주리고마21:18 목마르셨다.마11:19 또한, 피곤하면 잠을 자야 했다.마8:24 칼과 창을 맞으면 피가 흘렀다. 요19:34

예수님은 인간의 모든 감정을 똑같이 지니고 있었다. 예수님은 다른 사람들과 마찬가지로 희로애락을 알았고, 또한 그 감정들을 자주 표현하셨다. 기쁨, 눅10:21, "그 때에 예수께서 성령으로 기쁨에 차서 이렇게 아뢰었다" 슬픔, 눅19:41, "예수께서 예루살렘 가까이에 오셔서, 그 도성을 보시고 우시었다" 사랑, 요 11:5, "예수께서는 마르다와 그의 자매와 나사로를 사랑하셨다" 긍휼, 마9:36, "예수께서 무리를 보시고, 그들을 불쌍히 여기셨다", 분노 막3:5, "예수께서 노하셔서, 그들을 둘러보시고, 그들의 마음이 굳어진 것을 탄식하시면서, 손이 오그라든 사람에게 말씀하셨다" 등등.

예수님은 인간과 똑같은 정신과 영혼을 가지고 있었다. 그는 다른 인간과 마찬가지로 인식하고, 기억하고, 논리적으로 생각하는 이성을 가지고 있었다. 누가복음 2장 52절은 예수님이 성장하면서 지혜도 함께 자랐다고 말하고 있다. 이것은 그가 완전한 인간이라는 것을 보여주는 것이다.

심리적인 필요를 느낀다는 점에서도 예수님은 인간과 완전히 동일했다. 마26:36-38 죽음을 앞둔 위기의 순간에 예수님은 심리적으로 위축되고 불안했고 그래서 제자들에게 자신을 위해 기도해 달라고 부탁하였다. 또한, 영적인 필요도 있었기에 하나님과 기도로 교제를 나누기도 했다. 막1:35; 눅6:12

2. 예수는 인간과 똑같은 육체와 정신을 소유하고 있었기에 인간들이 받는 제한을 똑같이 받았다

예수님은 시간적인 제한을 받았다. 예수님에게도 한 주간은 7일이었다.

그는 공간적인 제한도 받았다. 그래서 한 번에 한 곳밖에 있을 수 없었다.

능력도 제한을 받았다. 자신이 원하는 것을 모두 할 수 없었다.

또한, 수면과 휴식으로 원기를 회복해야 했다.

지식에서도 제한을 받았다. 그는 종말의 때가 언제인지 알지 못했다. 마24:36

이처럼 예수님은 다른 인간과 마찬가지로 여러 가지 면에서 제한을 받았기 때문에 자신의 사명을 성취하려면 선택을 해야 했다. 도움을 요청하는 모든 사람을 다 도울 수 없었고 관여해야 하는 수많은 일을 다 할 수 없었기 때문에, 그 역시 다른 인간들과 마찬가지로 우선순위에 따라 선택하면서 사역을 하였다.

3. 예수는 다른 사람들과 마찬가지로 시련을 겪었고 유혹에 직면하였다

그는 공생애를 시작하기 전에 사탄의 시험을 받았다. 마4:1-11

베드로를 이용해서 예수가 십자가를 지는 것을 막으려는 사탄과 대립하기도 하였다. 마16:22-23

히브리서는 예수님이 우리와 똑같이 시험을 받았다고 말한다. 히4:15 하지만, 예수는 시험을 받았다는 점에서는 우리와 똑같지만, 그는 모든 시험을 이겼다. 그래서 다른 모든 인간과는 달리 죄를 짓지 않았다. 히4:15; 요8:46; 벧전1:19, 2:22; 요일3:5

이 모든 것을 종합해볼 때, 예수는 인간의 탈만 뒤집어쓴 비인간적인 존재가 아니라 완전한 인간이었다는 것이 분명하다.

Ⅲ. 예수가 참된 인간이라는 것은 어떤 의미인가?

1. 구원을 이루려면 참된 인간이어야 했다

1) 처음 사람 아담이 실패한 것을 완벽하게 만회하려면 예수님이 우리와 똑같은 인간이어야 했다

아담은 인류의 대표로서 타락했기에 그 죄가 우리에게 그대로 전수되었다. 마찬가지 원리로 두 번째 아담인 예수의 완전한 순종으로 의가 우리에게 전달되는 것이다. 이 점을 로마서는 이렇게 설명하고 있다. "그러니 한 사람의 범죄 행위 때문에 모든 사람이 유죄판결을 받았는데, 이제는 한

사람의 의로운 행위 때문에 모든 사람이 의롭다는 인정을 받아서 생명을 얻게 되었습니다. 한 사람이 순종하지 않아서 많은 사람이 죄인으로 판정을 받았는데, 이제는 한 사람이 순종함으로 많은 사람이 의인으로 판정을 받을 것입니다."롬5:18-19 완전한 순종의 모습은 예수님이 광야에서 사탄에게 시험받을 때 분명하게 드러난다. 눅4:1-13 아담은 시험에 실패했지만, 예수는 완벽하게 승리했다.

2) 예수가 완전한 사람이어야 사람을 대신해서 형벌을 받을 수 있다

히브리서는 이 점에 대해 자세하게 설명한다, "이 자녀들은 피와 살을 가진 사람들이기에, 그도 역시 피와 살을 가지셨습니다. 그것은 그가 죽음을 겪으시고서, 죽음의 세력을 쥐고 있는 자 곧 악마를 멸하시고, 또 일생 동안 죽음의 공포 때문에 종노릇하는 사람들을 해방시키시기 위함이었습니다. 사실, 주님께서는 천사들을 도와주시는 것이 아니라, 아브라함의 자손들을 도와주십니다. 그러므로 그는 모든 점에서 형제자매들과 같아지셔야만 했습니다. 그것은, 그가 하나님 앞에서 자비롭고 성실한 대제사장이 되심으로써, 백성의 죄를 대신 갚으시기 위한 것입니다."히2:14-17 사람의 생명은 오직 사람의 생명으로만 대신할 수 있다. 그러므로 사람을 살리려면 예수는 완전한 인간이어야 했다.

3) 하나님과 인간 사이에 화해를 주선하는 중재자가 되려면 예수가 신이기도 하고 인간이기도 해야 했다

우리는 죄 때문에 하나님과 원수가 되었다. 이 관계를 회복하려면 중재자가 필요했다. 중재자는 하나님 앞에서 우리를 대표하고, 우리 앞에서 하나님을 대변해야 한다. 그래서 이중적인 신분이 필요했던 것이다. "하나님은 한 분이시요, 하나님과 사람 사이의 중보자도 한 분이시니, 곧 사람

이신 그리스도 예수이십니다."딤전2:5

이처럼 우리에게 구원을 가져다주려면 예수는 완전한 신이며 동시에 완전한 인간이어야 했다.

2. 인간의 참된 본성성품이 무엇인지 보여준다

예수님이 완전한 인간이라는 것은 인간의 구원, 대속과 관련되어 있을 뿐만 아니라, 실제적인 의미도 내포하고 있다.

참된 인간의 모습은 어떤 것일까? 하나님이 의도하셨던 인간의 모습은 어떤 것일까? 그것은 하나님이 인간을 만드셨을 때 의도하셨던 것처럼 지, 정, 의가 골고루 갖춰진 전인격적인 존재일 것이다. 주변에 그런 사람이 있는가? 혹시 역사적인 인물 가운데 완벽에 가깝게 보이는 인물은 있을지 몰라도 정말로 흠잡을 데 없이 완벽한 사람은 없을 것이다. 멀리서 보면 완벽해 보여도 가까이 가게 되면 불완전한 모습이 보인다. 모든 인간은 다 약점이 있고 불완전하기 때문이다. 왜 그럴까? 모든 인간은 예외 없이 죄의 영향을 받아 인간성이 훼손되어 원래의 모습에서 떠나 있기 때문이다. 그래서 우리가 아무리 인간들을 연구해도 참되고 온전한 인간성이 무엇인지 정확하게 알 수는 없다.

그러나 우리는 완전한 인간이신 예수를 통해서 참된 인간의 모습에 대해 알 수 있게 되었다. 하나님이 창조 때 의도하셨던 인간의 바른 모습은 인간 나사렛 예수를 통해서 계시되었다. 그래서 우리가 삶의 현장에서 드러난 그의 성품을 연구할 때 참된 인간이 어떤 모습인지를 배우게 된다. 예수님은 지, 정, 의가 고루 갖춰진 인간상을 잘 보여준다.

먼저 지적인 측면을 보자. 예수님은 지혜가 자라갔다.눅2:52 계속 배워서 지적으로 성숙해졌다는 뜻이다. 다른 어떤 지식보다도 그는 하나님의 말씀을 잘 알고 있었다. 그래서 필요한 때에 적절하게 활용할 수 있었다.

또한, 그가 말씀하신 비유를 보면 사람들의 삶과 자연에 대해서도 잘 알고 있었다는 것을 알 수 있다. 요즘 식으로 말하면 인문·사회·자연과학에 대해 잘 알고 있었다는 것이다. 그래서 당시 지도자들과 어떤 논쟁을 해도 결코 밀리지 않았다. 또한, 예수님은 사람에 대해서도 잘 알고 있었다. 사람들의 심리, 행동의 이유, 내면의 숨겨진 욕망을 꿰뚫고 있었다. 이처럼 예수님은 결코 반지성적인 사람이 아니었다. 그의 말씀에서 그런 냄새는 맡을 수가 없다. 비논리적으로 자신의 주장을 내세우는 모습이란 찾아볼 수 없다.

정서적인 측면에서는 어떤가? 우리는 종종 예수님을 아무런 감정이 없는 냉혈한처럼 생각할 때가 있다. 그러나 우리가 앞에서 확인한 것처럼, 예수님은 우리처럼 다양한 감정을 표현하는 분이다. 다만, 그가 우리와 다른 점이 있다면, 그는 그 감정을 가장 적절하게 표현하였다는 점이다. 우리는 감정을 부적절하게 드러낼 때가 많이 있다. 화를 내야 할 때는 외면하다가 별것도 아닌 일에 화를 낸다든지, 슬픔을 드러내야 할 때와 웃어야 할 때를 잘 알지 못한다든지 하는 식이다. 그러나 그는 감정을 표현해야 할 때를 알았고, 어떤 식으로 표현하는지도 알았다.

우리는 예수님이 전혀 웃지 않는 근엄한 사람이라고 생각하는 경향이 있다. 그러나 그렇지 않다. 예수님은 항상 적들에 둘러싸여 있었고 추구해야 할 사명에 분주했지만, 기뻐해야 할 때 충분히 기뻐하는 모습을 보여주었다. 제자들이 파송 받아 나갔다가 돌아와서 귀신을 쫓아내는 사역을 보고했을 때, 예수님은 기쁨에 가득 차서 하나님을 찬양하면서 기도를 드렸다. 눅10:21 또한, 예수님은 자신이 누리는 기쁨을 제자들에게도 나누어주기를 원하셨다. 요15:11, 17:13 비록 예수님은 이 땅에서 매우 힘든 삶을 사셨지만, 그런 상황 속에서도 성령 안에서 누리는 기쁨을 결코 잃지 않았다. 여기서 우리는 예수님이 기뻐하시는 이유와 대상에 주목해야 한다. 우리는 무엇을 기뻐하고 즐거워하는가? 돈을 많이 벌 때, 성공했을 때, 명예를 얻을 때인가? 예수님은 무엇을 기뻐하셨는가? 물론 예수님은 제자들과 환담을 할 때나 잔칫집에서도 즐거워하셨을 것이다. 그러나 성경에서 강조하는 것은, 예수님은 하나님나라가 확장될 때 매우 기뻐하셨다는 것이다.

그 뿐만 아니라, 예수님은 전혀 화를 내지 않는 매우 온화한 사람이라고 생각한다면 그것은 착각이다. 예수님은 분노해야 하는 상황에서 분명하게 화를 내셨다. 안식일에 병자를 고치는 것을 금지하려는 율법주의자들을 향해서,^{막3:5} 나사로의 죽음을 과도하게 애도하는 사람들을 향해,^{요11:33} 그리고 어린아이들이 자신에게 오는 것을 제지하는 제자들을 향해서^{막10:13} 크게 분노하셨다. 반면에 우리는 사소한 것에는 화를 내면서 정말로 분노해야 할 때는 몸을 도사리고 침묵한다. 대의를 따라 움직이지 않는 이기적인 존재이기 때문이다.

실천적인 측면에서도 예수님은 완벽한 모습을 보여주었다. 예수님은 목표를 향해서 흐트러짐 없이 진군하셨다. 어떤 난관도 그를 막지 못했다. 예수님만큼 의지에 찬 인물, 삶의 목표를 향해 꾸준히 움직여나가는 사람을 찾기는 어려울 것이다. 피곤할 때 잠시 물러나서 쉬기는 했지만, 결코 포기하지는 않았다. 다시 사람들 속에 들어가서 부대끼면서 자신에게 주어진 과업을 성취해냈다. 제한된 시간을 살면서 하나님나라의 복음을 충분히 전했고, 사람들에게 긍휼을 베풀었고, 사람들을 구원하는 역사를 이루셨다. 그래서 돌아가실 때 "다 이루었다"고 선언할 수 있었던 것이다.

이처럼 예수님은 우리에게 온전한 인간의 모습을 보여주셨다. 그래서 예수님은 우리가 성장하기 위해 본받아야 할 모델이 된다. 또한, 우리가 사람들을 가르칠 때 제시해야 할 모델이기도 하다.

3. 인간이 어떻게 살아야 하는지를 보여주는 모델이 된다

예수님은 참된 인간성의 모델이 될 뿐만 아니라 잘 살아가는 인간의 모습을 예시해 주기도 한다. 예수님은 실제로 이 땅에서 살면서 우리가 그의 모습을 본받기를 원하셨다. 그래서 사도 요한은 "하나님 안에 있다고 하는 사람은 자기도 그리스도께서 사신 것과 같이 마땅히 그렇게 살아가야 합니다"요일2:6라고 말했던 것이다. 예수님은 어떤 삶의 모습을 보여주셨는가?

1) 예수님은 하나님께 완전하게 순종하셨다

예수님은 자신이 언제나 하나님께서 기뻐하시는 일을 하고,요8:29 하나님의 계명을 지킨다고 말씀하셨다.요15:10 하나님의 계명을 지키는 것은 하나님을 사랑하기 때문이다. 그러므로 우리가 하나님을 사랑한다면, 그 사랑 고백은 순종하는 삶으로 쓰는 것이다.

2) 예수님은 분명한 목적을 위해 살아가는 삶의 모습을 보여주셨다

예수님은 자신의 삶의 목적을 분명하게 알았고, 그 목적에 초점을 맞추면서 완벽하게 성취하는 삶을 살았다. 예수님은 하나님이 무엇을 원하는지 알았고, 바로 그 일을 하셨다. "예수께서 그들에게 말씀하셨다. '내가 진정으로 진정으로 너희에게 말한다. 아들은 아버지께서 하시는 것을 보는 대로 따라 할 뿐이요, 아무것도 마음대로 할 수 없다. 아버지께서 하시는 일은 무엇이든지, 아들도 그대로 한다.'"요5:19 그래서 아버지께서 일하시니 나도 일한다고 말씀하실 수 있었던 것이다.요5:17

3) 예수님은 하나님이 주신 목적을 달성하기 위해 어떤 어려움이 와도 인

내하면서 믿음의 경주를 포기하지 않았다

히브리서는 예수님의 삶을 이렇게 묘사한다. "믿음의 창시자요 완성자 이신 예수를 바라봅시다. 그는 자기 앞에 놓여 있는 기쁨을 내다보고서, 부끄러움을 마음에 두지 않으시고, 십자가를 참으셨습니다. 그리하여 그는 하나님의 보좌 오른쪽에 앉으셨습니다."히12:2 믿음으로 분투하는 삶의 모델을 보여주셨다는 것이다. 예수님의 삶은 고난과 난관의 연속이었다. 그럼에도 결코 포기하지 않았다. 힘들지라도 주어진 길과 설정한 목표를 향해 묵묵히 걸어가셨다. 우리는 하나님을 섬기다가도 조금만 힘들면 쉽게 지치고 포기한다. 하나님을 섬기는 삶은 원래 힘들고 어렵다. 그러므로 난관에 직면해서 쉽게 포기하는 것은 애초부터 기대가 잘못된 것이다. 예수님은 이런 점에서 우리에게 모범을 보여주셨다. "그리스도께서는 여러분을 위하여 고난을 당하심으로써 여러분이 자기의 발자취를 따르게 하시려고 여러분에게 본을 남겨 놓으셨습니다."벧전2:21

4) 예수님은 권력 있고 부유한 사람들보다는 소외되고 가난한 자들을 더 가까이 했고 그들을 돕는 삶을 살았다

예수님은 중하류층 가정에서 태어났고 평생을 가난하게 살았다. 예수님이 다가가신 사람들, 그래서 그의 일차적인 청중이 된 사람들은 가난하고 힘없는 자들, 사회에서 버림받은 자들과 죄인들이었다. 예수님은 세리와 죄인들의 친구라고 불리는 것을 전혀 개의치 않으셨다.마11:19 예수님이 부자들과 권력자들을 배척한 것은 아니었다. 그들이 다가오는 것을 의도적으로 피하지 않았다. 예수님은 사람들을 사회적 경제적 지위와 상관없이 공정하게 대우하셨고, 모든 인간을 차별 없이 은혜로 받아들였기 때문이다. 그러나 부자와 권력자들을 편하게 하고 자기 곁에 붙잡아 두기 위해 말씀을 순화시키는 일은 결코 하지 않으셨다. 예수님은 편안한 삶을 즐기는 부자들에게 임박한 파멸을 예고하기를 주저하지 않았다.눅12:16-21 그 결과 불편함을 느낀 쪽은 예수님이 아니라 부자와 권력자들이었다. 권력자와 부자들은 불편함을 못 이겨 예수님을 떠났고, 자연스럽게 그의 주변에는 힘없고 가난한 자들만 남게 되었다.

5) 예수는 공동체적인 삶의 모습을 완벽하게 보여주셨다

예수님은 고립되어 은둔적인 삶을 살지 않았다. 예수님은 제자들과 공동체적인 삶을 살았다. 그들과 함께 지내고, 그들과 함께 사역하였다. 또한, 제자들도 공동체를 형성하여 하나님나라를 위해 일할 수 있게 훈련시키셨다. 이 훈련의 결과는 예루살렘 교회에서 성령의 충만함을 받은 사람들이 택한 삶의 모습으로 나타났다. "믿는 사람은 모두 함께 지내며, 모든 것을 공동으로 소유하였다. 그들은 재산과 소유물을 팔아서, 모든 사람에게 필요한 대로 나누어주었다. 그리고 날마다 한 마음으로 성전에 열심히 모이고, 집집이 돌아가면서 빵을 떼며, 순전한 마음으로 기쁘게 음식을 먹고, 하나님을 찬양하였다."행2:44-47 예수님의 삶을 목격했던 사람들은 자연스럽게 매우 친밀한 공동체적 교회를 형성하였다.

6) 예수님은 어떻게 죽는 것이 좋은 것인지를 보여주셨다

예수님은 자신이 죽어야 할 때 죽음을 회피하지 않고 받아들였다. 어떤 점에서 볼 때 그는 삶보다 죽음을 통해서 더 큰 일을 이루신 것이다. 이처럼 예수님은 삶뿐만 아니라 죽음을 통해서도 우리가 어떻게 살고 죽어야 할지를 보여주셨다. 그래서 바울은 예수님의 죽음까지도 본받고 싶다고 고백한다. "내가 바라는 것은, 그리스도를 알고, 그분의 부활의 능력을 깨닫고, 그분의 고난에 동참하여, 그분의 죽으심을 본받는 것입니다."빌3:10 잘 사는 것도 중요하지만 잘 죽는 것도 중요하다. 예수님은 좋은 죽음의 모델을 보여주셨다.

이처럼 예수님은 자신의 육신적인 삶으로 무엇이 진정으로 성공적인 삶이고 죽음인지 참된 모델을 보여주셨다.

4. 똑같은 경험으로 우리를 이해하고 공감하고 도울 수 있다

예수님이 우리와 같은 인간으로 이 세상을 살았다는 것은, 우리가 겪었던 것과 같은 일들을 그가 직접 경험했다는 것을 의미한다. 히브리서 2장 18절은 "그는 몸소 시험을 받아서 고난을 당하셨다"라고 말한다. 히브리서 4장 15절도 똑같은 진리를 말한다, "우리의 대제사장은 우리의 연약함을 동정하지 못하시는 분이 아닙니다. 그는 모든 점에서 우리와 마찬가지로 시험을 받으셨지만, 죄는 없으십니다."

이것은 무엇을 말해 주는가? 예수님은 이 땅에 사실 때 우리와 마찬가지로 시험을 받기도 하고, 고난을 당하기도 하셨다는 것이다. 예수님은 높은 하늘보좌에 앉아만 계시는 분이 아니다. 궁전에서 호의호식하면서 명령만 내리는 분이 아니다. 예수님은 가난하게 살면서 고위층 사람들에게 무시 당하기도 했다. 우리처럼 진흙탕같은 삶 속에서 함께 뒹굴었고, 사람들의 시기와 질투를 겪고, 친한 사람들에게 배신을 당하기도 했다. 부당하게 고소를 당해도 자신을 변호해 줄 사람을 찾기도 어려웠다.

이처럼 예수님은 우리의 상황을 똑같이 경험했기 때문에 우리를 잘 이해하고 적절하게 도울 수 있다, "시험을 받는 사람들을 도우실 수 있습니다."히2:18 그러므로 우리는 힘겨운 상황 속에서 예수님 앞으로 나아가 도움을 구할 수 있다, "그러므로 우리는 담대하게 은혜의 보좌로 나아갑시다. 그리하여 우리가 자비를 받고 은혜를 입어서, 제때에 주시는 도움을 받도록 합시다."히4:16 그럴 때 예수님은 자비의 손길로 우리를 맞아주시고 위로하면서 적절한 도움을 제공해 주실 것이다.

제3장 · 성육신 Incarnation

"여러분 안에 이 마음을 품으십시오. 그것은 곧 그리스도 예수의 마음이기도 합니다. 그는 하나님의 모습을 지니셨으나, 하나님과 동등함을 당연하게 생각하지 않으시고, 오히려 자기를 비워서 종의 모습을 취하시고, 사람과 같이 되셨습니다. 그는 사람의 모양으로 나타나셔서, 자기를 낮추시고, 죽기까지 순종하셨으니, 곧 십자가에 죽기까지 하셨습니다." 빌2:5-8

Ⅰ. 논쟁

1. 난제

우리는 앞에서 예수님이 한편으로는 완전한 하나님이시지만 동시에 완전한 인간이라는 점을 확인했다. 그런데 이 두 가지 속성이 한 존재 안에 공존한다는 것은 이해하기가 그렇게 쉽지 않다. 어떻게 이것이 가능할까? 신성과 인성이 어떻게 결합할 수 있는가? 예수 안에서 두 속성 사이의 관계는 무엇인가? 이런 질문들은 쉽게 답할 수 있는 것들이 아니다. 그래서 예수는 한 인격한 존재이지만 두 개의 본성신성과 인성을 지니고 있다는 '그리스도의 양성교리'는 삼위일체와 더불어 기독교신학에서 가장 난해한 주제로 꼽히며, 교회 역사 속에서도 끊임없는 논쟁거리가 되었다.

2. 그리스도의 양성교리에 대한 반대

니케아 공의회325년에서 삼위일체 교리가 정립되면서 그리스도는 신인 동시에 인간이라는 것이 인정되었다. 그렇다고 해서 모든 논란이 종결된 것은 아니었다. 그 후 그리스도 안에서 이 두 본성이 어떤 관계를 갖는가 하는 문제가 제기되었다. 그 문제를 해결하는 과정에서 몇 가지 주장들이 부적절한 것으로 거부되었다.

아폴리나리우스는 그리스도가 '인간의 육체'를 가졌지만 '마음과 영혼은 신적인 것'이었다고 주장하였다. 그러나 이것은 완전한 인간도 아니고 완전한 신도 아닌 어정쩡한 결합 상태에 불과하다. 성경은 그리스도는 완전한 인간이며, 동시에 완전한 신이라고 가르친다.

네스토리우스는 그리스도는 한 몸에 신적 인격과 인간적 인격, 그 '두 개의 인격'person을 지니고 있다고 생각하였다. 둘은 연합한 것이 아니라 단지 연결되어 있을 뿐이라는 것이다. 마치 한 몸 안에 두 개의 존재가 공존하는 것과 같다. 그러나 성경 어디에서도 예수 안에서 신적 인격과 인간적 인격이 대립하거나 대화하거나 독립적으로 움직이거나 동시에 나타나는 경우를 찾아볼 수 없다. 예수는 하나의 인격체이기 때문이다. 그래서 431년 에베소 공의회에서는 예수가 두 인격이 아니라 하나의 인격이라고 선언하였다. "두 본성의 원형들은 보존되어 하나의 위격과 본체를 형성하셨으니, 두 위격으로 분리되고 나누어진 것이 아니다."

유티케스는 성육신 이전에는 그리스도에게 두 본성이 있었지만 성육신 이후에 인성과 신성이 융합되어 '새로운 하나의 본성'이 생겨났다고 주장했다. 이것은 궁극적으로 그리스도의 인성을 부인하는 것과 다를 바 없다. 그래서 칼케돈 공의회는 인성과 신성의 두 본성은 그대로 예수에게 남아 있다고 선언하였다.

3. 칼케돈 결정 451년

오랜 논쟁 끝에 교회 지도자들이 칼케돈에 모여서 그리스도 안에서 신성과 인성이 어떻게 함께 존재하는지에 관한 원칙을 천명하였다.

"우리는…완전한 하나님이시며 또한 이지적 영혼과 육체로 구성되신 진정한 인간, 동일하시고 유일하신 우리 주 예수 그리스도를 한 가지로 사람들에게 가르치도록 만장일치로 결정한다…그 분은 한 분이시며 동일하신 그리스도로 성자, 주님, 독생자이시다. 그는 혼합confusion없이, 변화change없이, 구별division없이, 분리separation없이 두 가지 본성을 지니고 계신다. 그러나 본성들의 구분은 그들의 연합을 통해 소멸되지 않았으며, 두 본성의 원형들은 보존되어 하나의 위격과 본체를 형성하셨으니, 두 위격으로 분리되고 나누어진 것이 아니다."

이 선언은 기본적으로 세 가지 이단에 대한 반론의 성격을 띤다.

첫째, 아폴리나리우스의 주장에 대해서 그리스도는 구별되는 두 본성인 인성과 신성을 가진다고 천명한다. 신성은 성부와 동등한 것이고, 인성은 우리 인간과 완전히 똑같은 것이다.

둘째, 네스토리우스의 주장에 반대하면서 그리스도는 두 본성을 지니고 있지만 하나의 인격체라고 말한다.

셋째, 유티케스의 주장을 반박하면서 신성과 인성 두 본성은 혼합되거나 섞이지 않는다고 설명한다. 예수 그리스도 안에서 인성과 신성은 완전한 모습 그대로 유지된다.

이것을 간단하게 말하면, "한 위격인격 안에 있는 두 본성"이라는 것으로 정리할 수 있다.

Ⅱ. 그리스도의 양성교리에 대한 이해

그리스도의 양성 교리를 어떻게 이해할 수 있는지 생각해 보자.

1. 신적 동등성과 신적 능력 발현의 유보

예수님은 태초부터 계신 완전한 하나님이시지만 하나님의 구원 계획에 순종해서 역사의 어느 시점에 인간이 되어 이 세상에 오셨다. 즉 하나님이 인간이 되신 것이다. 그렇다고 해서 하나님이라는 본성을 버린 것은 아니다. 예수 그리스도가 되실 때 성자는 완전한 인성과 완전한 신성을 동시에 가지고 있었다.

그러나 완전한 인간으로 이 땅에서 살기 위해서 그리스도는 하나님과 동등한 지위와 능력을 유보하셨다. 다른 말로 하면, 그리스도는 인간이 되려고 신적 동등성과 신적 생활양식을 내려놓으신 것이다. 그래서 성령이 인도하는 특별한 경우 외에는 신적 속성불멸성, 전지성, 편재성과 같은 것들을 드러내지 않았다. 그는 전능한 능력을 가졌지만 인간이기 때문에 그 능력을 행사하는 데 제약을 받았다. 또한, 그는 모든 것을 알 수 있는 능력을 가졌지만 인간이기 때문에 제한적인 지식의 한계를 받아들였다. 이렇게 인간의 한계를 받아들이고 유한한 삶을 사신 것은 하나님께 순종하면서 인간을 구원하려는 사랑때문이다. 빌2:5-11

2. 예수님이 신성 자체를 유보한 것은 아니다

예수님은 성육신하심으로써 하나님과 동등한 지위와 능력을 유보하셨지만, 신성 자체를 유보한 것은 아니다. 그렇게 주장하는 것을 일컬어서 '케노시스 신학'kenotic theology이라고 한다. 그들은 예수는 지상에 인간으로 있을 때 신적 속성의 일부를 포기했다고 주장한다. 이들은 빌립보서 2장 7절을 이런 식으로 이해했다. "오히려 자기를 비워서 종의 모습을 취하시고, 사람과 같이 되셨습니다. 그는 사람의 모양으로 나타나셔서"

그러나 이 구절은 예수가 신적 속성을 포기했다고 말하는 것이 아니라, 종의 모습을 입고 인간이 되어 죽기까지 낮아졌다는 것을 말할 뿐이다. 8절, "자기를 낮추시고, 죽기까지 순종하셨으니, 곧 십자가에 죽기까지 하셨습니다" 이것은 예수가 하늘에서 누리던 특권과 권세를 잠시 내려놓고 비천한 인간의 모습이 되었다는 말이다.

오히려 골로새서 2장 9절은 "그리스도 안에 온갖 충만한 신성이 몸이 되어 머물고 계십니다"라고 분명하게 선언하고 있다. 즉, 그리스도는 신적 속성을 비운 것이 아니라 몸을 가지고서도 동시에 완전한 신성을 가지고 있었다는 뜻이다. 칼케돈 공의회에서 확인했듯이, 예수는 이 땅에 있을 때 완전한 인간과 완전한 신으로서 존재하셨다.

3. 예수 그리스도는 두 개의 구별된 의지will, consciousness를 가지고 있었다인간적 의지와 신적 의지

예수는 완전한 인간인 동시에 완전한 신이셨기에, 인간적인 측면으로는 우리처럼 시험을 받고 유혹을 받지만히4:15, 신적인 측면으로는 결코 시험을 받을 수 없는 것이다.약1:13 이 두 가지가 모두 사실이려면 예수 그리스도는 두 가지 의지를 가지고 있어야 한다. 또한, 인간적인 측면으로는 배워야했고히2:10, 5:8-9, 지식에 제한이 있었다.막13:32; 눅2:52 그러나 신적인 측면으로는 여전히 전지하셨다.요2:25, 16:30 그래서 재림의 때에 대해서도 인간적인 측면으로는 알 수 없었지만막13:32, 신적인 측면으로는 당연히 알 수 있었을 것이다.

4. 그러나 그리스도는 하나의 인격person만을 가지고 계셨다

이것을 '위격적 연합'hypostatic union이라고 한다. 두 본성이 하나의 인격 안에 연합되어 있다는 것이다. 이것은 그리스도가 한 자아one self만을 가지고 있다는 것을 의미한다. 그래서 아브라함이 나기 전에 그리스도의 신성이 존재하고 있었다고 말하지 않고 그 자신이 있었다고 말한다. 요8:58 한 위격이기 때문에 두 본성 중 어느 한 편이 한 것은 곧 그리스도라는 한 인격체가 한 것이다. 어떤 행동을 그리스도의 신성이 했다거나 인성이 했다고 말하는 것은 잘못된 것이다. 신성과 인성은 그리스도라는 한 인격체 안에 있는 두 가지 속성에 불과하기 때문에 우리는 어떤 행동이든 그리스도가 하셨다고 말하면 된다.

5. 우리가 성육신그리스도의 양성교리을 완전히 이해할 수 있는가?

그리스도가 완전한 인성과 완전한 신성을 가지고 있다는 양성교리는 이해하기 쉬운 주장이 아니다. 그것이 불가능한 일이라고 생각하면서, 이 교리는 모순이고 비이성적인 것이라고 주장하는 사람들이 많이 있다. 그러나 삼위일체교리와 마찬가지로 이것은 모순이 아니라 신비와 역설에 속하는 것이다. 우리는 단지 성경이 말하고 있는 것을 그대로 믿는 것이 옳으며, 우리의 이성과 경험으로 완전히 이해되지 않는다고 해서 무시하거나 거부해서는 안 된다.

Ⅲ. 성육신의 모범

우리는 '그리스도의 인성'에서, 우리에게 구원을 가져다주기 위해서 예수님은 완전한 신이며 동시에 완전한 인간이어야 했다는 점을 확인했다. 이렇게 완전한 인간과 완전한 신이 결합되는 사건이 동정녀 탄생을 통한 성육신 사건이었다. 그러므로 성육신을 통해서 그리스도 안에 신성과 인성이 결합되는 것은 우리의 구원을 위한 하나님의 놀라운 지혜이다.

그러나 성육신은 단지 구원을 위한 것만은 아니다. 성경은 그리스도의 성육신이 우리가 삶에서 본받아야 할 모델이라고 말한다. 즉 그리스도께서 우리를 섬기기 위해 성육신하신 것처럼 우리도 그렇게 살아야 한다는 것이다.

1. 케노시스 자기를 비움, 빌 2:6-8

위에서 설명했듯이 '케노시스 이론'은 잘못된 것이지만, 빌립보서 2장 6-8절에서 말하듯이 그리스도가 자기를 비우고 스스로 가난하게 된 것은 사실이다. 이렇게 자기를 비웠다는 것을 '케노시스'라고 한다. 그리스도는 하나님으로서 권위를 누리면서 영광 중에 거하였지만, 하나님과 동등됨 그 모든 권리들을 내려놓고 인간의 몸을 입고 세상으로 오셨다. 그는 종과 같은 인간이 되기를 거부할 수도 있고, 인간으로 오되 신적 권위에 맞는 방식으로, 즉 권세자로서 영광 가운데 올 수도 있었지만, 그렇게 하지 않으셨다.

그러면 과연, 자기를 '비우셨다'는 것은 무엇을 의미하는가?

첫째, 그는 '종의 모습'을 취하셨다. 빌2:7 이것은 주인이신 하나님의 모습과 대비되는 것이다. 그는 영광스러운 하나님의 아들이지만 율법 아래 순종하였고, 자신에게 맡겨진 일을 거부하지 않고 종처럼 충성스럽게 감당하셨다.

둘째, 그는 보잘 것 없는 한 인간의 모습으로 사람들 앞에 나타나셨다.7절, "사람의 모양으로 나타나서" 대개 사람들은 어떻게든 자신을 잘 보이려고 하고, 자신을 과시하고 싶어 하지만 그리스도는 원래 위대한 하나님임에도 그저 평범한 한 인간의 모습으로 나타나셨다.

셋째, 그리스도는 '십자가에 죽기까지' 순종하셨다.[8절] 그는 죽을 수 없는 존재지만, 죽을 수 있는 형체를 취하셨다. 그리고 성부에게 순종하면서 기꺼이 죽음의 길로 가셨다. 죽음을 다스리는 자였지만 죽음의 희생자가 되는 길을 선택하셨다. 그에게 죽음은 순종의 결과였다. 이렇게 그리스도는 죽기까지 자신의 권한과 권리를 포기하셨다.

2. 성육신 모델

그리스도의 케노시스적 성육신의 모습은 우리가 본받고 따라야 할 모델을 제시해 준다.

1) 다른 사람들을 섬기기 위하여 자신의 권리를 포기하였다

보통 사람들은 어떻게든 더 많은 권리와 혜택을 누리기 위해 애쓴다. 그러나 예수님은 자신이 누릴 수 있는 권리를 다른 사람을 위해 기꺼이 포기했다. 무엇보다도, 하늘 권세를 버리고 비천한 인간의 몸을 입고 이 땅에 오신 것 자체가 그것을 가장 잘 보여주는 일이다.

사탄은 예수님이 신적 능력을 가지고 있다는 것을 알고 있었다. 그래서 자신을 위해 그 능력을 사용하라고 유혹했다. 실제로 예수님은 먹을 것을 만들 능력도 있었고, 병을 치유할 능력도 있었으며, 원수들을 물리칠 능력도 있었다. 그러나 그는 그 능력을 병든 자들을 치료하고, 굶주린 자들을 먹이고, 사탄에 사로잡힌 자를 치유하는 데만 사용했을 뿐, 자신을 위해 사용한 적이 없었다. 폭풍을 잠잠케 하고, 죽은 자들을 일으키고, 사탄을 쫓아내는 능력을 자신의 삶을 좀 더 편하게 하기 위해, 자신이 감당해야 할 사명을 좀 더 수월하게 하려는 목적으로 사용한 적은 한 번도 없으셨다.

이처럼 내가 가지고 있는 능력을 나 자신을 위해 사용하는 것이 아니라 다른 사람들을 섬기는 데 사용하는 것, 그것이 바로 케노시스적 삶이다.

2) 섬기기 위해 세상 속으로 들어오셨다

숨 쉴 틈 없이 바쁜 생활에 쫓기는 현대 도시인들 가운데 소박하지만 진정으로 행복한 삶을 영위해보고자 하여 귀농·귀촌을 꿈꾸는 사람들이 늘어나고 있고, 은퇴 후에 지인들과 함께 전원에서 평화로운 여생을 사는 것에 대한 관심과 시도들도 늘어나고 있다. 그런 삶을 통해 치유가 필요한 사람들이 분명히 있을 것이고, 한 방향으로 질주해가는 삶에 대한 대안이 될 수도 있을 것이다. 그러나 이것이 현실도피나 자신과 자기 가족들의 안락함만을 추구하는 것이라면 성육신하신 예수님을 따르는 길은 아니다.

그리스도는 광야로 나가 도를 닦으면서 속세와 분리된 초연한 삶을 산 것이 아니었다. 그는 한적하고 평온한 곳에 낙원을 만들어 놓고 사람들을 그리로 초청하지도 않았다. 방해받지 않는 아쉬람을 만들어놓고 사람들을 불러 모으지도 않았다. 그는 사람들이 있는 곳으로 가셨고, 그들 속에서 일을 하셨다. 그는 사람들과 더불어서 복잡하고, 바쁘고, 지저분하고, 스트레스가 많은 세상 한복판에서 사셨다.

분주함을 벗어나 좋은 자연환경 속에서 좋은 사람들과 함께 공동체를 형성하고 산다면 더할 나위 없이 좋을 수도 있을 것이다. 떠나기 싫은 낙원 같기도 할 것이다. 아마 베드로가 원했던 것이 바로 그것이 아니었을까.^마 17:4 그러나 그렇게 세상과 고립되는 것은 성경적인 삶이 아니다. 성육신하신 예수님의 정신과도 멀다. 또한, 우리를 자신의 길을 따라 세상 속으로 파송하신 주님의 뜻과도 배치된다.^요20:21 우리는 문제가 많은 세상 속으로 들어가야 한다. 그것이 이 세상 속으로 들어오신 주님의 길을 따르는 삶이다.

3) 섬기는 대상의 상황 속으로 들어가서 그와 똑같은 일상의 삶을 경험하셨다

예수님은 보통 사람들이 처한 환경에 그대로 들어오셨다. 그는 우리 가운데 거하면서 우리의 평범한 삶을 경험하셨다. 왕족이나 귀족처럼 구별된 삶, 대중과 유리된 삶을 살지 않으셨다. 그는 낮은 신분의 가난한 집 자식으로 태어나셨다.눅1:48

그는 평생 보통 사람들과 똑같은 어려움을 겪으면서 살았다.요1:14 여행 중에 구유에서 태어나셨고, 핍박을 피해 이집트로 피난을 갔고, 자기 고향이 아니라 타향에서 성장했고, 아버지의 일을 도우면서 청년 시절을 보냈고, 머리 둘 곳조차 없는 방랑하는 삶을 살았다. 그의 친구들은 평범한 사람들이었다. 그는 무학자들, 가난뱅이들, 사회에서 멸시받는 자들과 친구가 되었다. 물론 니고데모처럼 그를 찾아오는 귀족들도 가끔 있었지만, 예수님이 가까이 했던 사람들은 지극히 평범한, 때로는 평범 이하의 사람들이었다.

그는 학연·지연·혈연관계로부터 오는 그 어떤 도움도 받지 못했다. 오히려 지배층은 그의 배경 없는 출신을 무시했다.요7:48 그래서 그는 사람들이 당하는 경멸과 멸시와 고난과 모욕과 무시를 모두 경험했다. 이 모든 것은 오직 한 가지 목적, 민중과 공감하면서 그들을 치유하고 육적·영적 속박으로부터 그들을 해방시키기 위한 것이었다. 이런 점에서 그는 대중들과 유리되어 게토 속에서 살면서 서민들의 삶이 어떤 것인지 전혀 모르는 권력자들이나 귀족들과는 전혀 다른 지도자였다.

4) 다른 사람을 위해 섬기고 희생하는 삶을 살았다

예수님은 사람들을 위해 자기 목숨을 주시기 위해 세상에 오셨고, 십자가에서 죽으셨다. 왜 그랬는가? 자기 이름을 떨치고 후대에 성인으로 인정받기 위한 것이었는가? 아니다. 그 이유는 단 한 가지, 사람을 살리기 위해서였다. 그렇게 하지 않으면 안 될 이유가 없었음에도 오로지 사랑을 위해서 고난을 자처하신 것이다.

우리가 예수 그리스도를 본받는 자라면 인생의 궁극적인 목적은 섬기는 것이어야 한다. 물론 상황과 능력에 따라 섬김의 방식은 다양할 것이다. 방식은 다양하지만 목표는 하나다. 내가 성공하고, 행복하고, 잘 사는 것은 우리 인생의 궁극적인 목적이 아니다. 나의 돈·재능·시간을 통해서 다른 사람들이 행복해지는 것, 그것이 예수님을 본받는 삶이며 우리가 이 땅에서 살아가는 목적이다. 자신에게 주어진 조건과 환경을 최대한 활용해서 능력대로 살면 편안하게 살 수 있다고 할지라도, 다른 사람을 위해 일부러 힘든 삶을 자처하는 것, 그것이 바로 케노시스적 삶이다.

5) 하나님의 계획에 전적으로 순종했다

예수님은 하나님의 계획을 따라 성육신하셨다. 이것은 불확실한 미래에 자신의 삶을 내던진다는 것을 의미한다. 내 삶의 주도권을 포기하는 것이다. 심지어 예수님은 하나님의 계획을 따르게 되면 머리 둘 곳 없는 방랑의 삶을 살다가, 가까운 사람들에게 배신당하고, 모욕과 고난을 당하고 결국에는 처참하게 죽게 된다는 것을 알면서도 그 뜻을 따랐다.

누가 이런 삶을 원하겠는가? '내 인생은 나의 것'이라는 모토를 따라 자신이 하고 싶은 것을 하고, 자신이 원하는 삶을 사는 것이 현대인들의 꿈이며 이 시대의 멘토들이 청춘들에게 주는 조언이 아닌가? 그러나 그리스도의 발자취를 따르는 자들은 하나님의 뜻을 따르는 삶, 그것을 위해 인생의 키를 하나님께 맡기는 삶이야말로 자신은 물론이고 많은 사람들에게 생명을 가져다주는 삶이라는 것을 믿는 자들이다.

그리스도인의 삶은 한마디로 그리스도의 '성육신'을 본받는 삶이다. 이것은 사랑을 위해서 내려가는 삶이고 낮아지는 삶이다. 그것은 순종의 삶이요, 그래서 하나님의 고귀한 목적을 성취하는 삶이다.

"여러분 안에 이 마음을 품으십시오. 그것은 곧 그리스도 예수의 마음이기도 합니다." 빌2:5

제4장 · 그리스도의 세 가지 역할

"주님의 영이 내게 내리셨다. 주님께서 내게 기름을 부으셔서, 가난한 사람에게 기쁜 소식을 전하게 하셨다. 주님께서 나를 보내셔서, 포로 된 사람들에게 해방을 선포하고, 눈먼 사람들에게 눈 뜸을 선포하고, 억눌린 사람들을 풀어 주고, 주님의 은혜의 해를 선포하게 하셨다." 눅4:18-19

구약 시대 이스라엘에는 하나님이 보내신 세 가지 부류의 특별한 사명을 받은 사람들이 있었다. 선지자, 제사장, 그리고 왕. 선지자들은 하나님의 말씀을 백성들에게 전했고, 제사장은 백성들을 위해서 하나님께 화해의 제사를 드렸으며, 왕은 하나님을 대신하여 백성들을 다스렸다. 구속사적 관점에서 볼 때 이 세 가지 역할은 예수 그리스도가 이 땅에 와서 하실 일들을 예표하는 것이었다. 즉 예수님은 이 땅에 오셔서 선지자, 제사장, 그리고 왕의 역할을 감당하셨다는 말이다. 그러므로 우리는 예수님의 사역을 이해하기 위해 예수님이 이 세 가지 역할을 어떻게 감당하셨는지 살펴볼 필요가 있다.

I. 선지자

1. 선지자는 누구이며 무엇을 하는 자인가?

하나님이 보내신 최초의 선지자는 모세였다. 신34:10 그는 백성들에게 하나님의 뜻을 전했고, 율법의 말씀을 전달했다. 선지자의 계보는 이렇게 모세로부터 시작됐다. 그 후 선지자 전통은 엘리야와 엘리사에서 절정을 이루었고, 남북으로 분열된 이후 멸망할 때까지 선지자는 이스라엘 역사에서 중요한 역할을 담당하였다. 이사야로부터 말라기까지

선지자의 역할은 하나님의 보냄을 받아 백성들에게 하나님의 말씀을 선포하는 것이다. 사6:8 그들은 백성들에게 어떻게 살아야 할 것인지를 상기시켜주면서, 그들이 하나님의 뜻을 떠날 때 잘못을 지적하고 심판을 선포하면서 회개를 촉구했다. 암3:1-2 선지자의 비판의 대상은 죄를 범한 개개인만이 아니라 종교지도자들, 권력자들, 사회구조와 국가까지 포함하는 것이었다. 사10:1-2

2. 예수 사역의 선지자적 성격

1) 구약의 기대의 성취

사실 구약의 선지자들은 하나님의 뜻을 완전하게 수행하는 데 한계가 있는 사람들이었다. 그들 스스로 죄를 범하는 연약한 자들이었고, 하나님의 뜻을 온전히 알지 못하는 부분들도 있었다. 그래서 수많은 선지자가 나타났지만 백성들에게 하나님의 말씀을 완벽하게 전하고 그들을 하나님께로 되돌리는 데 성공하지 못했다. 이런 까닭에 모세는 하나님과 대면하여 대화하였던 최고의 선지자였음에도, 이미 자신보다 더 큰 선지자, 백성들을 하나님께로 돌아오게 할 수 있는 선지자가 나타날 것을 예언했다.

"나는 그들의 동족 가운데서 너와 같은 예언자 한 사람을 일으켜 세워, 나의 말을 그의 입에 담아 줄 것이다. 그는, 내가 명한 모든 것을 그들에게 다 일러줄 것이다. 그가 내 이름으로 말할 때에, 내 말을 듣지 않는 사람은, 내가 벌을 줄 것이다." 신18:18-19

백성들은 모세의 이 예언을 기억하고 있었다. 그래서 예수님이 권위 있게 말씀을 선포하고, 병자를 고치고 주린 자들을 먹였을 때 사람들은 예수

님이 바로 모세가 예언한 그 선지자라고 생각하였다. 요6:14, "사람들은 예수께서 행하신 표징을 보고 '이분은 참으로 세상에 오시기로 된 그 예언자이다' 하고 말하였다" 나중에 베드로는 모세가 예언한 선지자가 바로 예수 그리스도라고 분명하게 밝혀주었다. 행3:22-26

실제로 당시 사람들은 예수님을 선지자라고 생각했다. 마21:46; 막8:28; 눅7:16; 요6:14, 9:17 예수님도 세간의 이러한 평가를 부정하지 않으셨고, 오히려 자신이 선지자라는 점을 여러 번에 걸쳐서 강조하셨다. 막6:4; 눅13:33

2) 구약 선지자와의 차이점

비록 예수님이 구약 선지자의 전통을 계승하신 것이기는 하지만, 그가 가진 권위는 구약의 선지자들과 달랐다. 구약의 선지자들은 하나님에게서 받은 말씀을 전했을 뿐이지만, 예수님은 자신이 하나님의 말씀 그 자체였다. 요1:1; 히1:1-2 이것은 또 다른 차이를 가져오는데, 구약의 선지자들은 하나님의 권위를 빌려서 말할 수밖에 없었지만, 예수님은 자신이 진리 그 자체이기 때문에 자신의 권위로 말씀할 수 있었다. 그래서 선지자들은 "여호와께서 말씀하시되"라는 식의 전언의 형태로 말하였지만, 예수님은 "나는 너희에게 말한다"마5:22라고 당당하게 말씀할 수 있었다. 그러나 스스로 신적인 권위를 가지고 있었음에도, 예수님은 언제나 성부 하나님의 뜻에 기초해서 가르치고 선포하셨다. 이 땅에서 성육신하신 성자로서의 위치를 분명하게 인식하신 것이다.

3. 예수는 무엇을 선포하셨나?

1) 예수님은 죄의 어두움 속에 있었던 사람들에게 죄를 일깨워주셨다

"네 오른 눈이 너로 하여금 죄를 짓게 하거든, 빼서 내버려라. 신체의 한 부분을 잃는 것이, 온 몸이 지옥에 던져지는 것보다 더 낫다. 또 네 오른 손이 너로 하여금 죄를 짓게 하거든, 찍어서 내버려라. 신체의 한 부분을 잃는 것이, 온몸이 지옥에 던져지는 것보다 더 낫다."마5:29-30.

2) 죄는 필연적으로 하나님의 심판을 초래한다는 것을 가감 없이 지적하셨다

예수님의 심판의 메시지는 개인만을 대상으로 한 것이 아니었다. 그는 이스라엘의 권력자들, 사회와 국가, 심지어는 외국의 통치자들을 향해서도 하나님의 메시지를 선포하면서 그들의 죄악을 지적하였다. 이런 점에서 예수님은 구약 선지자의 전통을 그대로 계승하셨다.

"율법학자들과 바리새파 사람들아! 위선자들아! 너희에게 화가 있다." 마23:13

3) 죄에 대한 지적은 회개의 촉구로 이어졌다

"그 때부터 예수께서는 '회개하여라. 하늘나라가 가까이 왔다' 하고 선포하기 시작하셨다."마4:17

4) 예수님은 죄에 대한 심판의 메시지뿐만 아니라 구원의 메시지도 전하면서 하나님께로 다시 돌아올 길을 제시해 주었다

예수님은 어떤 큰 죄인이라도 회개하면 다시 하나님께로 돌아올 수 있고, 회복될 수 있다는 것을 알려주었다.

"그러나 예수께서는 그 여자에게 말씀하셨다. '네 믿음이 너를 구원하였다. 평안히 가거라.'"눅7:50

5) 궁극적으로 예수님은 죄의 회개를 통해 회복되는 하나님나라 백성의 삶을 선포하셨다.

그래서 예수님의 메시지의 핵심을 "하나님나라의 복음"이라고 말하는 것이다.마4:17; 막1:15; 눅4:43 그분의 말씀은 개인적인 삶뿐만 아니라 사회와 세상만물 속에서 하나님 주권의 회복을 촉구한다. 이것은 구원과 창조와 변혁의 메시지이며, 새로운 삶의 모습을 요청하는 것이었다.

이처럼 예수님은 하나님나라의 복음을 중심으로 죄의 지적과 심판의 메시지를 분명하게 전했을 뿐만 아니라 사람들을 하나님께로 회복시키는 구원과 은혜의 메시지를 전하셨다.

4. 예수의 선지자직의 계승

1) 선지자 전통의 확대

비록 구약의 선지자는 소수의 선택된 사람들이었지만, 진작부터 모세는 모든 사람들이 다 선지자가 되기를 원한다는 하나님의 뜻을 표명하였다.

"그러자 모세가 그에게 말하였다. '네가 나를 두고 질투하느냐? 나는 오히려 주님께서 주님의 백성 모두에게 그의 영을 주셔서, 그들 모두가 예언자가 되었으면 좋겠다.'"민11:29

모세의 이 말이 자신의 개인적인 소망을 피력한 것인 반면, 요엘은 미래에 일어날 일에 대해 분명하게 예언하였다. 그리고 그 예언은 오순절에 그대로 이루어졌다.

"하나님께서 말씀하신다. 마지막 날에 나는 내 영을 모든 사람에게 부어 주겠다. 너희의 아들들과 너희의 딸들은 예언을 하고, 너희의 젊은이들은 환상을 보고, 너희의 늙은이들은 꿈을 꿀 것이다. 그 날에 나는 내 영을 내 남종들과 내 여종들에게도 부어 주겠으니, 그들도 예언을 할 것이다." 행2:16-18

그러므로 그리스도를 주로 삼아 성령을 선물로 받은 모든 그리스도인들은 하나님의 선지자가 된 것이다. 고전3:16

2) 우리가 하나님의 선지자로 세움을 받았다는 것은 그 역할을 할 것을 기대한다는 뜻이다

그러면 우리는 어떻게 하나님의 선지자 역할을 하게 되는가? 우선 선지자의 역할은 하나님의 말씀을 잘 받는 것으로부터 시작된다. 선지자는 하나님의 말씀을 전하는 자다. 그러기 위해서는 먼저 하나님의 말씀이 무엇인지 알아야 한다. 그러므로 우리의 선지자 역할은 먼저 하나님의 말씀을 잘 이해하는 것으로부터 시작되어야 한다.

이해한 하나님의 말씀을 바르게 전달하는 것이 선지자의 그 다음 역할이다. 교회에서 말씀을 가르치는 역할을 맡은 자들이 있지만, 모든 그리스도인들도 이 역할에서 제외되는 것은 아니다. 골로새서 3장 16절은 이렇게 권하고 있기 때문이다, "그리스도의 말씀이 여러분 가운데 풍성히 살아 있게 하십시오. 온갖 지혜로 서로 가르치고 권고하십시오." 그 누구든 가르치고 권고하려면 그 기준은 하나님의 말씀이 되어야 한다. 자신의 생각을 가르치는 것이 아니다.

선지자는 하나님의 말씀을 바탕으로 형제들의 잘못을 지적하는 역할을 한다. 이렇게 하는 것이 쉽지는 않지만, 형제들의 죄를 지적하고, 바로 잡고, 필요한 권징을 시행하지 않는 것은 죄를 더 키우고 방종하게 만들기 때문이다.

　선지자는 개인적인 죄를 지적하였을 뿐만 아니라, 그들은 사회와 국가의 잘못을 대담하게 지적하고 회개를 촉구하였다. 이것은 그리스도인의 사회적 책임을 일깨워준다. 하나님의 관심이 온 세상에 있는 것처럼 그리스도인의 관심 또한 온 세상을 포괄하는 것이어야 한다. 세상 구석구석에서 하나님의 주권이 온전히 인정되도록 애쓰는 것이 그리스도인의 선지자적 역할이다. 그러므로 사회구조적 죄악에 대해 무관심하거나, 오히려 무비판적으로 악한 권력자들 편에 서는 그리스도인들은 거짓 선지자와 다르지 않다.

II. 제사장

1. 제사장이신 예수

1) 구약 제사장과의 공통점

　구약 이스라엘의 제사장은 인간의 죄를 속하기 위해 속죄 제물을 드림으로써 하나님의 용서를 구하는 중보적 역할을 담당했다. 예수님은 구약 시대 제사장의 역할을 그대로 계승하셨다.

　"그가 하나님 앞에서 자비롭고 성실한 대제사장이 되심으로써, 백성의 죄를 대신 갚으시기 위한 것입니다." 히2:17

　"하나님에게서…대제사장으로 임명을 받으셨습니다." 히5:10

　그리스도는 대제사장이다. 그는 구약의 대제사장처럼 사람들을 위해 속죄하는 제사를 드리는 자다.

2) 차이점

첫째, 구약의 제사장은 먼저 자신을 위해서 제물을 드려야 했다. 자신도 죄인이기 때문이다.^{레16:6} 그러나 그리스도는 무죄하기 때문에 자신을 위해 제물을 드려야 할 필요가 없다.^{히7:26-27}

둘째, 구약의 대제사장은 양이나 소 같은 제물을 바쳤지만, 그리스도는 자기 자신이 직접 제물이 되셨다.^{히9:12-14, 13:12}

셋째, 구약의 대제사장은 제물이 불완전한 것이기 때문에 반복해서 제사를 지내야했지만, 그리스도는 완전한 제물이기 때문에 한 번에 모든 죄를 해결하셨다.^{히7:27}

넷째, 구약의 대제사장은 속죄를 위해 오직 자신만 지성소에 들어갈 수 있었지만, 예수님은 자신의 완전한 제사를 통해서 우리 모두가 직접 하나님 앞에 나아갈 수 있는 길을 열어주셨다. 이것은 예수님이 죽으실 때 성소와 지성소 사이에 있던 휘장이 찢어진 것으로 상징된다.^{눅23:45} 이제 하나님과 우리 사이를 막는 것이 사라졌다는 것이다.

"그러므로 형제자매 여러분, 우리는 예수의 피를 힘입어서 담대하게 지성소에 들어가게 되었습니다. 예수께서는 휘장을 뚫고 우리에게 새로운 살 길을 열어 주셨습니다."^{히10:19-20} 그러므로 이제 우리는 "확고한 믿음을 가지고, 참된 마음으로 하나님께 나아갈 수 있게 되었다."^{히10:22}

2. 예수님의 제사장직의 특징

1) 모든 사람을 위한 제사장

예수님은 그 사람의 직업, 성별, 지위나 심지어 사회적으로 평가되는 도덕성에 따른 차별 없이 모든 사람을 찾아가고 맞아들여서 하나님과 화해시키셨다.^{세리 마태, 삭개오, 수가성 여인 등} 그는 모든 사람을 하나님께로 인도하고 맞아들이는 온 백성의 제사장이었다.

2) 회개를 분명하게 요구하는 제사장
그는 모든 사람들을 받아들이셨지만 모든 것을 무조건 용납하신 것은 아니었다. 예수님은 죄마음에 숨어있는 죄까지를 분명하게 지적하셨고 삶의 변화를 수반하는 철저한 회개를 촉구하셨다. 이는 정죄의 태도가 아니라 사랑에서부터 나오는 요구였다.

3) 영적인 화해만이 아니라 전인적인 화해를 시도
예수님은 단지 영적인 문제만을 해결한 것이 아니었다. 그는 인간이 전인적인 존재라는 것을 알았다. 그래서 육체의 병도 고쳐주시고, 굶주릴 때 먹을 것도 주셨다.

4) 지금도 제사장직을 수행하고 계신다
히브리서 7장 25절은 이렇게 말한다, "그는 늘 살아 계셔서 그들을 위하여 중재의 간구를 하십니다." 우리를 위해 하나님 앞에서 중보하고 계신다는 것이다. 그러므로 우리가 하나님께 기도를 하고 응답을 기대하는 것도 그리스도의 중보 사역 덕분이다.

3. 제사장으로 부름 받은 우리들
비록 우리가 예수님처럼 완벽하지는 않지만, 모든 그리스도인은 예수님처럼 하나님께 자기 자신을 제물로 바치는 제사장이다.

"살아 있는 돌과 같은 존재로서 여러분도 집 짓는 데 사용되어 신령한 집이 됩니다. 그래서 여러분은 예수 그리스도로 말미암아 하나님께서 기쁘게 받으실 신령한 제사를 드리는 거룩한 제사장이 되십니다."벧전2:5

그러면 우리는 어떤 제사를 드리는가? 바울은 우리가 삶으로 살아있는 제사를 드리는 제사장이라는 점을 강조한다.

"형제자매 여러분, 그러므로 나는 하나님의 자비하심을 힘입어 여러분에게 권합니다. 여러분의 몸을 하나님께서 기뻐하실 거룩한 산 제물로 드리십시오. 이것이 여러분이 드릴 합당한 예배입니다."롬12:1

이 예배는 "이 시대의 풍조를 본받지 말고, 마음을 새롭게 함으로 변화를 받는" 삶을 의미한다.롬12:2 삶으로 드리는 제사의 한 가지 예는 이런 것이다, "선을 행함과 가진 것을 나눠주기를 소홀히 하지 마십시오. 하나님께서는 이런 제사를 기뻐하십니다."히13:16

또한, 우리는 다른 사람들과 세상을 향해 중보하는 제사장의 역할을 감당하도록 부르심 받았다. 우리는 그리스도 안에 있는 형제자매들을 향하여 서로 제사장의 역할을 한다.

"그러므로 여러분은 서로 죄를 고백하고, 서로를 위하여 기도하십시오. 그러면 여러분은 낫게 될 것입니다. 의인이 간절히 비는 기도는 큰 효력을 냅니다."약5:16

우리의 제사장 역할은 복음을 전해서 죄인들을 하나님과 화해시키는 일도 포함한다.

"이 모든 것은 하나님에게서 났습니다. 하나님께서는 그리스도를 내세우셔서, 우리를 자기와 화해하게 하시고, 또 우리에게 화해의 직분을 맡겨 주셨습니다. 곧 하나님께서 사람들의 죄과를 따지지 않으시고, 화해의 말씀을 우리에게 맡겨 주심으로써, 세상을 그리스도 안에서 자기와 화해하게 하신 것입니다."고후5:18-19

Ⅲ. 왕

1. 왕의 역할

구약 시대 이스라엘에서 왕은 하나님의 대리자가 되어 하나님의 백성을 다스리는 일을 해야 하는 사람이었다. 그렇기에 왕은 자신의 뜻대로 다스리는 것이 아니라 하나님의 뜻대로 다스려야 한다. 이를 위해 가장 중요한 것은 스스로 하나님의 율법의 말씀을 지키는 것이다.

"왕위에 오른 사람은 레위 사람 제사장 앞에 보관되어 있는 이 율법책을 두루마리에 옮겨 적어, 평생 자기 옆에 두고 읽으면서, 자기를 택하신 주 하나님 경외하기를 배우며, 이 율법의 모든 말씀과 규례를 성심껏 어김 없이 지켜야 합니다." 신17:18-19

왕은 자기 이익을 위해 권력을 사용하는 것이 아니라 백성을 섬기기 위해 사용해야 한다는 것이 하나님의 뜻이다.

2. 왕으로 오신 예수님

1) 그리스도는 왕으로 오실 것으로 예언되었다

구약 시대 이스라엘 백성들은 왕이신 메시아가 와서 자신의 나라를 구원할 것을 기대했다. 삼하7:12; 시89:3; 사9:6-7

"도성 시온아, 크게 기뻐하여라. 도성 예루살렘아, 환성을 올려라. 네 왕이 네게로 오신다. 그는 공의로우신 왕, 구원을 베푸시는 왕이시다. 그는 온순하셔서, 나귀 곧 나귀 새끼인 어린 나귀를 타고 오신다." 슥9:9

2) 그리스도는 왕으로 이 땅에 오셨다

예수님의 탄생을 맞이한 동방의 박사들은 "유대인의 왕으로 나신 이가 어디에 계십니까?"^마2:2라고 말하면서 예수님이 왕으로 오셨다는 것을 고백했다. 이것은 예수님의 탄생을 예언한 천사 가브리엘의 언급과 일치하는 것이다.

"그는 위대하게 되고, 더없이 높으신 분의 아들이라고 불릴 것이다. 주 하나님께서 그에게 그의 조상 다윗의 왕위를 주실 것이다. 그는 영원히 야곱의 집을 다스리고, 그의 나라는 무궁할 것이다."^눅1:32-33

3) 그리스도는 하나님 나라의 선한 왕이 되어 통치하셨다

그리스도는 죄와 악마의 세력에 사로잡힌 사람들을 해방시키고 자유를 부여하는 왕이며, 그렇게 하는 것을 통해서 하나님나라를 건설하고 회복하시는 하나님나라의 왕이시다.^눅4:6; 롬5:17; 엡2:1; 요일5:19 세상의 왕은 자신의 권력을 이용하여 자신을 위해 백성들을 고생시킨다. 그러나 예수 그리스도는 백성들에게 평화와 자유를 회복시키는 진정한 왕이다. 선한 왕으로서의 이런 면모가 이미 이사야를 통해 예언되었다.

"주님께서 나에게 기름을 부으시니, 주 하나님의 영이 나에게 임하셨다. 주님께서 나를 보내셔서, 가난한 사람들에게 기쁜 소식을 전하고, 상한 마음을 싸매어 주고, 포로에게 자유를 선포하고, 갇힌 사람에게 석방을 선언하고, 주님의 은혜의 해와 우리 하나님의 보복의 날을 선언하고, 모든 슬퍼하는 사람을 위로하게 하셨다."^사61:1-2

예수님은 이 예언이 자신에게서 성취되었다고 선언하셨다, "예수께서 그들에게 말씀하셨다. '이 성경 말씀이 너희가 듣는 가운데서 오늘 이루어졌다.'"^눅4:21 실제로 그는 이 선언대로 가난한 사람들을 먹이시고, 병자를 고치시고, 죄인들을 용서하시고, 마음이 상한 자들을 위로해 주셨다.

이처럼 예수님은 진정한 왕의 모델을 보여 주신다. 왕은 어떤 특권을 가진 자가 아니다. 섬기는 자다. 백성에게 평화와 자유를 선물하는 자다. 하나님이 의도하셨던 진정한 왕의 모습을 예수님이 몸소 보여주신 것이다.

4) 그리스도의 왕권의 절정^{눅19:38, 계17:14}

그리스도의 왕권은 단지 이스라엘 백성들이나 자신을 추종하는 세력들에게만 미치는 것은 아니었다. 그는 만왕의 왕이고, 온 세상의 주권자이다. 그는 부활을 통해 죄와 죽음의 세력을 정복하고 그들의 노예였던 세상을 회복하시는 것을 통해서 이것을 증명하셨다.^{요12:31; 골2:14; 롬1:4; 마28:18}

이제 그는 승천하여 하나님 우편에 계시고^{벧전3:22}, 영광과 존귀로 관을 쓰셨고^{히2:9}, 온 세상을 통치하시는 실제적인 왕으로 군림하신다.^{엡1:20-21} 장차 그는 재림하여 만왕의 왕이요, 만주의 주로서 나타나실 것이다.^{계19:11-21, 21:22-27} 요한은 환상 속에서 이 모습을 묘사하고 있다. "그의 옷과 넓적다리에는 '왕들의 왕', '군주들의 군주'라는 이름이 적혀 있었습니다."^{계19:16}

5) 그리스도의 왕권의 인정

그리스도가 재림하여 왕으로 다시 오실 때에 온 우주의 모든 존재가 그의 앞에 무릎을 꿇으며 그가 만왕의 왕이라는 것을 인정하고 선포하게 될 것이다.

"하늘과 땅 위와 땅 아래 있는 모든 것들이 예수의 이름 앞에 무릎을 꿇고, 모두가 예수 그리스도는 주님이시라고 고백하여, 하나님 아버지께 영광을 돌리게 하셨습니다."^{빌2:10-11}

4. 우리는 왕이다

하나님은 우리를 구원하시고 예수님과 동등하게 다스리는 위치를 부여하셨다. 바울은 에베소서 2장 6절에서 이렇게 말한다, "하나님께서 그리스도 예수 안에서 우리를 그분과 함께 살리시고, 하늘에 함께 앉게 하셨습니다." 우리에게 주어진 구원이 우리를 죄인의 신분에서 그리스도와 똑같은 권세를 가진 존재로 상승시켜준다는 것이다. 이제 우리는 하늘에서 그리스도와 함께 앉아 그와 더불어 다스리는 권세를 갖게 되었다.

그렇다면 그리스도인들은 과연 무엇을 다스리는가? 예수 그리스도가 온 세상의 왕이기 때문에 이 세상에서 그의 대리자가 된 우리도 세상의 모든 것을 다스리는 권세를 부여받았다.

"주님께서 그들을 우리 하나님 앞에서 나라가 되게 하시고, 제사장으로 삼으셨습니다, 그래서 그들은 땅을 다스릴 것입니다."계5:10

이것은 처음 사람 아담에게 주신 명령의 회복이다.

"하나님이 그들에게 복을 베푸셨다. 하나님이 그들에게 말씀하시기를 '생육하고 번성하여 땅에 충만하여라. 땅을 정복하여라. 바다의 고기와 공중의 새와 땅 위에서 살아 움직이는 모든 생물을 다스려라' 하셨다."창1:28

그러므로 우리는 하나님의 뜻을 따라 온 우주 만물을 다스려야 한다.

어떻게 다스릴 것인가? 우리는 예수님처럼 선한 왕이 되어 하나님이 원래 의도하셨던 대로 세상의 선함을 회복하고 유지하는 역할을 감당해야 한다. 예수님은 죄로 왜곡되고 망쳐진 세상을 바로 잡는 일을 하셨다. 그것이 누가복음 4장 18-19절에 묘사된 예수님의 사역이었다.

"주님의 영이 내게 내리셨다. 주님께서 내게 기름을 부으셔서, 가난한 사람에게 기쁜 소식을 전하게 하셨다. 주님께서 나를 보내셔서, 포로 된 사람들에게 해방을 선포하고, 눈먼 사람들에게 눈 뜸을 선포하고, 억눌린 사람들을 풀어 주고, 주님의 은혜의 해를 선포하게 하셨다."

동시에 이것은 우리가 따라야 할 과업이기도 하다. 왕이라면 이 땅의 백성들의 아픔을 어루만지고, 슬픔을 위로하고, 불의를 바로잡고, 정의와 평화를 세우는 일을 해야 한다. 그리스도인들이 세상 가운데서 왕으로서 감당해야 할 사역이 이것이다.

이 과정에서 우리는 악한 영들과 싸울 수밖에 없다. 예수님의 왕권을 방해했던 사탄의 세력들이 우리가 왕권을 행사하는 것을 가만 놔둘 리 없기 때문이다. 그래서 바울은 우리의 싸움은 궁극적으로 악한 영들을 상대하는 것이라고 말한 것이다.

"우리의 싸움은 인간을 적대자로 상대하는 것이 아니라, 통치자들과 권세자들과 이 어두운 세계의 지배자들과 하늘에 있는 악한 영들을 상대로 하는 것입니다." 엡6:12

그러나 우리는 두려워할 필요가 없다. 세상을 이기신 주님이 우리와 함께하기 때문이고, 이미 악의 세력은 그 앞에서 패퇴했기 때문이다.

"너희는 세상에서 환난을 당할 것이다. 그러나 용기를 내어라. 내가 세상을 이겼다." 요16:33

그리스도는 우리의 선지자이며, 제사장이고, 왕이시다. 그는 세상을 위해 하나님으로부터 보냄을 받았다. 세상에 오셔서 하나님의 말씀을 전했고, 세상을 중보했고, 세상을 향한 하나님의 선한 통치의 도구가 되었다.

이제 승천하여 하나님 우편에 앉으신 그리스도는 이 사명을 우리에게 맡기셨다. 그러므로 우리는 하나님의 선지자가 되어 하나님의 말씀을 잘 분별하고, 그 말씀을 세상에 전하고 가르치고 때로는 경책하면서 이 사명을 감당해야 한다. 또한, 우리는 하나님의 제사장으로서 세상을 하나님과 화해시키고, 세상의 아픔을 함께 지면서 이 사명을 감당해야 한다. 마지막으로, 우리는 그리스도의 왕권을 이어받은 자로서 하나님나라가 이 땅에 온전하게 이루어지게 하기 위해서 세상을 책임 있게 다스리면서 이 사명을 감당해야 한다. 그리스도의 삼중 역할은 모든 그리스도인의 삼중 역할이기도 하기 때문이다.

제5장 · 그리스도의 속죄 Redemption

> "그런데 내게는 우리 주 예수 그리스도의 십자가 밖에는, 자랑할 것이 아무것도 없습니다. 그리스도로 말미암아, 내 쪽에서 보면 세상이 죽었고, 세상 쪽에서 보면 내가 죽었습니다." 갈6:14

I. 십자가라는 상징

1. 종교의 상징

종교마다 나름의 상징이 있다. 불교는 인자한 얼굴의 석가모니 불상과 더불어서 태양과 흐르는 물을 상징하는 卍자를 대표적인 상징으로 삼고 있다. 이슬람의 대표적인 상징은 '진리의 시작'을 의미하는 초승달과 샛별인데, 마호메트가 최초로 계시로 받을 때 초승달과 샛별이 한데 어울려 떠 있었다고 전해지며, 그때부터 신의 진리가 인간에게 내려지기 시작했기 때문이라고 한다. 이처럼 다른 종교의 상징들은 대부분 좋은 이미지를 담고 있다.

그러나 기독교의 대표 상징인 십자가는 전혀 다르다. 그것은 잔인한 형벌을 가하던 형틀이었다. 이렇게 끔찍한 것이 기독교의 상징이 되었다. 그래서 십자가가 기독교의 대표적인 상징이 되었다는 것은, 로마 시대에 십자가가 무엇을 의미하는지 아는 사람들에게는 이해할 수 없는 일이었다. 왜냐하면, 이것은 당시 사람들에게는 매우 끔찍하고 몸서리쳐지는 형상이었기 때문이다.

2. 이해하기 어려운 상징

십자가 형벌은 로마에서 실행되었던 가장 잔인한 형벌이었다. 그것은 살인, 반란, 혹은 무장 강도의 죄를 범한 범죄자, 그 중에서도 노예나 외국인 혹은 사람 취급을 못 받는 사람들에게만 가해졌던 형벌이었다. 로마 시민인 경우에는 극단적인 국가 반역죄를 제외하고는 십자가형에서 면제되었다. 십자가형은 일벌백계의 효과를 노리기 위하여 시행한 형벌 방식이다. 그래서 이 형벌을 당하는 죄수가 가장 극단적인 고통을 당하도록 방법을 고안하였다. 다른 사람들이 그 장면을 보고 감히 그런 범죄를 생각지도 못하게 하려는 목적을 성취하기 위한 것이다. 그래서 키케로도 이것이 "가장 잔인하고 혐오스러운 형벌"이라고 비난했었다.

그러므로 초대 교회 당시에 십자가를 기념하고 거기에 달려 죽은 사람을 숭배한다는 것은 세상의 웃음거리가 되고 조롱을 받을 일이었다. 상식적으로는 도저히 이해될 수 없는 일이었기 때문이다. 이 세상의 어떤 종교도 자신의 교주의 죽음, 그것도 매우 끔찍한 죽음을 기념하지 않는다. 기적이나 멋진 가르침 등에 대해서는 강조하여 드러내지만 교주가 반역자로 몰려 비참하게 죽었다는 것을 대놓고 자랑하지는 않는다. 그렇게 하는 것은 이상한 일로 인식될 수밖에 없다.

근대 이후로도 십자가를 어리석은 것으로 간주하면서 조롱하는 사람들이 수없이 많이 있다. 니체는 선을 '권력에의 의지'라고 규정했고, 악을 '연약함에서 나오는 모든 것'으로 규정했다. 그는 어떤 악보다도 더욱 해로운 것이 기독교라고 주장했는데, 그가 모든 형태의 연약함을 멸시했으며 그렇기에 무력한 죽음의 상징인 십자가를 가장 싫어했기 때문이다. 옥스퍼드의 철학자 알프레드 아이어 역시 죽음을 통해서만이 구원을 가져올 수 있다는 기독교의 가르침을 야만적인 것으로 멸시했다.

그럼에도 기독교는 십자가를 기독교의 대표적인 상징으로 삼고 예수 그리스도가 이 땅에서 이루신 위대한 업적을 가장 잘 보여주는 상징으로 여겨왔다. 그 이유가 무엇인가?

II. 십자가, 성육신의 목적

예수님은 이 땅에 오셔서 수많은 일을 하셨다. 제사장과 선지자와 왕이라는 3중 역할을 감당하면서 하나님나라의 복음을 전파하셨고, 백성들을 긍휼히 여겨서 굶주린 자들을 먹이시고, 병자들을 고치시고, 죽은 자를 살리기도 하셨다. 또한, 그렇게 바쁘게 다니는 가운데서도 자신의 뒤를 이어 하나님나라의 복음을 전파할 제자들을 훈련시키는 일을 소홀히 하지 않으셨다. 이 모든 일들은 하나님의 뜻을 따르고 성취하는 것이었다. 히10:4-7

그러나 예수를 향한 하나님의 뜻의 절정은 십자가에서 죽는 것이었다. 예수님은 이미 이 사실을 인식하고 있었다.

"지금 내 마음이 괴로우니, 무슨 말을 하여야 할까? '아버지, 이 시간을 벗어나게 하여 주십시오' 하고 말할까? 아니다. 나는 바로 이 일 때문에 이 때에 왔다." 요12:27

"인자는 섬김을 받으러 온 것이 아니라 섬기러 왔으며, 많은 사람을 구원하기 위하여 치를 몸값으로 자기 목숨을 내주러 왔다." 막10:45

그러므로 성육신도 의미 있는 것이지만, 그것 자체가 궁극적인 목적은 아니었다. 성육신은 대속의 죽음을 위해서 거쳐야 할 과정이다. 성육신의 목적은 인간을 대신해서 죽기 위한 것이다. 히10:10 그러므로 성탄절은 그리스도인들에게 매우 중요한 의미를 지니지만, 그것이 고난주간보다 더 중요한 것은 아니다. 예수님은 이 세상에 죽으러 오신 것이다. 그는 살아서 많은 일을 하셨지만, 그의 최대 업적은 죽음을 통해서 이룬 것이다.

Ⅲ. 예수는 왜 죽으셨는가?

사람들은 종종 질문을 던진다. '왜 그리스도가 죽어야 했는가?' '왜 하나님은 십자가 없이 우리를 용서하지 않는가?' 이 질문에 대해 답을 하려면 우리는 먼저 죄가 어떤 것인지, 그리고 하나님이 어떤 분인지 알아야 한다. 거기서부터 십자가의 필연성이 나오기 때문이다.

1. 죄의 심각성

우리가 잘 알듯이 처음 사람 아담에게서 시작해서 모든 인간이 죄를 지었다. 죄의 본질은 무엇인가? 죄의 시발점은 인간이 피조물로서의 위치를 거부하고 하나님과 동등하게 되려는 시도였다. 죄는 하나님과 그의 지배를 거부하고 하나님에게 대항하는 것이다. 롬8:7, "육신에 속한 생각은 하나님께 품는 적대감입니다" 이것은 하나님에 대한 철저한 불신이며, 하나님이 정해놓으신 삶을 정면으로 거부하는 것이다.

이러한 죄의 본질은 하나님께 대한 반역이고, 하나님의 왕국을 찬탈하려는 반란과 같은 것이다. 이 세상 나라들에서도 반역죄, 내란죄는 죄 중에서도 가장 중한 죄로 간주되고 이런 자들을 극형에 처한다. 그러므로 하나님은 사람에게 죄를 지으면 반드시 죽을 것이라고 선언하신 것이다. 우리는 죄를 지어 하나님께 대한 반역에 가담하였고, 모두 참형을 당할 형편에 처하게 되었다. 죄는 우리가 생각하는 것 이상으로 심각한 것이다.

2. 하나님의 거룩함과 공의

우리가 대항하여 죄를 지은 하나님은 어떤 분인가?

1) 거룩하심

하나님은 다양한 속성이나 성품을 가지고 계시지만, 그 중에서도 피조물과 관련해서 두드러지는 성품은 거룩하고 공의로운 분이라는 사실이다. 거룩함이란 하나님의 존재가 피조물과 구별된다는 것, 그리고 하나님은 순전하고 깨끗하다는 것을 의미한다. 하나님은 불순물이 섞이지 않은 완전한 순결 그 자체이며, 본성 자체가 죄와 공존할 수 없는 존재다.

2) 공의로움

또한, 하나님은 죄와 악을 용인하지 않는 분이다. 죄와 악은 하나님에 대한 도전이고 자신의 이기적인 욕심을 위해 하나님의 피조세계에 심각한 해를 끼치는 것이기 때문에 그냥 내버려둘 수 없는 일이다. 그것은 처벌을 받아야 한다. 그래야 공의가 바로 세워진다. 이처럼 하나님의 공의로움은 죄와 악에 대한 진노로 나타난다. 인간의 죄는 아무런 보응을 받지 않고 묵과될 수 없다. 이 공의가 얼마나 강렬한 것인지는 하나님이 죄에 대해 반응하시는 표현에서 잘 드러난다.

"그들은 이방 신을 섬겨서 주님께서 질투하시게 하였으며, 역겨운 짓을 하여 주님께서 진노하시게 하였다."신32:16

"사마리아 사람들아, 나는 너희의 송아지 우상을 인정하지 않는다. 그것들 때문에 나의 분노가 활활 타오른다."호8:5

그래서 하나님은 죄의 대가는 죽음이라고 분명하게 선언하신 것이다. 에덴동산에서 죄의 대가는 죽음이라고 했던 선언은 이후에도 여전히 유효하다. 창2:17; 롬3:23 그러므로 인간이 하나님과의 약속을 어기고 죄를 범했기 때문에 형벌을 받는 것은 당연한 일이다.

이 사실을 정확하게 인지하고 있었던 이사야는 하나님의 보좌 앞에 섰을 때 그 거룩하심과 공의로우심을 즉각적으로 인지하고 이렇게 고백하였다, "재앙이 나에게 닥치겠구나! 이제 나는 죽게 되었구나! 나는 입술이 부정한 사람인데, 입술이 부정한 백성 가운데 살고 있으면서, 왕이신 만군의 주님을 만나 뵙다니!"사6:5

하나님은 이미 선언한 원칙대로 죄를 지은 자들에게 형벌을 내리면 된다. 사람들이 하나님과의 언약을 어겼기 때문에 심판을 받는 것은 당연하다. 그것에 대해 하나님은 어떤 책임도 없다.

3. 하나님의 사랑

그럼에도, 하나님은 자신의 형상으로 창조한 인간이 멸망당하도록 그대로 방치할 수 없었다. 너무나 사랑했기 때문이다. 그렇다고 해서 무조건 용서할 수는 없었다. 하나님의 거룩함과 공의가 죄에 대한 처벌을 요구하기 때문이다. 그렇다면 이 두 가지를 만족시킬 수 있는 방법이 무엇일까?

하나님은 인간을 사랑하셔서 우선 즉각적인 심판을 유보하기로 하셨다. 이것은 전적으로 하나님 스스로의 결단이다. 그렇게 할 필요도 없고, 누구도 그렇게 하라고 강제할 수도 없었다. 그것은 전적으로 하나님의 은혜의 결단이었다.

그러나 형벌을 유보하지만 완전히 면제할 수는 없다. 죄가 없었던 것처럼, 형벌이 선고되지 않았던 것처럼 지나갈 수는 없는 일이다. 왜 그럴까? 공의가 그것을 허용하지 않기 때문이다. 비록 지금은 형벌이 유예되지만 언젠가는 그것을 집행할 수밖에 없다. 그래서 하나님은 거기서 한 걸음 더 나아가, 심판을 피할 수 있는 길을 제시하기로 작정하셨다.

다시 말하지만, 이것은 전적으로 하나님 스스로의 결단이다. 분명히 알아야 할 것은, 하나님은 그 누구도 구원할 필요가 없었다는 점이다. 죄를 지으면 죽을 것이라고 이미 선언했었고, 그대로 집행하면 되기 때문이다. 하나님이 타락한 천사를 그냥 심판받도록 내버려둔 것처럼 사람도 그렇게 할 수 있다.^(벧후2:4) 아니, 그렇게 하는 것이 정상이다. 그러므로 하나님이 반드시 인간을 구원해야 하는 것은 아니다. 대속은 절대적으로 필요한 것이 아니었다. 그러나 하나님은 자신의 은혜로 인간에게 구원의 길을 제시해 주기로 하셨다.

4. 대속

하나님이 생각하신 구원의 방법은 무엇인가? 하나님은 이 문제를 해결하기 위한 한 가지 방법을 고안하셨다. 그것은 다른 생명으로 인간의 생명을 대신하는 것이었다. 그리스도가 죄인들을 위해서 속죄 제물로 죽는 방법을 택하신 것이다. 여기에는 '생명에는 생명으로'라는 원리가 적용되고 있다.

"그리스도께서도 죄를 사하시려고 단 한 번 죽으셨습니다. 곧 의인이 불의한 사람을 위하여 죽으신 것입니다."^(벧전3:18)

이것이 하나님의 지혜로운 방법이다. 하나님의 공의와 사랑을 동시에 만족시킬 수 있는 방법이다. 그래서 우리를 죄의 형벌에서 구원해낼 수 있는 방법이다.

5. 구속 redemption

우리는 죄와 사망의 노예였다. 죄를 지어 사망 선고를 받은 상태였다. 또한, 죄의 노예가 되어 죄 아래서 신음하고, 계속 죄를 짓고, 그 죄의 피해를 입으면서 살다가 죄 가운데 죽을 수밖에 없는 존재였다. 그러나 하나님은 우리의 생명을 대신할 수 있는 다른 것을 지불하고 우리를 해방시켜주셨다. 이 때 우리를 살리기 위해 지불한 속전 ransom이 그리스도의 죽음이었다. 그 결과 우리는 구속 redemption되었다. 즉 몸값을 지불하고 자유의 몸이 된 것이다.

"인자는 섬김을 받으러 온 것이 아니라 섬기러 왔으며, 많은 사람을 구원하기 위하여 치를 몸값으로 자기 목숨을 내주러 왔다."막10:45

그러므로 우리가 받은 구원, 우리가 얻은 해방은 공짜가 아니었다. 그것은 그리스도의 죽음이라는 막대한 대가를 지불하고 얻은 고귀한 것이다.

"여러분은 조상으로부터 물려받은 여러분의 헛된 생활방식에서 해방되었습니다. 여러분도 아시지만, 그것은 은이나 금과 같은 썩어질 것으로 된 것이 아니라, 흠이 없고 티가 없는 어린 양의 피와 같은 그리스도의 귀한 피로 되었습니다."벧전1:18-19

여기서 하나님의 사랑의 극한적인 모습이 드러난다. 우리를 해방시키기 위해서 자기 아들을 속전으로 내어주시는 것이 하나님의 사랑이다. 그 사랑은 막대한 비용을 지불하는 것으로 표현된 매우 실제적이고 구체적인 것이었다.

6. 십자가, 죄인들을 향한 하나님의 은혜의 상징

그러므로 십자가는 어떤 사람들에게는 수치스러운 것이고 부끄러움이며 어리석은 것처럼 보일지 모르지만, 그로 인해 구원을 받은 우리들에게는 최대의 자랑거리다. 십자가는 생명의 상징이기 때문이다. 십자가로 인해 우리가 살았기 때문이다. 죄의 노예에서 해방되었기 때문이다. 다시 하나님의 자녀가 될 수 있게 해 주었기 때문이다. 그런 생명의 상징을 숨기거나 부끄러워할 사람이 어디 있겠는가?

그래서 그리스도인이란 십자가를 믿을 뿐 아니라 그것을 자랑하는 사람들이다. 다른 사람들은 자신의 학식·지혜·재산·경력·성품·능력·자식의 열매를 자랑하지만 그리스도인들은 오직 그리스도의 십자가 외에는 자랑할 것이 없음을 알고 그렇게 고백하는 자들이다. 그래서 바울은 "내게는 우리 주 예수 그리스도의 십자가 밖에는, 자랑할 것이 아무것도 없습니다" 갈6:14라고 고백한 것이다.

Ⅳ. 십자가, 우리의 모범십자가 제자도

예수 그리스도는 삶을 통해서 우리에게 모범을 보여주신 것처럼 죽음을 통해서도 우리가 본받아야 할 모습을 보여주셨다.

1. 자기 십자가를 지고 주님을 따르는 삶

예수님은 우리도 각기 자기 십자가를 져야 한다고 말씀하셨다.

"그 때에 예수께서는 제자들에게 말씀하셨다. '누구든지 나를 따라오려거든, 자기를 부인하고, 제 십자가를 지고, 나를 따라 오너라.'"마16:24

자기 십자가를 진다는 것은 무슨 뜻인가? 그것은 단순하다. '죽는 것'이다. 무엇이 죽는 것인가? 자아가 죽는 것이다. 자기 욕심이 죽는 것이다. 자신의 인생계획, 자신이 가려는 길, 자신이 살고자 하는 방식에서 죽는 것이다. 그리스도는 자기의 삶을 살기 위해서 이 세상에 온 것이 아니었다. 자신의 뜻을 펼치려고 온 것도 아니었다. 자신의 행복을 추구하고 욕구를 충족시키기 위해 온 것도 아니었다. 그는 그 모든 욕구에 대하여 죽었다. 그것이 십자가의 길이라는 것으로 총결집되어 나타난 것이다.

그러므로 십자가의 길을 따라가는 우리도 똑같이 죽어야 한다.

"여러분은 세상이나 세상에 있는 것들을 사랑하지 마십시오. 누가 세상을 사랑하면, 그 사람 속에는 하늘 아버지에 대한 사랑이 없습니다. 세상에 있는 모든 것, 곧 육체의 욕망과 눈의 욕망과 세상 살림에 대한 자랑은 모두 하늘 아버지에게서 온 것이 아니라, 세상에서 온 것이기 때문입니다. 이 세상도 사라지고, 이 세상의 욕망도 사라지지만, 하나님의 뜻을 행

하는 사람은 영원히 남습니다."요일2:15-17

때로는 그것이 육체적인 죽음을 의미할 때도 있다.

"누구든지 자기 목숨을 구하고자 하는 사람은 잃을 것이요, 나 때문에 자기 목숨을 잃는 사람은 찾을 것이다."마16:25

때로는 그것이 고난의 길을 가는 것일 수도 있다. 예수님은 고난을 기꺼이 감수하셨고, 이런 점에서 우리의 모범이 되신다. 벧전2:21-23

"믿음의 주요 또 온전하게 하시는 이인 예수를 바라보자 그는 그 앞에 있는 기쁨을 위하여 십자가를 참으사 부끄러움을 개의치 아니하시더니 하나님 보좌 우편에 앉으셨느니라." 히12:2

십자가의 길에서 당하는 고난은 자신이 저지른 잘못 때문이 아니다. 의를 위하여, 하나님나라의 일을 하다가, 주님이 기뻐하시는 삶을 살다가 당하는 고난이다.

"의를 위하여 박해를 받은 사람은 복이 있다. 하늘나라가 그들의 것이다. 너희가 나 때문에 모욕을 당하고, 박해를 받고, 터무니없는 말로 온갖 비난을 받으면, 복이 있다. 너희는 기뻐하고 즐거워하여라. 하늘에서 받을 너희의 상이 크기 때문이다. 너희보다 먼저 온 예언자들도 이와 같이 박해를 받았다."마5:10-11

또한, 그 고난은 다른 사람을 섬기려다가 당하는 것이기도 하다.

"이제 나는 여러분을 위하여 고난을 받는 것을 기쁘게 여기고 있으며, 그리스도의 남은 고난을 그분의 몸 곧 교회를 위하여 내 육신으로 채워가고 있습니다."골1:24

그리스도가 받은 고난은 그럴 필요가 없음에도 받은 고난이었다. 예수님은 타인을 위해서 일부러 고난을 자처하셨다. 그들을 사랑하기 때문에 기꺼이 희생을 감수하신 것이다. 예수님은 안락한 삶을 살 수도 있었지만 고난의 삶을 선택하셨다. 우리에게 요구되는 십자가의 길도 마찬가지다.

우리는 끊임없이 안락한 삶과 고난의 삶 사이에서 선택해야 하는 순간을 직면한다. 예수님의 제자인 야고보와 요한이 명예와 권세를 구할 때, 예수님은 그들에게 자신이 마실 고난의 잔을 마실 수 있느냐고 물으셨다.^{막 10:38} 영광의 자리를 주는 것은 하나님의 절대적인 주권에 속하는 일이다. 그러나 예수를 따르는 모든 자들은 필수적으로 하나님의 나라와 의를 위한 고난의 잔을 마셔야 한다.

2. 하나님을 위해 사는 삶

그리스도는 자신에 대하여는 죽었지만 하나님과 타인을 대하여 사는 삶을 사셨다. 그는 하나님과 그의 나라를 위하여 살았고, 사람들을 섬기고 살리기 위해서 살았다. 그는 적극적으로 이런 삶을 살았다. 그리스도의 십자가 죽음은 어떤 이익을 바라고 하는 계산적인 행동이 아니었다. 순수하게 우리를 위한 헌신적인 사랑의 행위였다.

그리스도의 십자가를 따르는 우리는 하나님을 향하여 살아야 한다.

"그러므로 여러분은 먹든지 마시든지, 무슨 일을 하든지, 모든 것을 하나님의 영광을 위하여 하십시오."^{고전10:31}

하나님을 향한 삶을 살기 위해서 절대적으로 필요한 것이 순종이다. 그리스도의 십자가 죽음은 순종의 결과였다.

"자기를 낮추시고, 죽기까지 순종하셨으니, 곧 십자가에 죽기까지 하셨습니다."^{빌2:8}

"예수께서는 조금 더 나아가서, 얼굴을 땅에 대고 엎드려서 기도하셨다. '나의 아버지, 하실 수만 있으시면, 이 잔을 내게서 지나가게 해주십시오. 그러나 내 뜻대로 하지 마시고, 아버지의 뜻대로 해주십시오.'"^{마26:39}

그것은 쉬운 길을 가기 위한 순종이 아니라 어렵다는 것을 알면서도 하는 순종이었다. 우리가 따라야 할 삶 역시 이와같은 순종의 길이다.

"예수께서 그에게 대답하셨다. '누구든지 나를 사랑하는 사람은 내 말을 지킬 것이다. 그리하면 내 아버지께서 그 사람을 사랑하실 것이요, 내 아버지와 나는 그 사람에게로 가서 그 사람과 함께 살 것이다.'"요14:23

주의 뜻이면 이것도 하고 저것도 하고, 이 길로도 가고 저 길로도 가고, 살기도 하고 죽기도 하는 것, 이것이 순종의 삶이다. 약4:15

3. 타인을 위한 사랑과 희생의 삶

다른 측면에서 보면, 우리가 져야 할 십자가는 이웃을 위하는 적극적인 삶을 산다는 것을 의미한다. 그리스도의 삶과 죽음, 우리를 향한 사랑이 이런 삶을 요구한다.

"그리스도께서 여러분을 사랑하셔서, 우리를 위하여 하나님 앞에 향기로운 예물과 제물로 자기 몸을 내어주신 것과 같이, 여러분도 사랑으로 살아가십시오."엡5:2

그렇다면 과연 우리가 보여야 할 사랑의 구체적인 모습은 어떤 것일까? 성경은 몇 가지 예를 우리에게 보여주고 있다.

"누구든지 세상 재물을 가지고 있으면서, 자기 형제자매의 궁핍함을 보고도, 마음 문을 닫고 도와주지 않으면, 어떻게 하나님의 사랑이 그 사람 속에 머물겠습니까? 자녀 된 이 여러분, 우리는 말이나 혀로 사랑하지 말고, 행동과 진실함으로 사랑합시다."요일3:17-18

"서로 친절히 대하며, 불쌍히 여기며, 하나님께서 그리스도 안에서 여러분을 용서하신 것과 같이, 서로 용서하십시오."엡4:32

"그러므로 기회가 있는 동안에, 모든 사람에게 선한 일을 합시다. 특히 믿음의 식구들에게는 더욱 그렇게 합시다."갈6:10

십자가의 길은 매끈한 포장도로가 아니라 황무지를 걷는 길과 같다. 그 길은 험한 길이다. 아니, 길이 없는 곳을 가는 것과 같다. 이런 길을 간다는 것은 안정과 편안함을 추구하는 우리의 본성를 거스르는 일이다. 결국 편함과 십자가의 길은 절대 양립할 수 없다. 영광의 길은 고난의 십자가의 길을 다 간 후에 나타나는 것이기 때문이다.

이것은 우리에게 하나님나라와 그의 의를 위하여 모험하고 도전할 것을 요구한다. 우리 안에 있는 안정적인 성향을 버리고 기꺼이 불안정하고 모험적인 인생을 살 것을 요구한다. 왜? 무엇 때문에 그렇게 살아야 하는가? 우리를 위해서 하늘의 안정을 버리고 불안정한 모험을 선택하셔서 우리에게 하나님의 의를 이루게 하신 예수님이 그렇게 사셨기 때문에, 그리고 그렇게 하여 하나님나라가 이루어질 것이기 때문에.

제6장 · 그리스도의 부활 Resurrection

"죽음아, 너의 승리가 어디에 있느냐? 죽음아, 너의 독침이 어디에 있느냐? 죽음의 독침은 죄요, 죄의 권세는 율법입니다. 그러나 우리 주 예수 그리스도를 통하여 우리에게 승리를 주시는 하나님께 우리는 감사를 드립니다. 그러므로 나의 사랑하는 형제자매 여러분, 굳게 서서 흔들리지 말고, 주님의 일을 더욱 많이 하십시오. 여러분이 아는 대로, 여러분의 수고가 주님 안에서 헛되지 않습니다."
고전15:55-58

I. 십자가와 부활 사이

1. 부활에 대한 예언

예수님은 하나님나라에 관해서 많은 것을 가르치셨다. 예수님의 말씀을 들은 사람들은 때로는 그 수준에 경탄하기도 했지만, 주님의 말씀이 무슨 뜻인지 이해하지 못하는 경우도 많았다. 심지어 제자들조차도 하나님나라 복음의 핵심에 대해서 잘 이해하지 못하고 오해하는 일이 다반사였다. 씨 뿌리는 비유를 비롯해서 하나님나라에 관한 비유들도 그렇고, 하나님나라에서는 섬기는 자가 큰 자라는 말씀도 그들은 전혀 이해하지 못했다.

이렇게 사람들과 제자들이 전혀 이해하지 못한 예수님의 말씀 가운데 가장 중요한 것은 자신이 죽은 후에 다시 살아날 것이라는 말씀이었다.

"그들이 산에서 내려올 때에, 예수께서는 그들에게 명하시어, 인자가 죽은 사람들 가운데서 살아날 때까지는, 본 것을 아무에게도 이야기하지 말라고 하셨다."막9:9

"보아라, 우리는 지금 예루살렘으로 올라가고 있다. 인자가 대제사장들과 율법학자들에게 넘겨질 것이다. 그들은 그에게 사형을 선고할 것이며, 그를 이방 사람들에게 넘겨주어서, 조롱하고 채찍질하고 십자가에 달아서 죽게 할 것이다. 그러나 그는 사흘째 되는 날에 살아날 것이다."마 20:18-19

이렇게 예수님은 자신이 죽고 부활할 것에 대해 여러 번 말씀하셨지만, 제자들이나 주변 사람들은 그것이 무엇을 의미하는지 이해하지 못했다. 죽은 사람이 다시 살아난다는 것은 상상도 할 수 없는 일이었기에 부활에 대한 예수님의 말씀이 어떤 상징적인 말씀이라고 생각했을 것이다.

2. 부활의 상황

제자들이 아직 예수님의 죽음과 부활에 대한 말씀을 온전히 이해하지 못하고 있던 상황에서 예수님이 종교지도자들과 빌라도 총독에 의해 십자가에 달려 죽게 되었다. 이 일은 제자들도 당황할 정도로 매우 급박하게 진행되었다. 예수님은 공생애 마지막 주간 목요일 저녁에 제자들과 최후의 만찬을 나누신 후에 겟세마네 동산에서 기도하시다가 배신한 가룟 유다가 이끌고 온 로마 군인들에게 체포되셨다. 밤새도록 대제사장과 빌라도에게 재판을 받으신 후에 십자가형을 선고받고 골고다로 올라가서 십자가에 못 박혀 돌아가셨다. 예수님이 죽은 것을 확인한 로마 군인들은 아리마대 사람 요셉의 무덤에 장사지내는 것을 허락하였다.마27:57-60

예수님이 3일 만에 부활할 것이라고 주장했던 것을 기억한 대제사장과 바리새인들은 혹시 제자들이 시체를 훔쳐낸 후에 그가 부활했다고 거짓말을 하지나 않을까 하는 염려에 빌라도 총독에게 군사를 보내어 무덤을 지켜줄 것을 요청하였다.마27:62-64 이 요청에 대해 빌라도는 귀찮은 듯이 "경비병을 내줄 터이니, 물러가서 재주껏 지키시오"라고 말하면서 허락해주

었다. 그래서 "그들은 물러가서 그 돌을 봉인하고, 경비병을 두어서 무덤을 단단히 지켰다."65-66절

안식 후 첫날 새벽에 여자들은 예수님의 시체에 향료를 바르기 위해 무덤을 찾아갔다.눅24:1 그 때 갑자기 지진이 일어나고 천사가 무덤을 막은 돌을 밀어냈다.마28:2 천사는 그리스도가 부활하셨다고 선언하면서 그의 시체가 있었던 곳이 비어 있다는 것을 그 증거로 제시하였다.마28:6 그리고 이 사실을 빨리 제자들에게 알리라고 명령했다.7절 여자들은 "무서움과 기쁨"의 양가감정을 지닌 채 제자들에게로 달려갔다.8절 그 때 길에서 예수님이 그녀들에게 나타나셨다.9-10절 예수님의 부활을 가장 처음 확인한 사람들이 바로 이 여자들이다.

한편 무덤을 지키던 군사들은 혼비백산하여 도망쳐서 일어난 일을 대제사장에게 보고하였다.11절 그러자 "대제사장들은 장로들과 함께 모여 의논한 끝에, 병사들에게 은돈을 많이 집어 주고 말하였다. '예수의 제자들이 밤중에 와서, 우리가 잠든 사이에 시체를 훔쳐갔다' 하고 말하여라. 이 소문이 총독의 귀에 들어가게 되더라도, 우리가 잘 말해서, 너희에게 아무 해가 미치지 않게 해주겠다."12-14절 로마 군인들은 "돈을 받고서, 시키는 대로 하였다."15절

그 후 예수님은 40일 동안 여러 차례 제자들에게 나타나셔서 부활한 몸을 보여주시면서 자신이 예언한 대로 부활했다는 것을 확신해 주셨다.

II. 부활의 증거

1. 부활: 상식적으로 믿기 힘든 이야기

기독교는 믿기 힘든 수많은 이야기로 구성되어 있는데, 그 중에서 가장 믿기 힘든 것을 꼽으라면 아마도 '부활'일 것이다. 사람이 한 번 죽으면 그것으로 끝이라고 생각하는 것이 일반적이다. 우리는 사람이 죽은 후에 부활하는 것을 실제로 본 적도 없다. 그러므로 예수가 부활했다는 주장은 수많은 기적 이야기 중에서도 가장 믿기 어려운 것이다.

그럼에도 기독교는 그리스도의 부활을 기독교신앙의 핵심으로 주장해 왔다. 이것은 어떻게 보면 어리석은 전략이다. 사람들이 듣고 받아들이기 좋은 말을 전면에 내세우는 것이 세력을 확장하는 데 도움이 될 텐데, 가장 믿기 힘든 것을 대문에 내거는 것은 기독교를 받아들이라는 것인지 말라는 것인지 의아스러운 전략이다.

하지만, 기독교는 그리스도의 부활에 기초하고 있고, 따라서 기독교를 반대하는 사람들은 무엇보다도 부활의 허구성을 증명하려고 애써왔다. 그렇게 되면 기독교는 완전히 무너질 것이기 때문이다. 어떤 사람들은 죽은 사람의 부활은 경험적으로 일어날 수 없는 일이기 때문에 예수의 부활도 믿을 수 없다고 주장한다. 심지어 기독교 신학자라고 하는 사람들 중에서도 예수의 부활이 역사적인 사실이 아니라 예수의 제자들의 내면에서 일어난 일이라고 주장하는 사람들이 있다. 제자들이 예수님의 가르침을 영원히 가치 있는 것으로 생각했기에 그 의미를 부활이라는 상징으로 보존하려고 했다는 것이다.

이렇게 부활은 일반적 상식으로 믿기 힘든 것임에도 기독교는 2천년 동안 예수의 부활을 주장하고 확실하게 믿어왔다. 왜 이렇게 무모한 주장을 계속 하고 있는 것일까? 어떤 확신이 있기에 그러는가? 이 의문을 가지고 그리스도의 부활에 대한 비판과 그에 대한 대답, 그리고 부활에 대한 믿을 만한 증거들에 대해 생각해보자.

2. 목격자들의 증언

예수님의 부활은 단지 소수의 사람들에게만 알려진 것이 아니라 500명이 넘는 많은 사람에게 알려진 사건이었다. 바울은 당시 사람들의 여러 증언을 종합하면서 예수님이 부활하신 후에 40일 동안 약 515명에게 12차례나 나타나셨다고 주장한다. 고전15:5-8; 마 28:9-10, 17; 막 16:14; 눅 24:30-31, 36-47; 요 20:19-23, 26-29

이 주장에 대해서 어떤 사람들은 부활한 예수님을 봤다는 사람들은 그들이 집단적인 환각 상태에 빠져서 환상을 본 것이라고 반박한다. 그러나 이것은 과학적으로 불가능한 일이다. 500명 이상이나 되는 사람들이 각기 다른 다양한 장소에서 집단적으로 환각 상태에 빠진다는 것은 불가능한 일이기 때문이다. 또한, 바울은 예수님의 부활을 목격한 사람들을 일일이 거명하고 있다. 그것은 만약 의심이 되면 그 사람들을 찾아가서 확인해보라는 당당한 의도였다. 그만큼 확신이 있었던 것이다.

3. 성경 기록의 역사적 신빙성에 대하여

부활은 역사적인 사건이 아니라 제자들이나 후대 기독교에서 만들어낸 신화라고 주장하는 사람도 많이 있다. 그들은 이렇게 주장한다. 제자들은 예수님이 죽은 후에 너무 상심했다. 그러나 예수님과 함께 다녔던 세월과 품었던 소망을 쉽게 포기할 수 없어서 예수님에 관한 이야기를 반복하고 기념하면서 그가 메시아라고 믿게 되었다. 그 후에 그들은 다른 사람들에게도 예수님의 가르침을 전파하였다. 그 와중에 예수님이 그들 가운데 영적으로 살아 있다고 가르치다가 그것이 그가 실제 육체적으로 부활했다는 이야기로 발전해갔다는 것이다. 그러므로 부활은 후대 사람들이 만들어 낸 신화에 지나지 않는다는 것이다.

이에 대해 우리는 먼저 성경의 기록이 상당히 믿을만한 것이라는 점을 지적할 수 있을 것이다. 예수님의 부활에 대해 최초로 기록한 것은 예수님이 죽은 지 약 15년 후에 기록한 복음서들과 고린도전서였다. 고린도전서 15장 3-6절에서 바울은 예수의 부활이 역사적인 사실이라고 주장한다. 그 근거로 바울은 예수님의 부활을 목격한 사람들을 일일이 거론하면서 사실성을 주장하고, 더 나아가서 그 중에 상당수가 살아있다고 주장한다. 그 편지는 고린도교회뿐만 아니라 교회가 있는 모든 지역에서 회람될 편지였다. 그러므로 바울이 구체적으로 거명한 사람들을 얼마든지 찾아볼 수 있었다.

만약 대제사장이나 바리새인들이 예수를 죽일 정도로 증오에 가득 찼었다면 예수가 부활했다고 주장하는 사람들 역시 어떻게든 막으려고 했을 것이다. 로마 군인들을 동원해서 예수의 무덤에 경비병을 세웠던 것처럼 얼마든지 무력을 동원할 수 있었을 것이다. 실제로 바울은 회심하기 전에 예수 믿는 자들을 잡아서 죽이는 일을 했었다. 그러나 바울은 예수 믿는 자들을 핍박하던 자에서 입장을 바꿔서 예수의 부활을 강력하게 주장하는 자가 되었다. 그 이유가 무엇인가? 그는 자신이 부활하신 주님을 만났기 때문이라고 말한다. 이것은 당시 종교지도자들에게 자신도 죽이려면 얼마든지 죽이라고 들이미는 것과 다름없는 일이었다. 실제로 바울은 이런 주장 때문에 여러 차례 암살의 위협을 받았다.

예수님의 부활을 목격한 사람들의 실명을 거론하는 것 역시 그들을 위험에 빠뜨리는 일이었다. 바울 자신이 그들을 잡아서 죽이는 일을 했었기 때문에 그것이 얼마나 위험하고 무모한 일인지를 누구보다 잘 알았을 것이다. 그럼에도 바울은 예수님의 부활이 확실하다는 것을 증언하기 위해 사람들의 이름을 실명으로 기록한 것이다. 이것은 어지간한 확신이 없다면 쉽게 할 수 없는 일이다. 이 모든 것은 부활에 관한 기록이 상당히 신뢰할 수 있는 근거를 가지고 있음을 보여주는 증거들이다.

또한, 복음서는 부활을 최초로 목격한 사람들이 여자들이었다고 기록하고 있다. 이것은 당시 기준으로 볼 때 오히려 부활 이야기의 신뢰성을 떨어뜨리는 이야기다. 왜냐하면 당시 유대 사회에서는 여자들을 너무 천시해서 여자들의 증언은 법정에서도 증거로 받아들이지 않았기 때문이다. 그러므로 부활의 최초 목격자가 여자들이라고 주장하는 것은 그 주장의 신빙성을 스스로 떨어뜨리는 것이 된다.

그럼에도 복음서 저자들 모두가 부활의 최초 목격자는 여자들이라고 기록한다. 그들은 단지 믿을만한 이야기를 구성하기 위해서 사실을 왜곡할 수 없었기 때문이다. 부활 사건 자체가 워낙 충격적인 것이라 그것을 왜곡할 엄두가 나지 않았을 것이다. 다만 사실대로 기술할 뿐이었다. 만약 부활 이야기를 꾸며냈다면 사람들이 가장 믿을만하게 구성하는 것이 현명했을 것이다. 그러나 그들은 그렇게 하지 않았다. 그저 사실대로 기록하려고만 했다. 그러므로 여자들이 예수님의 부활을 목격한 최초의 인물들이었다고 기록되어 있는 것은 오히려 부활 기록의 신빙성을 더해 준다.

4. 빈 무덤에 관하여

부활을 믿는 사람들은 예수님의 무덤이 비어있다는 것을 예수님이 부활했다는 것을 보여주는 강력한 증거로 제시한다. 막달라 마리아와 야고보의 어머니 마리아와 살로메는 예수님의 시체에 향료를 바르기 위해 무덤으로 갔다. 그러나 그들은 빈 무덤만을 발견했을 뿐이다.^{막16:4-7} 무덤에 예수님의 시체가 없었다는 사실은 대제사장과 바리새인들도 인정하는 바였다. 그래서 그들은 제자들이 시체를 훔쳐갔다고 거짓 소문을 퍼뜨리도록 사주할 수밖에 없었던 것이다. 이처럼 예수님의 무덤이 비었다는 것은 그가 부활했다는 것을 간접적으로 증거해 주는 사실이다. 그러나 이것에 대해 많은 사람들이 반박하는 주장을 했다.

첫 번째 반대는 이런 주장이다. "예수는 죽은 것이 아니다. 단지 기절했을 뿐이다. 그래서 며칠 후에 깨어나 무덤에서 나와 사라진 것이다. 그래서 무덤이 비어있었던 것이다." 그러나 거의 이틀 동안이나 가혹행위를 당하고, 십자가에 6시간 이상 달려 있었고, 돌무덤에서 이틀 이상 감금되어 있던 사람이 죽지 않고 기절만 했다가 다시 일어나는 것이 가능할까?

로마 군인들이 예수가 죽은 것을 확인하기 위해서 창으로 옆구리를 찔렀을 때 피와 물이 함께 쏟아졌다. 이것은 예수가 확실하게 죽었다는 것을 의미하는 것이고, 아직 죽지 않은 상태였다고 할지라도 창에 찔렸을 때 죽었을 것이다. 로마 군인들은 일반적으로 죄수의 죽음을 확인하기 위해 다리를 부러뜨린다. 그러나 이들은 예수가 이미 죽었다는 것을 확인했기 때문에 다리를 부러뜨릴 필요조차 없었다. 경험 많은 로마 군인들의 판단을 제3자가 의심하는 것은 더 신빙성이 없는 것이다.

바리새인들은 예수님이 3일 후에 부활할 것이라는 주장을 기억하고 있었다. 그래서 로마 군인들에게 3일 동안 무덤을 지키도록 요청했다.마 27:63-64 이렇게 확실하게 일을 처리하려던 사람들이 예수가 죽었는지 아닌지 정확하게 확인하지도 않고 그냥 무덤에 장사지내도록 했을 리 없다. 그러므로 예수님이 죽지 않았고 단지 기절했을 뿐이라는 주장은 근거가 희박한 가설에 불과하다.

두 번째 반대는 이렇게 주장한다. "빈 무덤은 제자들이 시체를 훔쳐갔기 때문에 비어 있었던 것이다. 그 후에 제자들이 예수님이 부활한 것이라고 거짓말을 퍼뜨린 것이다." 당시 정황으로 볼 때 이것 역시 가능하지 않다. 제자들은 예수님이 잡혔을 때 무서워서 도망치고 예수를 모른다고 부인했던 자들이었다. 그런데 갑자기 어디서 용기가 나서 무덤을 단단히 지키던 로마 군사들을 물리치고 시체를 훔쳐갈 수 있었을까?

또한, 제자들의 상황을 볼 때 이런 거짓말을 만들어낼 아무런 이유가 없다. 먼저, 제자들조차 부활을 믿지 못했다. 당시 사람들과 마찬가지로 제자들도 죽은 사람이 살아난다는 것은 있을 수 없는 일이라고 생각했다. 막9:10, 요20:9 특히 도마는 다른 제자들이 부활하신 예수님을 만났다고 주장을 하고 있는데도 자신이 직접 보기 전에는 믿지 못하겠다고 강하게 주장했다. 요20:24-25 이처럼 제자들도 다른 사람들과 마찬가지로 부활을 믿지 못하던 사람들이었다. 그래서 예수님이 죽자 제자들은 크게 실망하고 각기 자기 고향으로 뿔뿔이 흩어지려고 했던 것이다. 눅24장, 엠마오 고향으로 가던 제자들 그런 제자들이 갑자기 예수님이 부활했다는 거짓말을 만들어 낼 이유가 없다.

거짓말을 하는 목적은 그것을 통해서 어떤 이익을 얻으려는 것이다. 그렇다면 제자들은 예수님의 시체를 훔친 다음 그가 부활했다고 거짓말을 해서 어떤 이익을 얻었는가? 제자들은 이익을 얻기는커녕 오히려 그 거짓말 때문에 심각한 위협을 당했다. 그러나 그들은 그것을 피하려고 하지 않았다. 행4:2, 10, 18, 21 결국 그 때문에 끔찍한 형벌을 당하고 죽었다. 야고보는 헤롯왕에 의해 참수형, 베드로, 안드레, 빌립, 바돌로매는 십자가형, 요한은 밧모섬에 유배 당신이라면 스스로 꾸민 거짓말에 목숨을 걸겠는가?

그렇다면 그들은 왜 그리스도가 부활했다고 주장하면서 목숨까지 거는 무모한 짓을 했을까? 그것은 그리스도의 부활이 그들이 꾸며낸 것이 아니라 명백한 사실이었다는 것을 오히려 강력하게 증명해 준다. 예수의 무덤이 비어있게 된 것이 제자들이 만들어낸 거짓말이 아니라는 것을 그들의 삶과 죽음이 증명한다. 그러므로 빈 무덤은 그리스도가 자신의 예언대로 부활했다는 것을 보여주는 확실한 증거가 된다고 보는 것이 옳다.

5. 교회의 출현

예수님의 부활이 사실이라는 것을 증거하는 강력한 근거 중 하나는 예수의 부활을 목격한 사람들의 변화된 모습이다. 예수님이 십자가에서 돌아가실 때, 그와 함께 엮여서 고초를 당하게 될까 두려워서 모두 도망쳤던 제자들은 어느 순간 다시 모여서 예수의 복음을 전파하고 교회를 시작했다. 그들은 유대인이 안식일을 기념하던 데서 탈피하여 부활을 기념하는 일요일에 모여 예배하기 시작했고, 제사와 율법준수를 포기하고, 그리스도가 하나님이심을 굳게 믿었다. 그들은 박해를 받으면서도 모임을 지속했고, 오히려 더 많은 사람들을 끌어들였다. 이 모든 일이 시작된 근본적인 이유가 무엇인가? 그것은 그들이 부활하신 주님을 만났기 때문이다.

제자들의 삶의 극단적인 변화는 부활을 빼놓고는 설명이 되지 않는다. 부활하신 그리스도를 만남으로 인해 그들은 예수님의 모든 주장을 확신하면서 그것에 목숨을 걸만한 가치가 있다는 것을 알게 되었다. 그 대표적인 사람이 바울이다. 그는 자신의 변화가 부활하신 주님을 만났기 때문이라고 고백한다. 그는 기독교를 가장 적극적으로 핍박하고 반대하던 자였다. 그러던 그가 자신의 목숨까지 바치면서 복음을 전하는 사람으로 변했다. 그는 그 이유에 대해 이렇게 설명한다.

"나도 전해 받은 중요한 것을 여러분에게 전해 드렸습니다. 그것은 곧, 그리스도께서 성경대로 우리 죄를 위하여 죽으셨다는 것과, 무덤에 묻히셨다는 것과, 성경대로 사흘날에 살아나셨다는 것과, 게바에게 나타나시고 다음에 열두 제자에게 나타나셨다고 하는 것입니다.…그런데 맨 나중에 달이 차지 못하여 난 자와 같은 나에게도 나타나셨습니다…나는 하나님의 은혜로 오늘의 내가 되었습니다. 나에게 베풀어주신 하나님의 은혜는 헛되지 않았습니다. 나는 사도들 가운데 어느 누구보다도 더 열심히 일하였습니다…그리스도께서 죽은 사람 가운데서 살아나셨다고 우리가 전

파하는데, 어찌하여 여러분 가운데 더러는 죽은 사람의 부활이 없다고 말합니까?"고전15:3-12

바울과 더불어 예수님의 제자들은 부활하신 주님을 만난 경험을 통해 완전히 변화되었다. 겁쟁이에서 목숨까지 거는 용기 있는 자로, 혼자 살겠다고 도망치던 자에서 죽음도 두려워하지 않고 복음을 들고 나가는 자로, 예수를 모른다고 부인하던 자에서 목에 칼이 들어와도 예수가 하나님이라고 고백하는 자로. 이 모든 것은 그리스도의 부활이 사실이라는 것을 증거해 주는 것이다.

Ⅲ. 부활을 믿는 사람들

1. 그리스도인은 부활을 믿는 사람들이다

1) 그리스도의 부활은 예수 그리스도에 대한 신앙의 핵심이 된다

부활의 사실 여부에 따라 그리스도의 나머지 주장이 얼마나 신빙성이 있는지 결정된다. 예수님은 자신이 부활할 것이라고 여러 번 예언했기 때문이다. 그러므로 예수님이 실제로 부활하지 않았다면 그의 모든 주장과 가르침은 거짓말쟁이의 말이 되는 것이며, 반대로 예수님이 부활했다면 우리는 그를 하나님으로 인정하면서 그의 가르침과 주장을 믿는 것이 바른 태도일 것이다. 그 사이에 애매한 중간적인 태도는 있을 수 없다.

2) 부활은 우리의 부활과 영생에 대한 믿음의 기초가 된다.

바울은 예수님의 부활과 우리의 부활이 긴밀하게 연결되어 있다는 것을 알려준다. 고전15:20-23

"그러나 이제 그리스도께서는 죽은 사람들 가운데서 살아나셔서, 잠든 사람들의 첫 열매가 되셨습니다. 한 사람으로 말미암아 죽음이 들어왔으니, 또한 한 사람으로 말미암아 죽은 사람의 부활도 옵니다. 아담 안에서 모든 사람이 죽는 것과 같이, 그리스도 안에서 모든 사람이 살아나게 될 것입니다. 그러나 각각 제 차례대로 그렇게 될 것입니다. 첫째는 첫 열매이신 그리스도요, 그 다음은 그리스도께서 재림하실 때에, 그리스도께 속한 사람들입니다."

비록 우리가 이 땅에서는 죽음을 경험하지만, 언젠가는 그리스도처럼 다시 부활할 것이고, 그리스도와 함께 영생하게 될 것이다. 그리스도의 부활이 이것에 대한 보증이 된다.

2. 그리스도인은 부활을 사는 사람들이다

그리스도인은 부활을 믿는 사람들일뿐만 아니라 부활을 사는 사람들이다. 우리의 부활 소망은 단지 미래에 일어날 일에 대한 기대만은 아니다. 그 소망은 지금 현재의 삶에도 침투해 들어온다. 우리가 부활의 사람이라는 것은 부활을 믿는 신앙으로 현재를 살아간다는 것을 의미한다. 그리스도의 부활은 현재 우리의 삶에 어떤 영향을 주는가?

1) 죽음을 두려워하지 않는다

사람들이 가장 두려워하는 것이 죽음이다. 모든 사람 속에는 죽음에 대한 내재적인 공포가 있다. 그러나 부활은 죽음을 정복한 사건이다.

"죽음아, 너의 승리가 어디에 있느냐? 죽음아, 너의 독침이 어디에 있느냐? 죽음의 독침은 죄요, 죄의 권세는 율법입니다. 그러나 우리 주 예수 그리스도를 통하여 우리에게 승리를 주시는 하나님께 우리는 감사를 드립니다."고전15:55-57

그러므로 우리는 한번 죽는다 해도 주님과 함께 다시 부활할 수 있다는 보증을 갖게 되었다.

"아담 안에서 모든 사람이 죽는 것과 같이, 그리스도 안에서 모든 사람이 살아나게 될 것입니다."고전15:22

그래서 수많은 순교자가 죽음을 두려워하지 않고 담대하게 죽음을 맞이할 수 있었던 것이다. 그러므로 우리도 죽음을 두려워하지 않고 오히려 기쁨으로 맞이한다. 왜? 죽음은 현세를 끝내고 영원한 삶으로 들어가는 관문이며, 우리의 꿈과 소망을 성취하는 단계라는 것을 알기 때문이다. 이렇게 그리스도의 부활은 죽음의 공포를 소망의 기대로 바꾸어놓았다.

2) 거룩한 삶을 산다

죽음이 끝이라고 생각하는 사람들의 모습을 바울은 이렇게 묘사한다.

"만일 죽은 사람이 살아나지 못한다면 '내일이면 죽을 터이니, 먹고 마시자' 할 것입니다."고전15:32

이것은 허무주의와 쾌락주의가 묘하게 섞여 있는 모습을 보여준다. '내일이면 죽을 터이니'는 우리가 어차피 죽을 인생이라는 허무주의적인 생각이고, '먹고 마시자'는 것은 '죽음을 앞둔 인생에게 먹고 마시면서 쾌락을 즐기는 것 외에 무슨 더 의미 있는 일이 있겠는가'라고 생각하는 쾌락주의적 모습이다. 이런 사람들은 자신이 하고 싶은 것을 다 하면서, 심지어는 죄 짓는 것까지도 꺼리지 않는 삶을 산다. 현세의 삶이 끝이라고 생각하면 그렇게 살 수도 있을 것이다.

그러나 부활과 내세와 죽음 이후의 삶을 믿는 사람들은 그렇게 살 수가 없다.

"똑바로 정신을 차리고, 죄를 짓지 마십시오."고전15:34

"그러므로 여러분은 여러분의 지체를 죄에 내맡겨서 불의의 연장이 되게 하지 마십시오. 오히려 여러분은 죽은 사람들 가운데서 살아난 사람답게, 여러분을 하나님께 바치고, 여러분의 지체를 의의 연장으로 하나님께 바치십시오."롬6:13

왜 이렇게 사는가? 죽음으로 우리의 삶이 모두 사라지는 것이 아니라, 부활을 통해서 현세의 삶을 정산할 때가 온다는 것을 알기 때문이다. 현세적 삶이 부활 후에 심판을 받는다는 것을 생각하면 현재 주어진 삶을 대충 살 수 없게 된다. 그러므로 부활에 대한 소망은 지금 이 곳에서 거룩한 삶을 살게 하는 동력이 된다.

3) 부활에 대한 믿음은 위험을 무릅쓰면서도 포기하지 않고, 실망하지 않고 더욱 주의 일에 힘쓰게 하는 동기를 부여한다

부활 신앙과 모험적인 믿음의 삶의 관계에 대해 바울은 이렇게 말한다.

"죽은 사람들이 살아나지 않는다면…우리는 무엇 때문에, 시시각각으로 위험을 무릅쓰고 있습니까?"고전15:29-30

그리스도의 부활에 대해 길게 언급한 후에 바울은 우리도 그리스도와 함께 부활할 것이므로 현재의 고난과 실패에 실망하지 말고 더욱 열심히 주의 일을 하자고 권면한다.

"그러므로 나의 사랑하는 형제자매 여러분, 굳게 서서 흔들리지 말고, 주님의 일을 더욱 많이 하십시오. 여러분이 아는 대로, 여러분의 수고가 주님 안에서 헛되지 않습니다"고전15:58

부활은 우리의 삶이 현세로 끝나지 않는다는 것을 알게 해 준다. 부활 이후의 삶이 훨씬 길다는 것을 인식하게 한다. 그러므로 현재 낙을 누리면서 사는 것보다 주님을 위해 헌신하는 것이 더 현명한 삶의 방식이라는 것을 알게 한다. 그러므로 부활을 믿는 사람들은 지금 힘들더라도, 고생스럽더라도, 불편하더라도, 주님의 일에 더욱 열심을 내는 사람들이다.

4) 그리스도의 부활은 그리스도가 온 우주의 주님으로 등극할 것에 대한 소망을 준다

"그러나 이제 그리스도께서는 죽은 사람들 가운데서 살아나셔서, 잠든 사람들의 첫 열매가 되셨습니다…그 때에 그리스도께서 모든 통치와 모든 권위와 모든 권력을 폐하시고, 그 나라를 하나님 아버지께 넘겨드리실 것입니다."고전15:20, 24

그리스도는 죽음을 정복하셨다. 죽음은 사탄이 가진 최후의 도구였다. 그 도구로 세상을 통치했던 것이다. 그러나 이제 그리스도가 죽음에서 부활하심으로 사탄의 권력을 완전히 무력화시켰다. 결국 그리스도가 온 세상의 주님이라는 것을 증명한 것이다. 그리스도는 승리하셨다.

이것은 그리스도를 믿는 자들도 역시 승리할 것이라는 확신을 준다. 비록 지금은 우리가 연약해서 넘어지고 패배할지라도 그것은 일시적인 것에 불과하다. 결국 우리는 승리를 쟁취할 것이다. 그러므로 그리스도의 부활은 우리에게 승리의 소식이며, 소망의 소식이며, 기쁜 소식, 즉 복음이다.

제7장 · 구원이란 무엇인가?

"하나님께서 세상을 이처럼 사랑하셔서 외아들을 주셨으니, 이는 그를 믿는 사람마다 멸망하지 않고 영생을 얻게 하려는 것이다. 하나님께서 아들을 세상에 보내신 것은, 세상을 심판하시려는 것이 아니라, 아들을 통하여 세상을 구원하시려는 것이다." 요3:16-17

I. 우리가 처한 곤경

1. 구원의 의미

'왜 그리스도를 믿게 되었는가'라는 질문에 많은 그리스도인들이 '구원 받기 위해서'라고 답한다. 외부인들을 향해서 복음을 전할 때에도 예수 믿고 구원받으라고 한다. 이처럼 '구원'은 그리스도인들의 입에서 가장 많이 들을 수 있는 단어다. 그렇다면 '구원'이란 무엇인가?

어떤 사람들은 "하나님은 당신을 사랑하고, 당신을 위해 놀라운 계획을 가지고 있다"고 말하면서 여기서 하나님의 '놀라운 계획'이란 죽음 이후에 가게 될 천국이라고 말한다. 요즘은 훨씬 더 현세적이고 구체적인 축복까지도 약속한다. 하나님을 믿으면 물질의 축복, 건강의 축복을 받고, 성공적인 삶을 살게 된다고 약속한다. 성경에서 말하는 구원, 하나님이 약속하신 구원이 이런 뜻인가?

2. 무엇으로부터 구원받는가?

먼저 구원이라는 말을 일상에서는 언제 사용하는지 생각해보자. 우리가 구원받는다고 말할 때는 언제인가? 물에 빠져 죽을 위기에서 살아났을 때, 빚을 져서 파산의 위기로부터 벗어났을 때, 포로로 잡혔다가 살아 나왔을 때, 심지어는 야구에서 선발투수가 위기에 빠졌다가 구원투수에 의해 위기를 모면하게 되었을 때, 등등이 생각난다. 이 모든 상황의 공통점이 무엇인가? 어떤 곤경으로부터 빠져나온다는 의미다. 이처럼 구원은 어떤 불행하고 곤란한 상황에서 벗어난다는 것을 의미한다.

그러므로 기독교에서 말하는 구원의 의미를 정확히 이해하려면 먼저 '무엇으로부터' 구원받는 것인지가 분명해야 한다. 많은 기독교인들이 무심코 사용하는 구원이라는 표현 속에는 '무엇으로부터'가 불분명하거나 생략되어 있다. 단지 결과만을 말할 뿐이다. 그렇게 되면 구원을 잘못 이해할 위험이 있다.

그러면 구원을 받아야 할 인간이 처한 곤경이 무엇인가? 우리는 무엇으로부터 구원을 받아야 하는가? 사람들이 일반적으로 생각하는 곤경들은, 가난, 질병, 얽힌 인간관계, 파탄 직전의 결혼생활, 부모에게 거역하는 자식 문제, 파산 직전의 사업, 불확실한 미래, 시시각각 다가오는 죽음에 대한 공포와 같은 것들이다. 이것들은 주로 이 땅에서 잘 먹고 잘 사는 것과 관련된다. 그런 욕망이 채워지지 않을 때 우리는 곤경에 빠졌다고 느낀다. 그래서 사람들은 그러한 곤경으로부터 벗어나기 위해 각고의 노력을 기울인다.

그러나 아무리 노력을 해도 한계가 있고 여전히 불안한 마음을 지울 수 없다. 그 때 사람들은 종교의 힘을 의지하려고 한다. 사람들은 종교의 역할이 우리를 인생의 곤경에서 구원해 주는 것이라고 생각한다. 그들은 자신이 처한 이런 문제들을 하나님이 해결해 주는 것을 '구원'이라고 생각한다. 그렇게만 된다면 하나님을 위해서 얼마든지 돈을 지불하고[헌금], 봉사할 용의가 있다. 실제로 이런 욕구를 채우려는 목적으로 교회에 오는 사람들이 많다.

그러나 이것은 신적인 능력을 빌려서 자신의 욕구를 채우려는 것이다. 이런 종교를 '기복 종교', '부와 건강과 성공의 복음'이라고 한다. 종교를 그렇게 이해하는 사람들은 지금 이 세상에서 아무 걱정 없이 잘 사는 것이 인생 최고의 목표라고 생각한다. 그래서 그것을 방해하는 문제들을 제거해 주고 걱정을 없애 주는 것을 '구원'이라고 생각하는 것이다.

여기서 우리는 질문을 던질 수밖에 없다. 그런 것들이 우리의 행복을 가로막는 근본적인 문제들인가? 그런 것들로부터 벗어나면 우리는 구원을 받은 것인가? 그렇게 되는 것이 예수님이 선포하신, 그리고 기독교가 말하는 '구원'의 진정한 의미인가? 우리가 처한 진정으로 곤란한 상황은 무엇인가? 정말로 우리가 구원받아야 하는 심각한 문제와 상황이 무엇인가? 하나님은 우리가 무엇으로부터 구원받아야 한다고 말씀하시는가?

그것은 다름 아닌 '죄'다. 하나님은 "모든 사람이 죄를 범하였고 하나님의 영광에 이르지 못했다"[롬3:23]라고 선언하신다. 그래서 예수님이 이 세상에 와서 하신 가장 중요한 일은 사람들을 죄로부터 구원하는 일이었다.[마1:21]

왜 죄가 우리가 구원받아야 할 가장 심각한 문제인가? 세상의 모든 불행의 근본적인 원인이 죄이기 때문이다. 가난, 질병, 실패, 전쟁, 불화와 같은 문제들은 죄의 증상이자 결과일 뿐이다. 하나님을 버리고 하나님 말씀을 거부하는 것이 죄의 핵심이다.[롬1:25] 그 죄로부터 온갖 고통스러운 문제들이 이어서 나온 것이다.[롬1:29-31] 이처럼 세상에서 일어나는 모든 비극적인 일들의 배후에는 하나님을 거부한 인간의 죄가 도사리고 있다. 그러므로 죄 문제를 해결해야 우리가 처한 곤경에서 참된 구원을 받을 수 있다.

누가 죄를 지었는가? 감옥에 가 있는 사람들인가? 거머쥔 권력의 힘으로 수많은 사람들의 생명을 빼앗은 히틀러나 전두환이나 독재자 무가베 같은 악한들인가? 감옥 밖에 있는 사람들은 죄와 무관한 사람들인가? 성경은 분명하게 선언한다, "모든 사람이 죄를 범하였습니다. 그래서 사람은 하나님의 영광에 못 미치는 처지에 놓여 있습니다."룸3:23 우리는 모두 예외 없이 죄를 지었다. 그래서 모든 사람들이 그 죄가 초래하는 비극을 경험하고 있는 것이다.

3. 죄의 결과

다시 말하지만, 죄야말로 인간사 다양한 문제들의 핵심적인 근원이다. 그러나 죄는 이런 문제들보다 훨씬 더 심각한 결과를 초래한다. 그것이 무엇일까?

사람들은 하나님은 사랑이라고 말하기를 좋아한다. 그래서 하나님은 모든 것을 다 받아주고 용납하고 사랑으로 품어주신다는 말을 좋아한다. 그래서 잘못을 해도 무조건 용서하고 은혜를 베푼다고 생각한다. 정말로 이런 하나님이 좋은가? 물론 그 대상이 나일 때는 이런 하나님이 좋을 것이다. 그러나 하나님이 언제나 사랑과 은혜만을 베푸는 분이라면, 이런 경우는 어떤가? 수만 명을 학살하고도 다시 권력을 잡으려는 독재자에게는? 보이스 피싱으로 가난한 노인의 마지막 남은 돈을 갈취하고도 회개하지 않고 또 다른 범죄 방식을 찾는 사람에게는? 불의한 재판으로 무고한 사람들을 간첩으로 몰아 죽이고도 전혀 뉘우치지 않는 사람에게는? 이들에게도 하나님이 아무 것도 묻지 않고 모든 것을 용납하신다면 좋겠는가? 그런 하나님을 진정으로 선하신 분이라고 말할 수 있는가?

인간에게는 공의에 대한 내재적인 감각이 있다. 그래서 세상에서 죄를 짓고도 벌을 받지 않는 사람을 보면 화가 난다. 부당하다고 생각한다. 죄는 분명하게 벌을 받아야 한다고 생각한다. 그것이 정의라고 생각한다. 이런 생각은 타당하다. 그러나 중요한 것은, 이런 개념이 모든 인간에게 예외 없이 적용되어야 한다는 점이다. 우리 자신을 포함한 모든 사람들의 죄에 똑같이 적용되어야 한다. 그러므로 우리 자신이 죄를 지었다면 그냥 넘어갈 것으로 기대해서는 안 된다. 우리 안에 이러한 공의 개념을 집어넣으신 분은 하나님이시다. 하나님은 공의로운 분이고, 죄를 그냥 넘어가지 않는 분이기 때문이다.

그러므로 우리가 죄를 지었다면 그로 인해 하나님의 진노와 심판을 받게 되는 것은 분명하다.

"하나님의 진노가, 불의한 행동으로 진리를 가로막는 사람의 온갖 불경건함과 불의함을 겨냥하여, 하늘로부터 나타납니다."롬1:18

자신의 죄를 뉘우치지 않고 회개하지 않는 사람들은 반드시 하나님의 심판을 받게 된다.

"그대는 완고하여 회개할 마음이 없으니, 하나님의 공정한 심판이 나타날 진노의 날에 자기가 받을 진노를 스스로 쌓아 올리고 있는 것입니다. 하나님께서는 각 사람에게 그가 한 대로 갚아 주실 것입니다."롬2:5-6

그 심판의 궁극적인 결과는 무엇인가? '죽음'이다.

"모든 사람이 죄를 지었기 때문에 죽음이 모든 사람에게 이르게 되었습니다."롬5:12 그러므로 우리가 처한 곤경을 정확하게 이해해야 한다. 우리는 우리가 지은 죄와 그 결과인 하나님의 심판에 직면해있다. 이것이 우리가 처한 곤경의 핵심이다. 그러므로 우리는 무엇보다도 이것으로부터 구원을 받아야 한다. 성경이 말하는 구원은 바로 이것이다. 죄로부터의 구원롬6:22, 그리고 하나님의 진노와 심판에서 구원받는 것이다.살전1:10 우리는 구원을 받아야 한다. 그렇지 않으면 멸망당할 수밖에 없다.

II. 어떻게 구원받는가?

1. 셀프 구원의 복음

 멘토 전성시대를 사는 요즘 사람들은 우리 안에는 스스로 문제를 극복할 힘이 있다고 말해 주는 사람을 좋아한다. '네 자신을 믿으라.' '너는 할 수 있다.' '네 안에 있는 가능성을 믿으라.' '자신감이 최대의 자산이다.' 그래서 그런 가르침을 주는 종교인들이나 철학자들을 신봉한다. 노력, 선행, 수련, 계율의 준수와 같은 인간의 노력을 통해서 얼마든지 위기를 극복할 수 있다는 말을 믿는다.

 그러나 그것은 거짓이다. 조금만 정직하게 자신을 들여다보고 인류의 역사를 생각해본다면, 죄에 사로잡혀 있는 내 안에서부터 문제의 해결책이 나오지 못한다는 것을 인정할 수밖에 없다. 인간이 역사가 직면한 문제들을 해결할 수 있을까? 사람이 자신의 탐욕을 스스로의 힘으로 제어할 수 있을까? 인간이 죽음의 문제를 해결할 수 있는가? 수양을 통해서 내 안에서 용솟음치는 죄의 욕구를 잠재울 수 있는가? 마틴 루터는 내면의 욕구를 제어하고 죄의 정욕을 없애기 위해 로마의 '성 계단 성당'의 '빌라도의 계단'을 무릎으로 기어 올라가는 등 온갖 고행을 마다하지 않았다. 그러나 아무리 해도 내면에서부터 여전히 죄가 꿈틀거리면서 올라오는 것을 어찌지 못했다. 이것은 우리 모두의 형편을 대변한다.

 우리는 인정해야 한다. 내 안에서 어떤 해결책을 찾을 수 없다는 것을. 인간의 힘으로 인간이 처한 궁극적인 문제를 해결할 수 없다는 것을. 우리는 마치 구멍 뚫린 물감통과 같다. 활동을 하면서 돌아다닐수록 더 많은 물감을 흘리면서 더 많은 곳에 묻힐 뿐이다. 세상을 더 지저분하게 만들 뿐이다. 우리는 마치 작은 통속에 갇힌 채 바다 속에 빠져버린 절망스런 사람과 같다. 밖에서 누군가 문을 열어주지 않으면 빠져나올 수 없다.

우리는 이미 죽은 것과 마찬가지 상태이기 때문에 우리 안에서부터 어떤 해결책도 찾을 수 없다.엡2:1-3 그러므로 우리 안에서가 아니라 밖에서부터 구원의 손길이 와야 한다.

2. 구원의 손길

온 세상을 창조하시고, 우리 인간을 자기 형상대로 만드신 하나님은 스스로 문제를 해결할 능력이 없는 우리들을 위해서 해결책까지 제시해 주신다. 그 해결책은, 예수 그리스도를 보내서 우리를 대신해서 죄의 대가를 치르게 하는 것이었다.그리스도의 대속의 죽음

"그러나 그가 찔린 것은 우리의 허물 때문이고, 그가 상처를 받은 것은 우리의 악함 때문이다. 그가 징계를 받음으로써 우리가 평화를 누리고, 그가 매를 맞음으로써 우리의 병이 나았다. 우리는 모두 양처럼 길을 잃고, 각기 제 갈 길로 흩어졌으나, 주님께서 우리 모두의 죄악을 그에게 지우셨다."사53:5-6

이렇게 해서 하나님은 우리를 구원할 수 있는 기초를 마련해 주셨다.

죄의 심각성을 알고, 자신이 죄의 구렁텅이에 빠져 있다는 것을 깨달은 사람들은 빌립보 감옥의 간수처럼 이런 질문을 던져야 한다.

"내가 어떻게 해야 구원을 얻을 수 있습니까?"행16:30

예루살렘에 모인 사람들도 자신이 죄인이라는 것을 깨달았을 때에 똑같은 질문을 던졌다. "형제들이여, 우리가 어떻게 하면 좋겠습니까?"행2:37

이 두 질문에 대해 똑같은 내용의 답이 주어졌다.

"주 예수를 믿으시오. 그리하면 그대와 그대의 집안이 구원을 얻을 것입니다."행16:31

"베드로가 대답하였다. '회개하십시오. 그리고 여러분 각 사람은 예수 그리스도의 이름으로 세례를 받고, 죄 용서를 받으십시오.'"행2:38

하나님은 공의로우신 분이다. 죄를 못 본체하지 않고 정의로 심판하시는 분이다. 그러나 하나님은 또한 사랑과 은혜의 하나님이기도 하다. 그는 자신이 죄인이며 스스로의 힘으로 구원할 수 없다는 것을 깨닫고 예수 그리스도의 복음을 겸손하게 받아들이는 자들에게 은혜를 베풀고 구원해 주시는 분이다.

"하나님께서 세상을 이처럼 사랑하셔서서 외아들을 주셨으니, 이는 그를 믿는 사람마다 멸망하지 않고 영생을 얻게 하려는 것이다. 하나님께서 아들을 세상에 보내신 것은, 세상을 심판하시려는 것이 아니라, 아들을 통하여 세상을 구원하시려는 것이다."요3:16

아버지 곁을 떠나 자기 마음대로 살던 아들은 모든 것에 실패하여 스스로의 힘으로는 다시 일어설 수 없는 지경에까지 떨어졌다. 자존심을 내세우면서 버틸 수도 있었지만, 그는 자존심을 죽이고 유일한 해결책인 아버지께로 돌아가기로 마음먹었다. 그의 선택은 현명한 것이었다. 아버지는 그가 돌아올 때 기쁨으로 맞아들였다.눅15:11-24 이것이 은혜의 하나님으로부터 오는 진정한 구원이다.

3. 구원의 복

이렇게 구원을 받은 자에게 하나님은 세상이 결코 주지 못하는 놀라운 복들을 허락해 주신다. 우리를 죄의 권세에서 해방시켜서 의의 열매를 맺는 삶을 살 수 있게 해 주시고, 하나님의 자녀가 되는 권세를 주시며, 예수님의 거룩함을 본받아 점차 거룩한 자가 되도록 이끌어주시며, 하나님의 동역자가 되어 세상을 하나님나라의 모습으로 변화시키는 일에 동참할 수 있는 기회를 주시며, 이 땅에서 유한한 삶을 사는 것을 넘어서 하나님과 더불어 영원한 생명을 누릴 수 있는 특권을 허락해 주신다.

이것이 바로 구원의 선물이다. 그것은 이 세상에서 번영을 누리며 사는 것보다 훨씬 큰 복이다. 세상이 주는 복들은 일시적이고, 언제 사라질지 모르는 것이며, 결코 만족을 모르는 마약과 같은 것들이지만, 하나님이 약속하신 복은 영원히 지속되는 것이기 때문이다.

제8장 · 중생 Regeneration

"예수께서 대답하셨다. '내가 진정으로 진정으로 너에게 말한다. 누구든지 물과 성령으로 나지아니하면, 하나님 나라에 들어갈 수 없다.'" 요3:5

Ⅰ. 중생의 의미

1. 다시 태어난 사람들

주변에서 죽을 고비를 넘기고 다시 살아난 경험을 한 사람들을 종종 볼수 있다. 암에 걸려 사망선고를 받았으나 기적적으로 회복된 사람, 물에 빠져 죽을 뻔 했으나 구사일생으로 살아난 사람들, 심한 자동차 사고로 다른 사람들은 모두 죽었는데 자신만 신기하게도 거의 다치지 않고 생명을 건진 사람들 등등. 이런 경험을 한 사람들은 일상으로 복귀하면서 자신이 마치 다시 태어난 것 같다고 고백한다.

교회에서는 다시 태어났다고 하는 고백을 더 자주 듣게 된다. 빌리 그래함 목사는 자신이 사경회에서 말씀을 듣다가 극적으로 다시 태어났다고 고백한다. 인생이 완전히 변화되었다는 것이다. 노예 상인이었던 존 뉴턴은 폭풍우 속에서 공포에 질려 하나님을 찾다가 다시 태어나는 경험을 했다고 말한다. 이런 경험은 육체가 죽었다가 다시 태어나는 것이 아니라 영적으로 다시 태어나는 경험을 말하는 것이다. 이런 경험을 일컬어서 '다시 태어난다' '거듭 난다' 또는 '중생했다'고 말한다. 이와 같은 영적 중생이 어떤 것인지를 잘 보여주는 예가 예수님과 니고데모의 대화다.

2. 다시 태어나는 것 요한복음 3장

밤에 예수님을 찾아온 니고데모는 예를 갖추려고 예수님에 대한 칭송을 늘어놓는다.¹⁻²절 그러나 예수님은 거기에 반응하지 않으시고 단도직입적으로 말씀하신다, "내가 진정으로 진정으로 너에게 말한다. 누구든지 다시 나지 않으면, 하나님 나라를 볼 수 없다."³절 이 말씀에 니고데모는 매우 의아했다. 그래서 그는 '사람이 어떻게 다시 태어날 수 있습니까?'⁴절 하고 질문을 던진다. 이에 대해 예수님은 '물과 성령으로 다시 태어나는 것'이라고 대답하셨다.⁵절 영적으로 다시 태어나는 것이라는 말씀이다.⁶절 이것은 니고데모가 오해한 것처럼 모태에 다시 들어갔다가 나오는 육신의 재탄생을 말하는 것이 아니라, 물과 성령으로 태어나는 새로운 개념의 출생을 의미한다.⁵절

예수님이 말씀하신 것처럼 영적으로 죽었던 사람이 다시 태어나 새 생명을 얻는다는 것은 구원을 의미하는 또 다른 표현이다. 구원을 받는다는 것을 다시 태어나는 것으로 묘사하는 것이다. 니고데모와의 대화에서 예수님은 중생을 '물과 성령'으로 태어나는 것으로 말씀하셨지만, 성경 다른 곳에서는 '하나님으로부터 다시 태어나는 것'으로 표현하기도 하고,요1:13, "이들은 혈통에서나, 육정에서나, 사람의 뜻에서 나지 아니하고, 하나님에게서 났다"; 요일5:1 하나님의 말씀을 통해서 다시 태어나는 것이라고 말하기도 한다.약1:18, "그는 뜻을 정하셔서 진리의 말씀으로 우리를 낳아주셨습니다"; 벧전1:23

이 모든 말씀이 의미하는 바는 같다. 중생은 하나님이 하시는 일이다. 그러므로 '하나님에게서' 태어난다고 말하는 것이다. 하나님이 복음의 말씀을 우리에게 전해 주시고 성령님이 우리 안에서 그 의미를 깨닫게 해 주셔서 우리가 그것을 믿을 때 중생하는 것이다. 그래서 '성령'으로 태어나고, '말씀'으로 태어난다고 말한다.

II. 중생의 특징

성령과 말씀으로 거듭나는 것은 세 가지 특징을 가지고 있다.

1. 중생의 방식: 중생은 초자연적인 일이다

우리는 중생이 어떻게 일어나는지 잘 모른다. 예수님은 중생에 대해 설명하시면서 바람이 어디서 와서 어디로 가는지 모르는 것처럼 성령으로 중생한 사람도 어떻게 그 일이 일어나는지 모를 것이라고 말씀하신다.

"바람은 불고 싶은 대로 분다. 너는 그 소리는 듣지만, 어디에서 와서 어디로 가는지는 모른다. 성령으로 태어난 사람은 다 이와 같다." 요3:8

중생은 분명 사람 안에서 일어나는 변화이지만 어떻게 그런 일이 일어나는지 우리는 잘 모른다. 다만 우리는 중생이 일어났다는 결과를 사후적으로 알뿐이다. 그래서 중생은 신비다.

2. 중생의 주도자: 중생은 하나님이 주도하시는 일이다

중생은 사람이 주도권을 쥐고 시작하는 일이 아니다. 육신이 태어나는 것이 태어나는 자의 힘으로 되는 것이 아니듯이 영적으로 태어나는 것도 우리의 힘과 노력으로 되는 것이 아니다. 중생은 성령의 사역이다. 요3:8, "성령으로 태어난 사람" 우리는 과거에 영적으로 죽어 있었기 때문에 스스로의 힘으로 다시 태어날 수 없다. 엡2:1, "여러분도 전에는 허물과 죄로 죽었던 사람들입니다" 그런 상태에 있었던 우리를 하나님이 다시 살리신 것이다. 엡2:4-5, "그러나 하나님은 자비가 넘치는 분이셔서, 우리를 사랑하신 그 크신 사랑으로 말미암아 범죄로 죽은 우리를 그리스도와 함께 살려 주셨습니다."

중생한 사람은 하나님이 다시 태어나게 하신 후에야 자신이 다시 태어났다는 것을 인식하게 된다. 이것은 마치 우리의 육체가 태어나는 것과 유사하다. 우리는 자신이 어떻게 태어났는지 전혀 기억할 수 없다. 다만 출생하고 얼마간 시간이 흐른 후에 '내가 태어났구나, 살아있구나' 하고 알게 된다. 영적으로 태어나는 것도 마찬가지다. 우리가 복음에 반응을 보이고, 믿음을 고백하고, 구원받은 사실에 감격하고, 하나님을 사랑하는 마음이 생기는 것은 하나님이 우리를 다시 살리신 후에 뒤따르는 반응이다. 다시 살아나고 한참이 지난 후에야 비로소 '내가 영적으로 살았구나' 하고 인식하는 것이다.

이처럼 중생은 하나님의 주권적인 역사다. 그러므로 우리가 중생했다면 그렇게 해 주신 하나님께 감사해야 마땅하다.

3. 중생의 시점: 중생은 순간적인 변화다

중생은 단 한 번 순간적으로 일어난다. 사는 것과 죽는 것이 순간적인 것과 같다. 어떤 사람들은 강렬한 중생의 체험을 할 수도 있다. 그럴 경우 본인은 물론 다른 사람들도 그 사람의 중생의 시점을 인식할 수 있다. 그러나 어릴 때부터 교회에 다닌 사람들이나 성경공부와 예배를 통해 지속적으로 복음을 접해서 예수를 믿게 된 사람들은 본인이나 주변 사람들이 중생의 시점을 잘 모를 수도 있다. 이런 사람은 마치 혼란 시기에 태어나서 자신의 생일을 모르는 사람과 같다. 예전에는 자신의 생일을 정확하게 모르는 사람들이 많았다. 그렇다고 해서 그 사람이 아직 태어나지 않은 것은 아니다. 태어난 것은 분명하지만 그 시간을 정확하게 모를 뿐이다. 이런 사람들은 중생이 천천히 점진적으로 일어났다고 착각하기도 하지만 그것은 오해다. 중생은 인간의 탄생이 순간적인 것과 마찬가지로 즉각적이고 순간적인 사건이다. 중생에 대한 '인식'은 점진적일 수 있지만 중생의 '사건' 자체가 점진적인 것은 아니다.

여기서 우리는 중생과 관련해서 두 가지 잘못된 주장을 조심해야 한다.

첫째, 구원파는 중생의 시점을 모르면 구원받은 것이 아니라고 주장한다. 그러나 이런 주장은 거짓이다. 위에서도 설명했듯이, 우리는 영적으로 다시 태어난 정확한 시점을 모를 수 있다.

둘째, 모든 사람들이 중생의 순간에 극적인 체험을 하는 것은 아니다. 그러므로 자신의 중생 사실에 대해 점진적으로 인식을 한 사람은 급격한 체험을 한 사람을 부러워할 필요가 없다. 이것은 마치 사랑과 결혼의 관계와 유사하다. 사람들은 불같은 사랑 끝에 결혼한 사람들을 부러워하면서 자신도 그런 느낌을 갖기를 원한다. 그러나 그런 느낌만이 사랑인 것도 아니고, 그런 경험이 있어야 좋은 결혼생활을 할 수 있는 것도 아니다. 그런 강렬한 느낌이 없어도 얼마든지 상대방을 사랑하고 결혼할 수 있다. 그리고 결혼 후에 더 깊은 사랑을 할 수도 있다. 중생 체험도 마찬가지다. 강렬한 체험이 없어도 중생을 하고 하나님과 지속적인 사랑의 관계를 맺을 수 있다. 우리가 주님 안에서 성장하다보면 그와 같은 강렬한 체험을 얼마든지 할 수 있기 때문이다. 더 중요한 것은 그런 체험이 있었느냐 하는 것이 아니라 지금 하나님을 사랑하고 있느냐 하는 점이다. 아무리 강렬한 체험을 했었어도 시간이 지나면서 식을 수 있고, 오히려 한번 식으면 더 굳어질 수 있다. 그러므로 우리가 더 소중하게 여겨야 하는 것은 어떤 순간적인 체험이 아니라 사랑의 관계를 지속하는 것이다.

Ⅲ. 중생의 결과

1. 거듭난 사람은 그리스도의 복음을 믿게 된다

요한은 이렇게 말한다, "예수가 그리스도이심을 믿는 사람은 다 하나님에게서 태어났습니다."요일5:1 다른 말로 하면, 하나님에게서 태어난 사람은 예수가 그리스도라는 것을 믿게 된다는 것이다. 우리는 죄로 인해 죽은 상태였기 때문에 하나님이 다시 살려주시지 않으면 어떤 반응도 보일 수 없다. 그래서 우리를 다시 태어나게 하시는 성령의 능력이 먼저 일어나야 비로소 믿음으로 반응할 수 있게 된다.

그러나 우리는 종종 이것을 거꾸로 인식한다. 우리 입장에서 보면 내가 복음에 반응을 보이고 믿음을 고백한 이후에 중생이 일어나는 것처럼 보이기 때문이다. 실제로 니고데모와의 대화 끝에서 예수님은 중생에 이르게 되는 전제조건을 제시하시는 것처럼 말씀하신다.

"그것은 그를 믿는 사람마다 영생을 얻게 하려는 것이다. 하나님께서 세상을 이처럼 사랑하셔서 외아들을 주셨으니, 이는 그를 믿는 사람마다 멸망하지 않고 영생을 얻게 하려는 것이다."요3:15-16

주 예수 그리스도를 나의 주님으로 믿으라는 것이다. 그것이 중생에 이르는 길이라는 말이다. 이 말씀 외에도 성경 여러 곳에서 하나님은 우리에게 복음을 믿으라고 촉구한다. 우리는 이 권고를 진지하게 받아들여야 한다. 그래서 복음을 이해하고 나를 돌아보면서 회개와 믿음으로 반응을 보이려고 노력해야 한다. 이렇게 생각하면 우리가 먼저 복음에 반응을 보인 이후에 중생이 일어나는 것처럼 보이는 것은 당연하다.

그러나 성경은 분명하게 우리는 죽었었고 우리를 다시 살리는 것은 전적으로 하나님의 주도적인 행동이라고 말한다. "그러나 하나님은 자비가 넘치는 분이셔서, 우리를 사랑하신 그 크신 사랑으로 말미암아 범죄로 죽은 우리를 그리스도와 함께 살려 주셨습니다."엡2:4-5

이렇게 모순처럼 보이는 것들을 어떻게 조화시킬 수 있을까? 구원 받기 이전의 측면에서 보면, 우리가 구원받고 다시 살아나는 것이 마치 전적으로 내 책임인 것처럼 생각하고 행동해야 한다. 그래서 복음에 대해 진지하게 생각하고 믿음으로 영접해야 한다. 그러나 구원을 받은 이후에 중생한 과정을 돌아보니 그것이 나의 결심이나 나의 노력의 결과가 아니라 하나님의 전적인 역사하심의 산물이라는 것을 비로소 깨닫게 되는 것이다.

그러므로 우리가 취할 태도는 양면적이어야 한다. 첫째, 복음에 대해 최선을 다해 반응해야 한다. 마치 구원이 나의 결심에 달려있는 것처럼. 그리고 다른 사람들에게도 그렇게 복음을 전하고 반응을 유도해야 한다. 둘째, 그렇게 해서 중생한 사람은 나를 다시 살리신 하나님의 주도적인 역사에 감사해야 한다.

2. 중생은 전 존재의 변화를 수반한다

중생은 완전히 새로운 존재를 만드는 것과 같다.

"누구든지 그리스도 안에 있으면, 그는 새로운 피조물입니다. 옛 것은 지나갔습니다. 보십시오, 새 것이 되었습니다." 고후5:17

우리는 중생함으로 영혼만 새로 태어나는 것이 아니다. 우리의 전인격이 새로워지는 것이다. 이것이 '새로운 피조물'이 의미하는 바다. 그러면 이것은 구체적으로 어떤 모습일까?

Ⅳ. 중생한 사람은 어떤 모습인가?

1. 중생한 사람은 더 이상 죄에 머물지 않는다

사도 요한은 중생한 사람을 이렇게 묘사한다.

"하나님에게서 난 사람은 누구나 죄를 짓지 않습니다. 하나님의 씨가 그 사람 속에 있기 때문입니다. 그는 죄를 지을 수 없습니다. 그가 하나님에게서 났기 때문입니다." 요일3:9

하나님의 생명의 씨를 소유한 사람은 이제 더 이상 죄의 노예가 아니기

하나님의 구원계획

때문에 죄에 굴복하지 않는다는 것이다. 죄짓던 삶에서 떠나고 죄를 멀리하게 되며, 깨끗한 삶을 살려는 결심이 생긴다. 그것이 하나님과 온전한 관계를 맺는 것이며, 하나님을 기쁘게 하는 삶이라는 것을 알기 때문이다.

물론 중생한 순간부터 그 사람이 완전히 거룩해진다는 뜻은 아니다. 그것은 먼 미래에 일어날 일이다. 다만 죄의 노예였던 시절에 어쩔 수 없이 짓던 죄와 죄로 끌리던 성향에서 벗어나 좀 더 자유롭게 거룩한 삶을 살 수 있게 되었다는 의미다. 이제는 죄의 낙을 누리는 것보다 그리스도를 따르고 하나님께 순종하는 것을 더 좋아하게 된다.

2. 하나님과 그리스도에 대한 태도가 변한다

중생한 사람은 자신에게 구원을 베풀어주신 하나님과 예수 그리스도에 대한 사랑과 감사와 신뢰의 마음이 생겨난다. 관계가 없을 때에는 무미건조하게 들렸던 하나님의 이름이 이제는 듣기만 해도 감격이 되는 이름으로 변하는 것이다. 이것은 마치 첫사랑에 빠지는 것과 유사하다. 사랑하는 사람의 이름만 들어도 귀가 번쩍 뜨이고 엔돌핀이 도는 것처럼, 하나님을 향한 애정이 생겨난다. 그래서 하나님의 말씀을 사랑하여 성경을 가까이 하고, 하나님과 교제를 나누고 싶은 마음으로 기도하며, 하나님을 사랑하는 사람들과 함께 드리는 찬양과 예배를 소중하게 여기고, 하나님의 말씀을 따르고 순종하려는 열정이 생긴다. 이 모든 것을 억지로 하는 것이 아니라 자연스럽고 자발적이고 기쁜 마음으로 한다.

3. 믿음의 형제자매들을 향한 태도가 변한다

하나님의 사랑을 받아 거듭난 사람은 새로운 가족 공동체를 향해 형제애가 생기게 된다. 같은 아버지로부터 사랑을 받아 새로운 생명을 얻은 동기들이라는 의식이 생기기 때문이다.

"우리가 사랑하는 것은 하나님이 우리를 먼저 사랑하셨기 때문입니다."요일4:19

그래서 다른 중생한 성도들과 교제하기를 기뻐한다. 예루살렘 교회는 이런 형제애의 모습을 사실적으로 보여준다.

"믿는 사람은 모두 함께 지내며, 모든 것을 공동으로 소유하였다. 그들은 재산과 소유물을 팔아서, 모든 사람에게 필요한 대로 나누어주었다. 그리고 날마다 한 마음으로 성전에 열심히 모이고, 집집이 돌아가면서 빵을 떼며, 순전한 마음으로 기쁘게 음식을 먹고 하나님을 찬양하였다."행2:44-47

4. 성령의 열매를 맺는다

하나님의 사랑을 받아 성령으로 거듭난 사람은 삶 속에서 성령의 열매가 나타난다.

"그러나 성령의 열매는 사랑과 기쁨과 화평과 인내와 친절과 선함과 신실과 온유와 절제입니다. 이런 것들을 막을 법이 없습니다."갈5:22-23

성령의 열매는 종교적인 활동을 많이 하거나, 기적을 행하고, 귀신을 쫓아내고, 예언을 하는 것이 아니다.마7:22-23 진정한 성령의 열매는 그 인격의 어떠함과 그 사람이 살아가는 모습에서 드러난다.

"거짓 예언자들을 살펴라. 그들은 양의 탈을 쓰고 너희에게 오지만, 속은 굶주린 이리들이다. 너희는 그 열매를 보고 그들을 알아야 한다. 가시나무에서 어떻게 포도를 따며, 엉겅퀴에서 어떻게 무화과를 딸 수 있겠느냐? 이와 같이, 좋은 나무는 좋은 열매를 맺고, 나쁜 나무는 나쁜 열매를 맺는다. 좋은 나무가 나쁜 열매를 맺을 수 없고, 나쁜 나무가 좋은 열매를 맺을 수 없다. 좋은 열매를 맺지 않는 나무는, 찍어서 불 속에 던진다. 그

러므로 너희는 그 열매를 보고 그 사람들을 알아야 한다."마7:15-20

5. 중생은 삶의 방향과 목적의 전환을 가져온다

중생한 사람은 자신에게 죽고 그리스도에게로 다시 태어난다. 그렇게 태어난 사람은 이제 자신을 위하여 살거나 자신의 방식대로 살아가는 것이 아니라 예수를 믿는 믿음으로 산다.

"나는 그리스도와 함께 십자가에 못 박혔습니다. 이제 살고 있는 것은 내가 아닙니다. 그리스도께서 내 안에서 살고 계십니다. 내가 지금 육신 안에서 살고 있는 삶은, 나를 사랑하셔서 나를 위하여 자기 몸을 내어주신 하나님의 아들을 믿는 믿음 안에서 살아가는 것입니다."갈2:20

중생하여 새로 태어난 사람은 자기중심적인 삶에서 벗어나 어떻게 하면 하나님을 기쁘게 하는 삶을 살 수 있을까 생각한다. 하나님을 사랑하게 되었기 때문이다. 이것이 바로 하나님의 영광을 위하여 사는 삶이다.

"그러므로 여러분은 먹든지 마시든지, 무슨 일을 하든지, 모든 것을 하나님의 영광을 위하여 하십시오."고전10:31

V. 중생은 완성이 아니다

중생은 결코 완성이 아니다. 그것은 새로운 피조물이 되어 새로운 삶을 살기 시작했다는 것을 의미한다. 그래서 아직 영적으로 불안정하고, 미성숙하며, 무능력한 부분이 많다. 더 자라가고 성숙해가야 한다.

중생했다고 해서 모든 문제가 해결된 것도 아니고, 안정을 찾은 것도 아니고, 갑자기 영적인 능력이 생기는 것도 아니다. 어떤 점에서 보면 중생 이후의 삶이 이전보다 훨씬 복잡해지고 어려워지기도 한다. 왜냐하면 영적인 삶이라는 또 다른 삶을 살아가야 하기 때문이다. 육적 생명이 성장하려면 좋은 음식과 교육이 필요한 것처럼, 영적 생명이 잘 성장하려면 유혹을 이겨야 하고, 하나님의 말씀을 섭취하고, 삶의 훈련을 잘 받아야 한다.

    이것은 앞으로 성장의 긴 과정이 있을 것이라는 점을 시사해 준다. 중생은 이제 막 출발했다는 것을 의미할 뿐이다. 가야 할 길이 멀다.

제9장 · 회심 Conversion

"나는 유대 사람에게나 그리스 사람에게나 똑같이, 회개하고 하나님께로 돌아올 것과 우리 주 예수를 믿을 것을, 엄숙히 증언하였습니다." 행20:21

I. 회심이란 무엇인가?

그리스도를 믿는다는 것은 단순히 지적인 유희가 아니다. 그것은 삶의 변화를 수반하는 경험이다. 그리스도의 복음은 사람을 변화시키는 능력이 있다. 과거에 사탄의 권세에 사로잡혀 자기중심적으로 살던 데서 하나님을 주님으로 인정하면서 그를 기쁘시게 하는 삶으로 변화되는 것이다. 이렇게 복음을 통해 삶의 완전한 변화가 일어나는 것을 '회심'이라고 한다. 회심은 말 그대로 마음을 돌이키는 것, 혹은 삶이 돌아서는 것이다.

회심은 두 가지 개념을 포함한다. '어디로부터 돌아서는 것'과 '어딘가를 향해 돌아서는 것'. 바울은 자신이 사람들에게 무엇을 전했었는지 요약해서 설명한다. "나는 유대 사람에게나 그리스 사람에게나 똑같이, 회개하고 하나님께로 돌아올 것과 우리 주 예수를 믿을 것을, 엄숙히 증언하였습니다." 행20:21 이것이 회심을 정확하게 표현한 것이다. 어디로부터 돌아서는 것을 '회개' repentance라고 부르고, 어딘가를 향해 돌아서는 것을 '믿음' faith이라고 한다. 회개는 죄로부터 돌아서는 소극적인 것이며, 믿음은 그리스도를 향해 나아가는 적극적인 것이다.

회개와 믿음은 거의 동시에 일어나는 일이기 때문에 어느 것이 먼저라고 말할 수 없다. 둘은 언제나 함께 일어나는 일이며, 어느 하나가 빠진 상태에서 다른 것이 존재할 수 없다. 즉 회개는 믿음을 전제로 하며, 믿는다는 것은 반드시 회개를 수반한다. 이 두 가지 각각에 대해서 좀 더 자세하게 살펴보자.

Ⅱ. 회개

1. 회개는 복음의 핵심 요소다

복음을 전하는 사람들은 언제나 먼저 회개를 촉구했다. 회개는 세례 요한이 외쳤던 메시지의 핵심이다.

"그 무렵에 세례자 요한이 나타나서, 유대 광야에서 선포하여 말하기를 '회개하여라. 하늘나라가 가까이 왔다' 하였다."마3:1-2; 막1:4; 눅3:3

또한, 회개는 예수님의 설교에서도 중심 위치를 차지한다. 예수님의 사역은 회개를 촉구하는 것으로 시작되었다.

"그 때부터 예수께서는 '회개하여라. 하늘나라가 가까이 왔다' 하고 선포하기 시작하셨다."마4:17

예수님은 승천하시기 전에 제자들이 이어받을 사역의 핵심이 회개를 선포하는 것이 될 것이라고 말씀하셨다.

"그의 이름으로 죄사함을 받게 하는 회개가 모든 민족에게 전파될 것이다."눅24:47

그래서 회개는 사도들의 메시지에서도 중심이었다.

"베드로가 대답하였다. '회개하십시오. 그리고 여러분 각 사람은 예수 그리스도의 이름으로 세례를 받고, 죄 용서를 받으십시오. 그리하면 성령을 선물로 받을 것입니다.'"행2:38

"하나님께서는 무지했던 시대에는 눈감아 주셨지만, 이제는 어디에서

나 모든 사람에게 회개하라고 명하십니다."행17:30

2. 회개의 본질

우리는 종종 회개한다는 것을 '후회하는 것' '잘못을 인정하는 것'과 같은 뜻으로 생각한다. 물론 회개에는 이런 것들도 포함되지만 진정한 회개는 그 이상이다. 회개는 단순히 '내가 잘못했습니다, 용서해주십시오'라고 말하는 것 이상의 의미를 담고 있다. 하나님 앞에서 하는 진정한 회개란 다음과 같은 요소들을 포함한다.

1) 죄에 대한 인정

회개는 하나님이 정하신 법을 지키지 않는 것이 죄임을 인정하는 것으로부터 시작된다. 바울은 사람들이 행하는 악한 일들을 열거하면서, 그런 일들을 행하는 것이 죄라고 분명하게 말한다.롬1:29-31 우리는 점차 죄를 죄로 인정하지 않는 시대에 살고 있다. 과거에는 명백하게 죄라고 인식되던 어떤 행위들을 죄의 목록에서 제하려고 시도한다. 그러므로 어그러진 세상에서 회개의 첫 번째 단계는 하나님이 정하신 법을 지키지 않는 것이 죄라는 사실을 인정하는 것이다.

2) 자신이 죄인이라는 것을 인정

회개의 두 번째 요소는 자신이 죄인이고 죽음의 형벌을 받아야 한다는 것을 인정하는 것이다. 바울은 "모든 사람이 죄를 범하였습니다. 그래서 사람은 하나님의 영광에 못 미치는 처지에 놓여 있습니다"롬3:23라고 선언한다. 회개는 자신이 하나님 앞에서 죄를 지은 죄인이라는 사실을 인정하는 것이다.

죄를 지은 사람들이 치러야 할 대가는 무엇인가? 바울은 하나님이 정한 법도를 지키지 않는 사람들에게 기다리고 있는 것은 죽음의 형벌이라고 말한다.롬1:32, 6:23 이처럼 하나님이 선포하신 대로 죄의 결과는 죽음이라는 것을 인정하는 것이 회개의 또 다른 요소다. 이것을 깨닫는 순간 우리는 자신이 죄를 지었다는 사실에 대해 슬퍼하고 후회하고 안타까워하는 마음이 생길 것이다.

3) 하나님께 용서를 구함

회개는 내가 해결할 수 없는 죄에 대해서 하나님께 용서를 구하는 것을 포함한다. 우리는 하나님께 죄를 지었기 때문에 하나님께 용서를 구해야 한다. 우리의 방법으로 죄의 형벌 문제를 해결할 수 없다. 하나님이 판단하고 심판하는 권리를 쥐고 계시기 때문이다. 그래서 우리는 하나님 앞에 나가서 겸손하게 머리를 조아리고 하나님의 방법으로 우리 죄를 해결해 주시기를 구해야 한다.

이렇게 우리가 죄를 인정하고 용서를 구하면 하나님은 예수 그리스도의 대속의 죽음을 기초로 우리의 죄를 용서해 주시겠다고 약속하셨다. "우리가 우리 죄를 자백하면, 하나님은 신실하시고 의로우신 분이셔서, 우리 죄를 용서하시고, 모든 불의에서 우리를 깨끗하게 해주실 것입니다."요일 1:9

4) 새로운 삶을 향한 결심

죄 짓는 삶에서 돌이켜서 거룩한 삶을 살기로 결심하는 것이 회개의 마지막 요소다. 죄를 용서받았다고 기뻐하는 것만으로 충분하지 않다. 진정한 회개는 더 이상 죄를 짓지 않겠다고 결심하는 것까지 포함한다. 좀 더 적극적으로는 세례 요한이 선포한대로 "회개에 알맞는 열매를 맺는 것"눅 3:8이다.

삭개오는 진정한 회개가 무엇인지 잘 보여주었다. 그는 예수님을 만난 후에 회개했다. 그의 회개는 삶의 구체적이고 전반적인 전환을 수반했다. 먼저, 이전에 살던 삶의 방식, 즉 부정을 일삼고 남을 속이는 삶을 버렸다. 더 나아가서 과거의 삶을 바로잡기 위해 애를 썼다. 불의하게 빼앗은 것을 네 배로 갚기로 했고, 부정한 방법으로 모은 재산을 가난한 사람들을 위해 내어놓았다.눅19:8 이런 모습은 한국교회 초기 성도들의 모습에도 잘 나타났다. 복음을 듣고 회개한 사람들은 축첩을 회개하면서 첩을 내보냈고, 부리던 종들을 풀어주면서 그들에게 땅까지 나눠주었고, 매관매직으로 관직에 오른 사람들이 손해를 감수하면서 자리를 내놓고 물러났다.

이처럼 진정한 회개는 삶의 분명한 전환을 의미한다. 세상의 방식을 따라 불의하게 살던 삶에서 돌이켜서 하나님을 의지하고 하나님의 방식대로 살겠다는 결심인 것이다. 회개가 믿음과 연결된다는 것이 여기서 분명하게 드러난다. 회개는 과거에 자신이 좋아하던 것, 자신이 의존하던 것을 버리고 하나님을 믿고 의지하면서 하나님이 기뻐하는 삶의 방식으로 돌이키는 것이기 때문이다.

III. 믿음

1. 구원받기 위해서는 믿어야 한다

회심의 두 번째 요소는 믿음이다. 바울은 자신이 평생 동안 해왔던 복음전도에 대해 설명하면서 사람들에게 두 가지 반응을 요구했다고 말한다. "나는 유대 사람에게나 그리스 사람에게나 똑같이, 회개하고 하나님께로 돌아올 것과 우리 주 예수를 믿을 것을, 엄숙히 증언하였습니다."행 20:21 첫 번째 반응은 회개이며, 두 번째 반응은 주 예수를 믿는 것이다.

복음은 믿음으로 반응할 것을 요구한다. 그래서 어떻게 하면 구원을 얻을 수 있느냐고 묻는 빌립보 감옥의 간수에게 바울은 "주 예수를 믿으시오. 그리하면 그대와 그대의 집안이 구원을 얻을 것입니다"행16:31라고 분명하게 말했던 것이다. 이것이 회심의 두 번째 요소다. 우리가 구원을 받기 위해서는 회개와 더불어 믿음을 고백해야 한다.

2. '믿는다'는 것은 무엇인가?

믿음에는 세 가지 요소가 있다.

1) 복음의 내용에 대한 이해가 있어야 한다

구원을 얻기 위해서는 아무 것이나 믿어도 되는 것이 아니다. 내용이 무엇인지 모른 채 "믿습니다"를 반복한다고 해서 구원을 얻는 것이 아니다. 로마서 10장 14절은 이렇게 말한다, "그런데 사람들은 자기들이 믿은 적이 없는 분을 어떻게 부를 수 있겠습니까? 또 들은 적이 없는 분을 어떻게 믿을 수 있겠습니까? 선포하는 사람이 없으면, 어떻게 들을 수 있겠습니까?" 이처럼 우리는 복음을 들어야 믿을 수 있다. 이 말은, 복음의 내용을 잘 들을 때 그 내용에 대해 우리가 어떤 반응을 할 수 있다는 것을 의미한다. 무엇을 믿는지 모르는 것은 믿는 것이 아니다. 진정한 믿음은 항상 믿음의 대상과 내용이 무엇인지 잘 알아야 한다.

그러면 우리가 믿어야 하는 복음의 내용이 무엇인가? 첫째, 내가 하나님께 죄를 범했고, 그 결과 죽음의 형벌을 받아야 한다는 사실. 둘째, 예수 그리스도가 나를 대신해서 십자가에서 죽음의 형벌을 받았다는 사실. 셋째, 그리스도를 믿을 때 죄 용서를 받고 구원을 얻게 된다는 사실. 이것이 우리가 믿어야 할 복음의 핵심 내용이다.

2) 복음을 지적으로 아는 것만으로 충분치 않다

하나님의 법을 알고도 순종치 않는 사람들도 많으며, 심지어 사탄도 하나님과 예수님에 대해 잘 알고 있지만 구원을 얻게 하는 믿음을 가지지 못하고 있기 때문이다.^{약2:19} 그러므로 복음의 내용을 알뿐만 아니라 그것이 참된 진리이며 그것을 믿을 때에 구원이 가능하다는 것을 동의하고 인정해야 한다.

3) 믿는다는 것은 구원의 기초를 형성해 주신 그리스도를 신뢰하고 자신을 전폭적으로 의탁하는 구체적인 행동이다

하나님이 우리의 창조자요 심판자요 구원자라는 것을 인정한다면, 또한 예수 그리스도가 나를 구원해 주신 구세주이시고 나를 자신의 피값으로 사서 나의 주인이 되었다는 것을 인정한다면, 나의 삶은 과거와는 전혀 다른 모습이 될 것이다. 내 삶의 주도권을 그리스도에게 양도했기 때문이다. 이처럼 진정한 믿음은 삶을 바꾼다. 세계관과 가치관과 인생관의 변화가 일어났기 때문이고, 그것은 삶의 구체적인 변화를 이끌어낼 것이기 때문이다.

이러한 변화야말로 진정으로 믿는 것이다. 단순히 지식적으로 알고 동의하는 것이 믿음이 아니다. 믿음은 내 삶을 던지는 것이며, 내가 믿는 것에 기초해서 삶을 재구성하는 것이다. '단순한 지적 동의'와 '삶의 근본적인 변화' 양자의 차이를 야고보는 귀신들과 참된 믿음의 사람을 비교하면서 잘 보여주고 있다. "그대는 하나님께서 한 분이심을 믿고 있습니다. 잘하는 일입니다. 그런데 귀신들도 그렇게 믿고 떱니다. 아, 어리석은 사람이여, 그대는 행함이 없는 믿음은 쓸모가 없다는 것을 알고 싶습니까?"^{약 2:19-20} 여기서 야고보가 권하는 '행함'은 변화된 삶을 의미한다. 이런 행함이 없는 지식이나 동의는 무의미하다는 것이다.

Ⅳ. 진정한 회심

1. 회개와 믿음은 동시에 간다

회심은 죄로부터 돌이키는 것회개과 그리스도를 전폭적으로 신뢰하는 것믿음이 동시에 발생하는 사건이다. 믿음이 결여된 회개는 단순한 후회에 지나지 않으며, 회개가 결여된 믿음은 전인격적인 결단이 결여된 것이다. 두 가지가 분리되는 것은 온전한 회심이 아니다. 복음 전도자들은 언제나 진정한 믿음은 반드시 회개를 수반해야 한다는 점을 강조했다. 선지자는 하나님께로 돌이키는 것은 자신의 악한 길을 버리는 결단적인 행동을 수반하는 것이라고 외쳤다.

"너희는, 만날 수 있을 때에 주님을 찾아라. 너희는, 가까이 계실 때에 주님을 불러라. 악한 자는 그 길을 버리고, 불의한 자는 그 생각을 버리고, 주님께 돌아오너라. 주님께서 그에게 긍휼을 베푸실 것이다. 우리의 하나님께로 돌아오너라. 주님께서 너그럽게 용서하여 주실 것이다."사55:6-7

베드로는 복음을 전할 때에 무엇보다 회개할 것을 요구했고, 그래야 예수 그리스도를 믿는 것으로 인정해서 세례를 줄 수 있다고 말하였다.

"베드로가 대답하였다. '회개하십시오. 그리고 여러분 각 사람은 예수 그리스도의 이름으로 세례를 받고, 죄 용서를 받으십시오. 그리하면 성령을 선물로 받을 것입니다.'"행2:38

바울도 마찬가지였다. 그는 아테네에서 복음을 전하면서 하나님이 요구하시는 것이 회개임을 분명하게 천명하였다.

"하나님께서는 무지했던 시대에는 눈감아 주셨지만, 이제는 어디에서나 모든 사람에게 회개하라고 명하십니다."행17:30

2. 온전한 회심

복음전도자들의 메시지를 종합하면, 온전한 회심을 '회개하는 믿음' 혹은 '믿는 회개'라고 부를 수 있다. 회심은 과거의 잘못을 회개하고 그런 상태로부터 돌아서는 것이며,^{회개} 돌아서는 데서 그치지 않고 새로운 삶으로 나아가는 전향적인 것이다.^{믿음} 회심은 마치 서쪽으로 가던 길에서 돌이켜서,^{회개} 제자리에 서 있는 것이 아니라 동쪽으로 나아가는 것^{믿음}을 의미한다. 이전 삶을 버리고 새로운 삶을 사는 것이다.

그리스도를 믿는 사람들은 과거 죄의 생활로부터 '돌아선' 사람들이다. 또한, 돌아서서 '새로운 삶의 길'로 나아가는 사람들이다. 그러므로 그리스도를 구원자^{savior}로 고백하는 믿음은 강조하면서도, 죄를 회개하고 그리스도를 주님^{lord}으로 고백하면서 새로운 삶을 살려는 결단을 무시하는 것은 믿음과 구원을 제대로 이해하지 못한 것이다.

죄로 물든 세상을 즐기며 살던 사람이 그리스도를 믿고도 전혀 변하지 않는다면 그는 진정한 회심을 하지 않은 것이다. "마음을 새롭게 함으로 변화를 받는" 일이 일어나지 않았기 때문이다.^{롬12:2} "누구든지 그리스도 안에 있으면, 그는 새로운 피조물입니다. 옛 것은 지나갔습니다. 보십시오, 새 것이 되었습니다."^{고후5:17} 이 말씀처럼 옛 것을 버리고 새 것으로서의 삶을 향해서 나아가는 사람이 진정으로 회심한 사람이다.

제10장 · 칭의 Justification

"그러므로 우리는 믿음으로 의롭다 하심을 받았으므로, 우리 주 예수 그리스도로 말미암아 하나님과 더불어 평화를 누리고 있습니다." **롬5:1**

구원은 창조 이후 하나님이 피조물에게 행하신 가장 위대한 사건이며, 인간에게도 가장 놀랍고 큰 은혜의 사건이다. 하나님의 구원은 그 스케일이 엄청나게 크기 때문에 내포되어 있는 의미도 매우 다채롭다. 우리는 구원의 다양한 빛 중에서 중생과 회심에 대해 이미 살펴보았다. 이번에는 구원의 또 다른 측면인 칭의稱義 의롭다 인정받음에 대해서 살펴볼 차례다.

Ⅰ. 법적 선언과 관계의 회복

1. 법적 선언

1) 심판을 선고받은 죄인들

로마서 3장 23절은 우리 모두가 죄를 범한 죄인이라고 선언한다, "모든 사람이 죄를 범하였습니다. 그래서 사람은 하나님의 영광에 못 미치는 처지에 놓여 있습니다."

하나님은 공의로운 분이기 때문에 죄를 묵과할 수 없고, 반드시 심판을 하신다. **롬2:2** 죄인을 향한 하나님의 심판은 죽음의 형벌이다. **롬1:32**

비록 지금 당장은 형벌이 유예되고 있지만 언젠가는 반드시 그 형벌을 받아야 한다. 모든 인간은 사형집행을 기다리고 있는 사형수와 같다.

2) 죄의 해결

그러나 하나님은 자신의 형상으로 만든 인간을 사랑하시기 때문에 그들이 멸망당하는 것을 그냥 내버려두지 않으시고 구원의 길을 제시해 주셨다. 구약 시대에는 죄를 지은 사람이 양이나 소의 머리에 안수하고 제사장이 그 동물을 죽이는 제사 의식을 통해서 죄의 형벌을 면제해 주었다. 동물이 인간 대신 형벌을 받고 죽은 것이다. 그러나 동물은 인간을 완전히 대신할 수 없기 때문에 그 효력이 영원할 수 없다. 그래서 하나님은 독생자 예수 그리스도를 보내서 우리의 죄를 대신해서 죽게 하셨다.

이제 자신의 죄를 회개하고 그리스도의 구원의 속죄를 믿는 자들에게 더 이상 받아야 할 형벌은 남아있지 않다. 하나님은 그런 자들을 향해서 이제부터 더 이상 죄인이 아니고 의로운 자가 되었다고 선언하신다. 롬3:21-22, "그러나 이제는 율법과는 상관없이 하나님의 의가 나타났습니다. 그것은 율법과 예언자들이 증언한 것입니다. 그런데 하나님의 의는 예수 그리스도를 믿는 믿음을 통하여 오는 것인데, 모든 믿는 사람에게 미칩니다. 거기에는 아무 차별이 없습니다"

3) 법적인 선언

이렇게 우리의 죄가 용서되었고 의인이 되었다는 법적인 선언이 '칭의'의 일차적인 의미이다. '의롭게 하다'라는 성경적인 개념 자체가 법정적인 개념이다. 롬8:1 신명기 25장 1절은 의롭게 된다는 의미를 잘 설명하고 있다. "사람들 사이에 분쟁이 생겨서, 그들이 법정에 서게 되면, 재판장은 그들을 재판하여, 옳은 사람에게는 무죄를, 잘못한 사람에게는 유죄를 선고해야 합니다." 여기서 '무죄를 선고한다'는 것이 바로 의롭다는 선언이다. 형벌을 받아야 하는 어떤 행동에 대해서 법정에서 더 이상 죄가 없다고 선언하는 것이다.

　이 법정의 재판장은 하나님이다. 인간은 하나님이 정한 법을 어겼고, 그로 인한 형벌도 하나님이 제정하셨기 때문에, 죄가 용서되었고 의로운 자가 되었다는 선언도 하나님이 하신다. 그래서 "하나님 보시기에" 의롭다고 선언하는 것이 '칭의'다.

4) 소극적 전가 Imputation

　의롭게 되었다는 칭의 선언은 두 가지 전가轉嫁, 잘못이나 책임을 다른 사람에게 넘기는 것가 동시에 이루어질 때 가능하다. 첫 번째는 소극적 전가이다. 칭의가 이루어지기 위해서는 먼저 우리의 죄와 형벌 문제를 해결해야 한다. 그래서 그리스도께서 내가 받을 형벌을 대신 받으셨다. 그 결과 우리는 지옥에 가야할 운명에서 벗어났다.

　"그리스도께서 우리를 위하여 저주를 받은 사람이 되심으로써, 우리를 율법의 저주에서 속량해 주셨습니다."갈3:13

　이것을 '소극적 전가'라고 한다. 우리의 형벌이 그리스도에게로 이전되어 그가 형벌을 대신 받았기 때문에 우리가 받을 형벌이 더 이상 남아 있지 않다는 것이다. 이것은 우리에게서 부정적인 면들을 제거하는 것과 같다. 우리는 죄에 대해 더 이상 대가를 지불할 필요가 없다. 그래서 바울은 "그리스도 예수 안에 있는 사람들은 정죄를 받지 않습니다"롬8:1라고 선언하는 것이다. 이제는 그 누구도 우리를 정죄할 수 없다.

　"하나님께서 택하신 사람들을, 누가 감히 고발하겠습니까? 의롭다 하시는 분이 하나님이신데, 누가 감히 그들을 정죄하겠습니까?"롬8:33-34

5) 적극적 전가

그러나 죄 문제의 해결은 우리가 하나님나라에 들어가기 위한 첫 번째 단계에 불과하다. 예수님의 말씀대로 "너희의 의가 율법학자들과 바리새파 사람들의 의보다 낫지 않으면, 너희는 하늘나라에 들어가지 못할 것이"마5:20기 때문이다. 하나님나라는 하나님께 완전하게 순종하여 적극적인 의미에서 의로운 자라는 인정을 받을 때에만 들어갈 수 있다는 말이다. 과연 우리가 완벽한 의를 이룰 수 있을까? 우리는 하나님이 정한 율법을 절대 완벽하게 지킬 수 없다. 롬3:20,"그러므로 율법의 행위로는 하나님 앞에서 의롭다고 인정받을 사람이 아무도 없습니다. 율법으로는 죄를 인식할 뿐입니다"

그런데 이런 완벽한 삶을 성취하신 분이 있다. 그 분이 바로 예수 그리스도다. 그리스도는 이 땅에서 하나님께 완전하게 순종하는 삶을 사셨다. 그래서 의인으로 불리기에 부족함이 없다. 히5:9,"그리고 완전하게 되신 뒤에, 자기에게 순종하는 모든 사람에게 영원한 구원의 근원이 되시고" 성육신하신 예수 그리스도는 온전한 순종을 이루신 후에 자신이 성취하신 의를 우리에게 주셨다.

"한 사람이 순종하지 않음으로 말미암아 많은 사람이 죄인으로 판정을 받았는데, 이제는 한 사람이 순종함으로 말미암아 많은 사람이 의인으로 판정을 받을 것입니다."롬5:19

하나님은 그리스도의 대표성을 인정하셨고, 그의 순종을 우리 모두의 것으로 인정해 주셨다. 그 결과 우리가 의로운 자가 된 것이다. 우리는 죄와 형벌을 그리스도에게 전가했고, 그리스도는 자신이 성취한 의를 우리에게 이전해 줌으로써 우리가 하나님 앞에서 완전히 의로운 자로 인정받게 된 것이다. 이것이 전가의 두 번째 차원인 '적극적 전가', 혹은 '의義의 이전移轉'이다.

이처럼 칭의는 소극적 전가와 적극적 전가 두 가지가 동시에 일어난 것을 근거로 선포되는 법적인 선언이다. 두 가지 모두 그리스도의 희생과 섬김이 바탕이 되어 가능해진 것이다.

2. 관계의 회복

의롭게 되었다는 법적인 선언은 필연적으로 하나님과의 관계 회복을 가져온다. 이것이 칭의의 두 번째 의미다. 우리는 죄를 지어 하나님과 원수가 되었다. 그런데 예수 그리스도의 대속의 죽음을 통해서 죄가 해결되었고, 이제 다시 하나님과 바른 관계가 회복되었다.

"그러므로 우리는 믿음으로 의롭다 하심을 받았으므로, 우리 주 예수 그리스도로 말미암아 하나님과 더불어 평화를 누리고 있습니다."롬5:1

의롭다 함을 받은 사람은 하나님과 원수 관계에서 평화의 관계로 회복된 것이다. 롬5:1-11; 고후5:11-21; 골1:19-23; 엡2:11-22 죄 문제가 해결된 사람은 하나님의 심판을 받는 관계에 있지 않고, 하나님과 더불어 화평과 사랑을 누리는 관계로 들어가게 된다는 것이다. 이처럼 칭의는 재판정에서 무죄 선언을 받는 것과 동시에 하나님과 원수 관계에서 부자父子 관계로 변화되었다는 것을 의미한다.

Ⅱ. 칭의의 특성

1. 전적인 은혜

두 가지 전가를 통해 이루어진 '칭의'를 이해하고 보면, 우리가 의롭게 되는 데 있어서 우리 자신은 아무 것도 한 것이 없고 오직 그리스도의 공로만 있을 뿐이라는 것을 인식하게 된다.

"그러나 사람은, 그리스도 예수 안에서 얻는 구원으로 말미암아, 하나님의 은혜로 값없이 의롭다는 선고를 받습니다."롬3:24

이렇게 해서 우리에게 주어진 구원은 전적으로 "하나님의 선물"엡2:8-9이다. 그러므로 우리가 스스로 의를 성취하기 위해서 애를 쓰는 것은 부질없는 일이다. 우리의 힘으로는 절대 죄와 형벌을 해결할 수 없고, 또한 완전히 순종하는 삶을 살 수도 없다. 우리가 할 수 있는 것, 그리고 우리가 해야 하는 것은 그리스도가 우리를 대신해서 죄의 형벌을 받았고 자신의 의를 우리에게 주었다는 사실을 믿고 받아들이는 것이다. 그렇게 할 때 그리스도가 성취한 의가 완전히 우리의 것이 된다.

　"그러나 사람이, 율법을 행하는 행위로 의롭게 되는 것이 아니라, 예수 그리스도를 믿는 믿음으로 의롭게 되는 것임을 알고, 우리도 그리스도 예수를 믿은 것입니다. 그것은, 우리가 율법을 행하는 행위로가 아니라, 그리스도를 믿는 믿음으로 의롭다고 하심을 받고자 했던 것입니다. 율법을 행하는 행위로는, 아무도 의롭게 될 수 없기 때문입니다."갈2:16

　우리는 자신의 의로운 행위로 의롭다 함을 받는 것이 아니다. 믿음을 통해서 그리스도의 의를 내 것으로 만드는 것이다. 이 '믿음'조차도 우리가 자랑할 수 있는 행위가 아니다. 그것은 단순히 하나님의 의로우심이 우리에게 전달되는 통로일 뿐이다. 그렇다면 왜 하나님은 믿음이라는 수단을 선택하셨는가? 그것은 믿음이 자기 무력감의 고백임과 동시에 하나님에 대한 전적인 신뢰의 표명이기 때문이다. 이것은 에덴에서 사람이 죄를 지을 때 가졌던 교만한 태도와 정반대되는 것이다. 이것은 이렇게 고백하는 것과 같다, "나는 무력합니다. 내 힘으로 나를 구원할 수 없습니다. 오직 하나님만이 나의 구원자가 되실 수 있습니다. 이제 나는 백기를 들고 전적으로 하나님을 의지합니다." 이것이 바로 '이신칭의'以信稱義, Justification by Faith에 담긴 내용이다. 나의 의의 근거가 되시는 그리스도를 믿는 믿음으로 하나님 앞에서 의롭다 함을 받는 것이다.

2. 칭의는 행위를 배제하지 않는다

어떤 사람들은 '믿음으로만 구원받는다'라는 이신칭의를 강조하려다 '칭의'와 '믿음의 삶'을 지나치게 구별하는 경향을 드러낸다. 그래서 "사람은 행함으로 의롭게 되는 것이지, 믿음으로만 되는 것이 아닙니다"약 2:24 라는 야고보의 선언을 어떻게 이해해야 할지 알지 못한다. 야고보의 언급은 믿음으로 구원받는다는 바울의 주장과 배치되는 것처럼 보이기 때문이다. 그러나 야고보는 이신칭의를 거부하는 것이 아니라 구원을 얻게 하는 '믿음'에 대해 오해하는 사람들을 비판한 것이다. 야고보가 말하려는 것은 믿음이 참된 것이라면 반드시 행위가 뒤따를 것이라는 점이다. 그것이 살아있는 믿음의 증거이기 때문이다. 약2:17, "이와 같이 믿음에 행함이 따르지 않으면, 그 자체만으로는 죽은 것입니다"

우리가 구원받은 것은 죽은 믿음이 아니라 살아있는 믿음에 의한 것이다. 즉 언어적 고백만으로 구원받은 것이 아니라 전인격을 수반하는 믿음을 통해서 구원받은 것이다. 믿음은 나의 전부를 내던지는 전적인 신뢰이기 때문이다. 그래서 야고보는 "아, 어리석은 사람이여, 그대는 행함이 없는 믿음은 쓸모가 없다는 것을 알고 싶습니까?"2:20라고 말하면서 거짓 믿음, 즉 하나님을 기쁘시게 하는 행위가 결여된 믿음을 비판한다. 살아있는 믿음이라면 필연적으로 그 살아있음을 순종의 행위로 보여줄 것이라는 뜻이다.

예수님은 "너희가 나를 사랑하면, 내 계명을 지킬 것이다"라고 말씀하셨다. 나를 위해 죽으신 예수님의 은혜와 사랑을 진정으로 아는 사람이라면 그의 계명을 지킬 것이라는 말씀이다. 요14:15, 21, 15:10; 딛3:8 거꾸로 말해서 예수님의 말씀에 순종하는 삶이 뒤따르느냐 그렇지 않느냐 하는 것으로 그 사람의 믿음의 진위를 판별할 수 있다는 것이다. 사람들은 종종 이런 가르침이 행위 구원을 주장하는 것이 아니냐고 의혹의 눈초리를 보낸다. 그러나 이에 대해 존 프레임의 말은 정확하다, "구원은 행위를 통해서 받는 것이 아니라, 행위를 일으키는 믿음을 통해서 받는 것이다."존 프레임, 『조직신학개론』, 개혁주의신학사, 295

"믿음은 선행을 잉태한다." 구원하는 믿음, 살아있는 믿음은 이성적인 동의뿐만 아니라 하나님에 대한 신뢰와 하나님께 순종하려는 열망을 내포하는 것이다. 이것이 바로 야고보가 말하는 '행함'이다. 그것은 믿음의 조건이 아니라 믿음의 내용이요, 믿음의 당연한 결과다.

3. 칭의는 출발일 뿐이다

칭의는 실제로 그 사람을 율법을 잘 지키는 사람으로 만들거나 혹은 그 사람 안에서 내적인 변화가 일어났다는 것을 의미하는 것은 아니다. 내적인 변화와는 별개로 단지 외적이고 법정적인 지위가 변화되었다는 선언이다.

로마 가톨릭은 그리스도의 의가 우리에게 전가되었다기보다는 주입 infusion되었다고 본다. 그래서 의롭게 된 우리는 내면이 변화되고 더 거룩한 사람이 된다고 주장한다. 그러나 루터를 비롯한 개신교 신학자들은 칭의가 단지 외적인 신분의 변화를 가져올 뿐이라고 주장한다. 우리는 법적으로 의로운 자로 인정받았지만, 실제 삶에서는 여전히 하나님께 불순종하는 습성을 버리지 못한 연약한 자들이다. 우리는 아직 죄에서 완전히 해방되지 못했다. 그래서 우리는 루터가 말한 대로 "의로우며 동시에 죄인" simul justus et peccator인 것이다.

우리는 하나님이 주신 의의 옷을 입고 그 옷을 더럽히거나 벗어던지지 않으려고 애쓰고, 또한 그 옷에 합당한 모습을 갖추려고 노력한다. 이것이 그리스도를 닮아 거룩하게 되어가는 과정이다. 이런 과정을 충실하게 살아가다 보면, 주님이 다시 오시는 날에 우리가 완전히 영화롭게 되면서 내

외적으로 명실상부한 의인이 될 것이다.

4. 칭의는 종말론적 완성을 기다린다

칭의를 비롯한 구원의 전 과정은 성경 종말론의 기본 구조인 하나님나라의 '이미-아직' 구도 속에 있다. 하나님나라가 '이미' 이 세상에 들어왔지만, '아직' 완성된 것은 아니다. 이것을 '종말론적 유보'라고 하는데, 종말에 완성될 것을 기다린다는 의미다. 이러한 '이미-아직' 구조는 하나님나라뿐만 아니라 구원의 전 과정에도 그대로 적용된다. 우리는 하나님의 은혜로 의롭다 함을 받았지만,^{이미} 구원이 완성되는 것은 종말에 있을 최후의 심판 때이다.^{아직} 마찬가지로 우리가 그리스도를 믿을 때 의롭다고 인정을 받아서 하나님과의 관계가 회복되지만, 그것은 아직 완성된 것이거나 최후의 결과는 아니다. 그래서 우리는 구원을 완성하기 위해서 하나님과의 언약 관계에 지속적으로 머물러 있어야 한다.

이것은 구약의 이스라엘 백성과 하나님의 관계와 비슷하다. 이스라엘 백성은 하나님의 '선택'에 의해 하나님과 언약적 관계를 맺어 하나님의 백성이 되었지만, 그것으로 모든 것이 끝난 것이 아니다. 그들은 언약을 지키면서 그 안에 머물러 있어야 한다. 그것은 그들이 언약의 당사자로서 지켜야 할 의무다. 그러나 그들이 이 언약을 깨뜨리면 관계가 파괴되고 언약이 파기될 수 있다. 실제로 이스라엘 백성들은 언약을 지키지 않았기 때문에 하나님의 심판을 받아서 멸망에 이르게 되었다.

바울은 이러한 역사적 사실을 토대로 칭의를 얻은 그리스도인들이 최후의 심판 때까지 하나님과의 바른 관계 속에 서 있어야 한다고 강조한다.^{고전10:12} 이스라엘 백성이 출애굽이라는 놀라운 구원의 은혜를 경험했지만 불순종으로 인해 가나안에 들어가지 못한 것처럼, 그리스도인들도 세례를 받고, 성령을 받고, 의롭다 하심을 받았지만 하나님께 대한 순종

의 관계를 지속하지 않으면 얼마든지 멸망당할 수 있다고 경고하는 것이다. 고전10:1-13

그러므로 하나님의 은혜로 의롭다하심을 받아 하나님의 자녀가 된 그리스도인들도 그 후에 이 언약적 관계 안에 머무르기 위해 애써야 한다. 아직 완성된 것이 아니기 때문이다. 김세윤 교수는 이것을 이렇게 설명한다, "믿음으로 칭의 되고죄 용서받고 의인의 신분을 얻은 사람은 이제 최후의 심판 때 칭의의 완성을 받을 때까지 자신이 '진입'한 하나님과의 올바른 관계에 '서 있어야' 합니다."김세윤, 『칭의와 성화』, 두란노, 46 다시 말해서, 하나님의 은혜로 의롭다 함을 받은 사람들은 실제로 하나님께 순종하는 의로운 삶을 살아야 하며, 그런 과정을 거쳐서 최후의 심판 때에 진정한 의인으로 나타나게 될 것이라는 뜻이다.

물론 하나님과의 언약 안에 머무르며 의를 완성하는 것은 우리 힘만으로 되는 것이 아니라 성령의 능력으로 되는 것이라는 점은 분명하다. 성령의 인도하심을 따르고 그의 능력을 힘입을 때 우리는 하나님의 주되심을 인정하면서 하나님과 이웃을 사랑하라는 대계명을 지키고, 그 결과 의의 열매를 맺게 된다. 그러나 우리가 언약을 무시하고 하나님의 주되심을 거부하고, 그 결과 언약 관계 밖으로 뛰쳐나가려고 할 때, 하나님과 맺은 언약은 무용지물이 되어버린다.

결론적으로, 하나님이 우리에게 주신 의롭다 하는 칭호는 완성을 기다리는 유보적인 것이며, 우리는 완성을 위해 하나님의 주되심을 실제로 고백하면서 의의 열매를 맺는 삶을 살아야 한다. 그러므로 칭의는 과거의 측면만을 의미하는 것이 아니라 과거, 현재, 그리고 미래의 측면까지 포괄하는 개념이다. 이렇게 해서 칭의는 성화의 삶과 긴밀하게 연결된다. 칭의는 성화의 삶을 낳으며, 성화의 삶이 결여된 칭의는 효력 없는 사문서死文書로 전락한다.

Ⅲ. 칭의가 주는 의미

1. 노력으로 의롭다 함을 얻을 수 없다

우리는 구원을 얻으려고, 그리고 의롭다 하심을 얻으려고 엄청난 업적을 쌓거나 고행을 할 필요가 없다. 우리의 노력이 구원을 가져다주는 것이 아니기 때문이다. 자기 의를 쌓으려는 노력들, 자기 안에서 잠재되어 있는 무엇인가를 끄집어내려는 시도들은 구원을 얻은 데 있어서는 모두 헛일이다.

그래서 맥그라스가 말했듯이 이신칭의는 "심판의 말이요 동시에 생명의 말"앨리스터 맥그라스, 『이신칭의의 현대적 의미』, 생명의 말씀사, 114이다. 이신칭의는 자신이 스스로 무언가 할 수 있으리라는 몽상과 미몽을 폭로하고 깨뜨린다. 우리가 스스로의 힘으로 아무 것도 할 수 없는 존재임을 여실히 드러낸다. 이것은 인간의 무한한 가능성이나 자기 구원의 가능성을 가르치는 인본주의나 인본주의적 종교가 무의미하다는 것을 드러낸다. 우리가 인류 역사에서 충분히 보았듯이, 인간은 스스로의 힘으로 절대 의를 이룰 수 없고, 구원을 성취할 수 없다.

2. 이신칭의는 우리를 겸손하게 한다

우리는 의롭게 된 것이 마치 나의 업적인양 절대 자랑할 수 없다. 바울은 이 점을 매우 강조한다.

"하나님께서 오래 참으시다가 지금 이 때에 자기의 의로우심을 나타내신 것은, 하나님은 의로우신 분이시라는 것과 예수를 믿는 사람은 누구나 의롭다고 하신다는 것을 보여 주시려는 것입니다. 그렇다면 사람이 자랑할 것이 어디에 있습니까? 전혀 없습니다."롬3:26-27

우리는 아무 자격 없이 빈손으로 하나님께 나아갔던 것이다. 우리는 하나님께 드릴 것이 아무 것도 없고 오직 선물을 받으려고 손을 내밀 뿐이다. 그것만이 우리의 살 길이기 때문이다. 이것을 토플레디는 찬송시에서 멋지게 표현해냈다, "빈 손 들고 앞에 가, 십자가를 붙드네, 의가 없는 자라도, 도와주심 바라고, 생명샘에 나가니, 맘을 씻어 주소서."

이처럼 이신칭의 교리는 나의 나 된 것은 오직 하나님의 은혜라는 것을 깨닫게 한다. 바울은 이 사실을 누구보다 잘 알고 있었다. 그래서 구원받은 이후에 아무리 헌신적인 삶을 살았어도 그 출발점에는 하나님의 은혜가 있었다는 사실을 잊지 않았다.

"나는 사도들 가운데서 가장 작은 사도입니다. 나는 사도라고 불릴 만한 자격도 없습니다. 그것은, 내가 하나님의 교회를 박해했기 때문입니다. 그러나 나는 하나님의 은혜로 오늘의 내가 되었습니다. 나에게 베풀어 주신 하나님의 은혜는 헛되지 않았습니다. 나는 사도들 가운데 어느 누구보다도 더 열심히 일하였습니다. 그러나 이렇게 한 것은 내가 아니라, 나와 함께 하신 하나님의 은혜입니다."고전15:9-10

3. 의롭게 하시는 하나님의 은혜는 세상 기준을 뛰어 넘는다

세상에서는 상을 받을만한 자에게 상을 준다. 그것이 공정하다고 생각한다. 그래서 능력이 있는 사람이 더 많은 것을 받게 된다. 결국 부익부 빈익빈이 심화될 수밖에 없다. 그러나 우리를 불러서 의롭다고 하시는 하나님의 은혜는 이런 세상 기준을 뒤집는다. 성경은 하나님의 택하심과 부르심, 그리고 은혜를 베푸시는 것이 사람 편에서 어떤 능력이나 공로에 달려 있지 않다는 것을 자주 말해 준다.

"기드온이 주님께 아뢰었다. '감히 여쭙습니다만, 내가 어떻게 이스라엘을 구할 수 있습니까? 보시는 바와 같이 나의 가문은 므낫세 지파 가운데서도 가장 약하고, 또 나는 아버지의 집에서도 가장 어린 사람입니다.'"

삿6:15

"주님께서 당신들을 사랑하시고 택하신 것은, 당신들이 다른 민족들보다 수가 더 많아서가 아닙니다. 오히려 당신들은 모든 민족 가운데서 수가 가장 적은 민족입니다."신7:7

바울은 자기 자신이나 교회의 형제자매들이 구원받은 것을 볼 때 이 사실이 분명하게 드러난다고 보았다. 그래서 그는 감사의 마음을 가지고 하나님의 이런 기이한 선택의 원리에 대해 설파한다.

"형제자매 여러분, 여러분이 부르심을 받을 때에, 그 처지가 어떠하였는지 생각하여 보십시오. 육신의 기준으로 보아서, 지혜 있는 사람이 많지 않고, 권력 있는 사람이 많지 않고, 가문이 훌륭한 사람이 많지 않았습니다. 그런데 하나님께서는, 지혜 있는 자들을 부끄럽게 하시려고 세상의 어리석은 것들을 택하셨으며, 강한 것들을 부끄럽게 하시려고 세상의 약한 것들을 택하셨습니다. 하나님께서는 세상에서 비천한 것들과 멸시받는 것들을 택하셨으니 곧 잘났다고 하는 것들을 없애시려고 아무것도 아닌 것들을 택하셨습니다."고전1:26-28

이것이 바로 은혜의 원리다. 공정함도 중요하지만, 공정함은 소극적이고 기존 질서를 전제로 하는 것에 불과하다. 그것만으로 세상을 아름답게 만들 수는 없다. 세상을 치유하고 더 멋진 곳으로 만드는 것은 공정함을 넘어서는 은혜의 원리다. 공의의 하나님이 죄인인 우리를 공정함으로만 대하신다면 우리는 모두 죽어야 한다. 그것은 냉정한 일 처리다. 그것에는 어떤 소망도 없다. 그러나 하나님의 은혜는 공정한 심판을 넘어서 자격 없는 자들에게 사랑을 베푸는 것이다. 그것이 회복하고 창조하고 건설하는 능력이다. 그러므로 우리도 서로를 바라보면서 하나님의 선택의 위대하심을 찬양하고 기뻐하고 감사해야 한다.

4. 하나님의 은혜는 순종하는 삶으로 이끌어준다

무조건적인 은혜와 칭의는 우리를 절대 방종하게 만들지 않는다. 은혜를 깨달은 자는 감사하게 되고, 감사를 삶 속에서 표현하게 된다. 그것이 순종하는 삶이고, 하나님과 이웃을 사랑하는 삶이고, 성령의 열매를 맺는 삶이다. 우리가 의롭게 되는 은혜를 입었다고 여기면서도 감사로 순종하는 삶을 살지 않는다면 그 의로움은 헛것이고 가짜에 불과하다. 우리는 하나님과 다시 회복된 언약적 관계를 지켜야 할 의무가 있고, 그렇게 해야 칭의가 완성되기 때문에 두려움과 떨림으로 우리의 구원을 이루어가는 것이다.

칭의는 놀라운 은혜다. 이제 우리는 더 이상 정죄당할 것을 두려워할 필요가 없다. 더 이상 죄의식에 시달릴 필요가 없다. 하나님이 의롭다고 인정하셨기 때문이다.

"하나님께서 택하신 사람들을, 누가 감히 고발하겠습니까? 의롭다 하시는 분이 하나님이신데, 누가 감히 그들을 정죄하겠습니까?"롬8:33-34

그 결과 이제 우리는 하나님과 평화를 누리며 살 수 있게 되었다.

"그러므로 우리는 믿음으로 의롭다 하심을 받았으므로, 우리 주 예수 그리스도로 말미암아 하나님과 더불어 평화를 누리고 있습니다."롬5:1

제11장 · 하나님의 자녀

"아버지께서 우리에게 얼마나 큰 사랑을 베푸셨는지를 생각해 보십시오. 하나님께서 우리를 자기의 자녀라 일컬어 주셨으니 우리는 하나님의 자녀입니다." 요일3:1

구원은 다양한 변화를 가져온다. 먼저 우리는 새로운 피조물이 되었다. 고후5:17, "누구든지 그리스도 안에 있으면, 그는 새로운 피조물입니다. 옛 것은 지나갔습니다. 보십시오, 새 것이 되었습니다" 또한, 죄인에서 의로운 자가 되었다. 롬3:26, "예수를 믿는 사람은 누구나 의롭다고 하신다" 하나님이 우리 안에 거하시는 거룩한 자가 되었다. 고전3:17, "누구든지 하나님의 성전을 파괴하면, 하나님께서도 그 사람을 멸하실 것입니다. 하나님의 성전은 거룩합니다. 여러분은 하나님의 성전입니다" 이런 변화 외에 또 다른 변화가 있다. 그것은 우리가 하나님의 자녀가 되었다는 것이다.

Ⅰ. 신분의 변화

1. 마귀의 자녀에서 하나님의 자녀로

1) 죄를 지었을 때 일어난 일은 무엇인가?

"그 때에 여러분은 허물과 죄 가운데서, 이 세상의 풍조를 따라 살고, 공중의 권세를 잡은 통치자, 곧 지금 불순종의 자식들 가운데서 작용하는 영을 따라 살았습니다. 우리도 모두 전에는, 그들 가운데서 육신의 정욕대로 살고, 육신과 마음이 원하는 대로 행했으며, 나머지 사람들과 마찬

가지로 날 때부터 진노의 자식이었습니다."엡2:2-3

죄의 괴수인 마귀의 자녀로 끌려들어갔다는 것이다. 우리가 죄를 지어서 어쩔 수 없이 죄의 노예가 되었다는 것을 '사탄의 자식'이라고 표현한다. 그 결과 마귀가 좋아하는 짓을 하면서 살게 된 것이다. 그 아버지에 그 자식.

2) 하나님을 믿을 때에 어떤 일이 발생하는가?

먼저 하나님은 우리를 마귀의 자녀와 노예 상태에서 해방하여 자유를 주셨다.

"여러분이 전에는 죄의 종이었으나, 이제 여러분은 전해 받은 교훈의 본에 마음으로부터 순종함으로써, 죄에서 해방을 받아서 의의 종이 된 것입니다."롬6:17-18

그 후 하나님은 마귀의 굴레에서 해방된 우리를 고아처럼 혼자 살도록 내버려두지 않으시고 자신의 자녀로 삼아 그의 가족의 일원이 되게 하셨다.

"그러나 기한이 찼을 때에, 하나님께서는 자기 아들을 보내셔서, 여자에게서 나게 하시고, 또한 율법 아래에 놓이게 하셨습니다. 그것은 율법 아래에 있는 사람들을 속량하시고, 우리로 하여금 자녀의 자격을 얻게 하시려는 것이었습니다. 그런데 여러분은 자녀이므로, 하나님께서 그 아들의 영을 우리의 마음에 보내 주셔서 우리가 하나님을 '아빠, 아버지'라고 부를 수 있게 하셨습니다. 그러므로 여러분 각 사람은 이제 종이 아니라 자녀입니다. 자녀이면, 하나님께서 세워 주신 상속자이기도 합니다."갈4:4-7

이것은 두 가지 변화를 의미한다. 우선, 그것은 법적인 지위의 변화를 의미한다. 하나님이 우리를 자신의 호적에 올려서 자녀로 삼으신 것이라볼 수 있다. 그러나 그것은 실제적인 변화와 효과도 수반한다. 하나님의 자녀가 되었고, 하나님을 아버지로 모신 가족공동체의 일원이 되었기 때문에 삶에서 그분의 자녀답게 살아가는 구체적인 변화도 일어나게 된다.

3) 하나님의 자녀가 되었다는 것은 큰 사랑을 입었다는 것을 의미한다

"아버지께서 우리에게 얼마나 큰 사랑을 베푸셨는지를 생각해 보십시오. 하나님께서 우리를 자기의 자녀라 일컬어 주셨으니 우리는 하나님의 자녀입니다." 요일3:1

그것은 어떤 사랑이었는가? 자신의 독생자를 우리를 대신해서 죽게 한 그런 사랑이었다.

"하나님께서 세상을 이처럼 사랑하셔서 외아들을 주셨으니, 이는 그를 믿는 사람마다 멸망하지 않고 영생을 얻게 하려는 것이다." 요3:16

2. 놀라운 신분의 변화: 다윗왕과 므비보셋 삼하9:6-11

그리스도 안에서 우리가 얻는 신분의 변화를 극적으로 보여주는 예가 다윗왕과 므비보셋의 이야기다. 삼하9:6-11 므비보셋은 다윗을 죽이려고 했던 사울왕의 가문원수의 가문에 속한 사람이었다. 사울왕 일가가 몰락하고 다윗이 왕이 되었을 때, 므비보셋은 자신도 죽게 될 것이라고 생각했다. 그러나 다윗은 그를 자신의 왕자와 동등하게 대우해 주었다. 거의 양자로 삼은 것과 마찬가지였다. 왜 다윗은 므비보셋에게 은혜를 베풀고 특권을 부여해 주었을까? 므비보셋에게 사랑 받을만한 어떤 이유가 있었기 때문이 아니었다. 다윗과 그의 아버지 요나단의 관계 때문이었다. 다윗이 요나단을 사랑했기 때문이었다. 다른 말로 하면, 므비보셋은 자신에게 있는 어떤 것 때문이 아니라 다른 사람아버지 요나단 덕택으로 양자의 특권을 누리게 된 것이다.

우리가 받은 은혜도 이와 비슷하다. 우리는 죽어 마땅한 자였지만, 예수 그리스도로 말미암아 하나님의 은혜를 받게 되었다. 그래서 하나님은 우리를 자신의 아들처럼 대우하기로 작정하셨다. 이것은 절대 우리가 잘해서가 아니었다. 예수 그리스도 덕분이다.

II. 하나님의 자녀가 된 '특권'

왕의 자녀가 되는 것은 엄청난 특권이라는 것을 우리는 잘 안다. 그렇다면 온 세상을 창조하신 주권자 하나님의 자녀가 되는 것은 더 말할 것도 없다. 그래서 사도 요한이 "그(예수님)를 맞아들인 사람들, 곧 그 이름을 믿는 사람들에게는, 하나님의 자녀가 되는 특권을 주셨다"요1:12고 말한 것이다. 그러면 하나님의 자녀가 되면 어떤 특권을 누리게 되는지 좀 더 구체적으로 생각해보자.

1. 하나님과의 친근한 관계

하나님은 창조자, 섭리자, 심판자, 주, 만왕의 왕과 같은 다양한 위치에서 우리와 관계를 맺으시지만, 그 중에서 가장 친근하고 사랑스러운 위치가 바로 아버지다. 이런 친근한 관계를 바울 사도는 '아바 아버지', 즉 '아빠'라고 부를 정도로 가까운 사이라고 묘사한다.롬8:15, 갈4:6 그래서 우리는 언제든지 담대하게 아버지 하나님께 나아가 교제를 나눌 수 있다. 바로 이런 연유로 예수님이 우리에게 기도를 가르쳐주실 때에도 다름 아닌 "하늘에 계신 우리 아버지"라는 부름으로 기도를 시작하게 하셨고, 그 이후의 모든 간구가 아버지와 자녀의 관계를 전제로 하는 것이다. 하나님은 우리에게서 멀리 떨어져 있는 무서운 분이 아니다. 그 분은 우리의 아버지, 아니 아빠이시다. 그래서 우리는 언제 어디서나 아빠를 찾아 만날 수 있고 친근한 교제를 나눌 수 있다. 이것은 다른 사람들은 누릴 수 없는 큰 특권이다.

2. 아버지는 우리의 필요를 채워주신다

하나님은 우리에게 아버지로서 약속해 주셨다, "너희가 악해도 너희 자녀에게 좋은 것을 줄 줄 알거든, 하물며 하늘에 계신 너희 아버지께서, 구하는 사람에게 좋은 것을 주지 아니하시겠느냐?"마7:11 이런 하나님을 직접 체험한 바울은 "자기 아들을 아끼지 않으시고, 우리 모두를 위하여 내주신 분이, 어찌 그 아들과 함께 모든 것을 우리에게 선물로 거저 주지 않으시겠습니까?"롬8:32라고 말하면서 하나님은 우리를 사랑하시는 아버지이기 때문에 자녀의 필요를 외면하지 않는다고 강조한다.

그렇다고 하나님이 우리가 원하는 모든 것을 다 주신다는 뜻은 아니다. 그런 부모는 나쁜 부모다. 사달라는 것 다 먹게 하는 부모, 하고 싶은 것 다 해 주는 부모, 먹고 싶은 것 다 사주는 부모는 결국 자식을 망치기 때문이다. 그것이 사랑의 행위가 아니라는 것을 우리는 잘 안다. 진정으로 좋은 부모는 자녀에게 지금 무엇이 필요한지, 인생을 길게 봤을 때 어떤 것을 주고 어떤 것을 주지 말아야 할지 잘 판단해서 주는 부모다. 하나님은 지금 우리가 요구하는 것을 들어주는 것이 좋을지, 그것을 지금이 아니라 나중에 주는 것이 좋을지, 아니면 그것을 주지 않는 것이 더 나을지 우리보다, 육신의 부모들보다 더 잘 아시는 분이다. 그런 판단 속에서 우리를 위해서 줄 것을 주시고 주지 말아야 할 것은 안 주시는 분이다. 우리를 진정으로 사랑하기 때문이다. 그래서 설령 우리가 원하는 것을 받지 못한다 할지라도 우리는 하나님 아버지께서 우리를 사랑하신다는 것을 안다. 왜냐하면 이미 하나님은 우리에게 가장 소중한 선물, 예수 그리스도를 내어주셨기 때문이다.

3. 하나님의 보호와 인도를 받는다

자식을 사랑하는 모든 아버지들은 자식을 바른 길로 인도하기를 원한다. 자식들이 잘 되기를 바라기 때문이다. 우리를 사랑하시는 아버지 하나님도 마찬가지다.

"주님은 나의 목자시니, 내게 부족함 없어라. 나를 푸른 풀밭에 누이시며 쉴 만한 물 가로 인도하신다. 나에게 다시 새 힘을 주시고, 당신의 이름을 위하여 바른 길로 나를 인도하신다. 내가 비록 죽음의 그늘 골짜기로 다닐지라도, 주님께서 나와 함께 계시고, 주님의 막대기와 지팡이로 나를 보살펴 주시니, 내게는 두려움이 없습니다."시23:1-4

그 길이 미지의 길이라고 할지라도, 또는 험한 길이라 할지라도 우리에게 필요한 것은 하나님을 따라가는 것이다. 그렇게만 한다면 우리는 가장 좋은 길로 갈 수 있을 것이다. 어떻게 이런 확신을 가질 수 있는가? 하나님은 온 세상을 창조하시고 주관하시는 주권자이시며 동시에 우리를 사랑하시는 아버지이기 때문이다. 그래서 바울은 이렇게 고백한다, "하나님을 사랑하는 사람들, 곧 하나님의 뜻대로 부르심을 받은 사람들에게는, 모든 일이 서로 협력해서 선을 이룬다는 것을 우리는 압니다."롬8:28 눈앞에 가시밭길이 나타난다 할지라도, 사막처럼 어디로 갈지 갈피를 잡을 수 없을지라도, 우리가 하나님을 신뢰하며 따라간다면 아버지 하나님은 결국 우리를 가장 선한 길로 인도하실 것이다.

4. 아버지 하나님의 징계를 받는다

징계를 받는다는 것을 부정적으로 생각할 수도 있지만, 실상은 정반대다. 우리의 아버지는 잘못된 길로 나가는 자녀들을 징계하기를 주저하지 않으신다. 그것은 미워하기 때문이 아니라 사랑하기 때문이다. 그러므로 우리가 징계를 받는 것은 역으로 우리가 하나님의 사랑을 받는 자녀라는 것을 증명해 주는 것이기도 하다. 이 점을 히브리서 저자는 분명하게 말한다.

"주님께서는 사랑하시는 사람을 징계하시고, 받아들이시는 아들마다 채찍질하신다. 징계를 받을 때에 참아내십시오. 하나님께서는 자녀에게 대하시듯이 여러분에게 대하십니다. 아버지가 징계하지 않는 자녀가 어디에 있겠습니까?" 히12:6-7

우리는 오히려 잘못을 해도 아무 징계도 없는 것을 두려워해야 한다. 하나님이 정말로 화가 나셔서 잠시 어떻게 하나 그냥 내버려두신 경우도 있고, 더 나쁜 경우에는 내가 완전히 하나님의 품을 떠난 것일 수도 있기 때문이다. 그러므로 우리는 하나님의 징계를 받을 때에 불평하지 말고, 오히려 그 속에 나타난 하나님의 사랑과 인도의 손길을 인식하고 감사해야 한다.

5. 하나님의 집에서 새로운 가족을 얻고, 새로운 공동체에 속하게 된다

비록 하나님이 창조하신 모든 인간들은 하나님의 형상을 가진 존재로서 마음이 맞는 사람끼리 서로서로 친근한 관계를 형성하지만 그렇다고 모두가 가족관계까지 가는 것은 아니다. 왜냐하면 죄로 인해 모두 하나님과의 관계가 끊어졌고 사람들과의 관계도 죄가 개입되면서 멀어졌기 때문이다. 그러나 그리스도의 속죄 사역으로 인해 다시 하나님의 자녀가 된 사람들은 영적인 가족 관계를 회복하게 된다. 그 가족 안에서 하나님은 아버지시고, 예수님은 우리의 큰 형님이요 큰 오빠가 되신다.

"거룩하게 하시는 분과 거룩하게 되는 사람들은 모두 한 분이신 아버지께 속합니다. 그러하므로 예수께서는 그들을 형제자매라고 부르시기를 부끄러워하지 않으셨습니다."^{히2:11}

그 결과 하나님의 집이요 친밀한 가족공동체인 교회에 속한 우리 모두는 형제자매가 되었다.^{롬1:13; 고전1:10; 약1:2; 마12:50; 딤전5:1-2; 요일2:9-10} 이런 관계를 맺는 가족 속에 들어가는 것은 마치 고아로 살다가 가족을 다시 찾은 것과 같은 기쁨이고 특권이다. 물론 새롭게 형성된 가족 구성원에 대한 의무도 생겨나지만 그것은 오히려 기쁨으로 질 수 있는 부담이다. 그러므로 우리는 그리스도 안에 있는 형제자매들을 사랑하고, 서로 돌보고, 책임지고, 서로 짐을 져 주면서 가족됨을 누린다.

6. 가장 큰 특권은 아직 오지 않았다

하나님의 자녀가 되면서 누리게 되는 완전한 특권은 그리스도의 재림과 더불어 주어질 것이다. 그때까지는 아직 하나님의 자녀로서의 특권을 충분히 누리지 못하고 간헐적으로, 부분적으로만 누릴 뿐이다. 사탄이 방해하고 있기 때문이다. 그러나 주님이 다시 오시면 우리는 아버지 보좌 옆에 그리스도와 함께 앉아서 세상을 다스리는 특권을 누리게 될 것이다.

"이기는 사람은, 내가 이긴 뒤에 내 아버지와 함께 아버지의 보좌에 앉은 것과 같이, 나와 함께 내 보좌에 앉게 하여 주겠다."^{계3:21}

"이기는 사람, 곧 내 일을 끝까지 지키는 사람에게는 민족들을 다스리는 권세를 주겠다."^{계2:26}

이것은 세상의 주권자 되시는 만왕의 왕 하나님의 자녀^{왕자와 공주}로서의 특권을 완전히 누리게 된다는 것을 상징적으로 표현한 것이다. 비록 지금은 세상에서 인정받지 못하고 내세울 것도 없는 미약하고 보잘 것 없는 존재로 살아가지만, 하나님의 자녀로서의 영광스러운 모습이 밝혀질 날이 올 것이다.

Ⅲ. 양자의 책임

하나님의 양자가 된 것은 축복이지만 동시에 책임을 요구한다. 우리의 아버지가 하나님이라는 것은 하나님의 자녀로서의 책임감을 갖고 하나님의 자녀답게 행동할 것을 요구하기 때문이다.

1. 하나님의 거룩하심을 닮은 자녀

바울은 우리가 하나님의 자녀가 되었다는 것을 언급한 후에 이렇게 권면한다, "그러므로 여러분은 사랑을 받는 자녀답게 하나님을 본받는 사람이 되십시오."엡5:1 사람은 종종 '그 애비에 그 자식'이라는 말을 한다. 이 말은 자식이 무언가를 잘할 때도 사용되고, 못할 때도 사용된다. 그러니까 그리스도인들이 잘못해서 아버지 하나님께서 모욕을 당하시게 할 수도 있고, 아니면 잘 살아서 하나님이 영광을 받으시게 할 수도 있다는 말이다.

세상에서 유명한 아버지의 어떤 자식이 불미한 일로 매스컴에 오르내리게 되면 그 아버지가 대중 앞에서 사죄하는 일이 가끔 일어난다. 이럴 때 대개 사람들은 그 자식의 이름이 무엇인지에 관심을 기울이지 않고 기억도 하지 못한다. 다만 유명인 누구의 자식이라고만 기억할 뿐이다. 자식의 잘못 때문에 아버지가 머리를 조아리면서 수모를 당하는 것이다. 이것은 기독교인들과 하나님 아버지와의 관계에서도 마찬가지다. 기독교인들이 욕먹을 짓을 하도 많이 하니까 세상 사람들은 기독교인을 비난하는 것을 넘어서 기독교 자체를 욕하고, 하나님이 없다고 주장하고, 하나님이 엉터리라고 욕하는 것이다.

반대로 그리스도인이 참된 사랑과 헌신의 모습을 보여줄 때 사람들은 그 사람을 통해서 하나님을 알게 되고, 하나님께 영광을 돌린다. 그래서 예수님은 "이와 같이 너희 빛을 사람에게 비추어서, 그들이 너희의 착한 행실을 보고, 하늘에 계신 너희 아버지께 영광을 돌리게 하여라."마5:16 하고 권고하셨다. 그러므로 우리는 "흠이 없고 순결해져서, 구부러지고 뒤틀린 세대 가운데서 하나님의 흠 없는 자녀가 되어야"빌2:15 한다.

2. 고난을 감내하는 삶

우리는 장차 그리스도와 함께 영광의 자리에 서게 될 것이다. 그러나 지금 이 땅에서는 아직 그 영광을 누리지 못한다. 오히려 그리스도가 고난을 받으셨던 것처럼 우리도 고난 받을 것을 예상하는 것이 정상이다. 그것이 '그리스도와 함께 공동 상속자'인 우리가 마땅히 취해야 할 태도라고 베드로는 말한다.

"바로 이것을 위하여 여러분은 부르심을 받았습니다. 그리스도께서는 여러분을 위하여 고난을 당하심으로써 여러분이 자기의 발자취를 따르게 하시려고 여러분에게 본을 남겨 놓으셨습니다."벧전2:21

그러나 우리가 현재 아무리 고난을 당한다고 해도 그것은 장차 우리에게 나타날 영광에 비할 바 못된다. 그래서 우리는 그 고난을 잠시 당하는 것으로 여기며 견딜 수 있다.

"자녀이면 상속자이기도 합니다. 우리가 그리스도와 함께 영광을 받으려고 그와 함께 고난을 받으면, 우리는 하나님이 정하신 상속자요, 그리스도와 더불어 공동 상속자입니다. 현재 우리가 겪는 고난은, 장차 우리에게 나타날 영광에 견주면, 아무것도 아니라고 나는 생각합니다."롬8:17-18

"믿음의 창시자요 완성자이신 예수를 바라봅시다. 그는 자기 앞에 놓여 있는 기쁨을 내다보고서, 부끄러움을 마음에 두지 않으시고, 십자가를 참으셨습니다. 그리하여 그는 하나님의 보좌 오른쪽에 앉으셨습니다."히12:2

육체의 욕망과 눈의 욕망과 세상 살림에 대한 자랑을 따르지 않고 하나님나라와 의를 먼저 구하면서 사는 자에게는요일2:16 이 세상에서 영광과 번영이 아니라 고난이 기다리고 있다. 그러나 그 고난은 역설적으로 우리가 하나님의 자녀라는 것을 증거해 주는 것이며, 하나님나라에서 큰 영광을 상속받게 된다는 것을 보증해 주는 것이다.

제12장 · 성화 Sanctification

"그러므로, 사랑하는 여러분, 여러분이 언제나 순종한 것처럼, 내가 함께 있을 때뿐만 아니라, 지금과 같이 내가 없을 때에도 더욱 더 순종하여서, 두렵고 떨리는 마음으로 자기의 구원을 이루어 나가십시오." 빌2:12

I. 구원은 '과정'이다

1. 구원에 대한 오해

1) 칭의에 대한 오해

하나님은 죄로 죽었던 우리들을 성령의 능력으로 다시 살리시고, 하나님의 법정에서 그리스도의 대속의 죽음을 통해 의로운 자로 인정해 주셨다. 이것을 '의롭다 하심을 받음'칭의이라고 한다는 것을 이미 살펴보았다. 이 칭의에 대해서 사람들은 종종 두 가지 오해를 한다.

하나는, 칭의는 과거 일회적인 차원의 구원 역사라고 생각하는 것이다. 우리가 칭의를 다룬 장에서 살펴보았듯이, 칭의는 과거의 일회적인 사건만은 아니다. 그것은 현재와 미래의 차원도 내포하는 것이며, 그래서 우리는 의롭다 함을 받았지만 또한 의로운 자가 되어야 하고, 종말에 완전히 의로운 자로 최종 판결을 받아야 한다.

두 번째 오해는, 의롭다는 인정을 받음으로 모든 구원이 완전히 이루어진 것처럼 생각하는 것이다. 칭의를 일회적이고 순간적이며 최종적인 변화라고 생각하는 것이다. 칭의를 받음으로 우리를 구원하려는 하나님의 목적이 다 이루어진 것처럼 생각하는 것이다. 흔히 하는 표현을 빌리자면, 칭의를 통해 천국행 티켓이 완전히 확보되었다고 생각한다. 그러나 이것은 구원에 대해 오해한 것이다. 하나님의 구원 계획은 훨씬 더 포괄적이다. 하나님은 단지 죄의 정죄로부터 구해내기 위해 우리를 살리신 것이 아니라 영광스럽고 거룩한 하나님의 자녀로 만들기 위해 구원하셨다. 이 점에 대해 바울은 이렇게 말한다, "하나님은 그리스도 안에서 우리를 상속자로 삼으셨습니다. 이것은 모든 것을 자기의 원하시는 뜻대로 행하시는 분의 계획에 따라 미리 정해진 일입니다. 그것은 그리스도께 맨 먼저 소망을 둔 우리로 하여금 하나님의 영광을 찬미하는 사람이 되게 하시려는 것이었습니다."엡1:11-12

2) 칭의와 거듭남은 구원과정의 시작점이지 완성지점이 아니다.

바울은 "하나님에게서 오는 의를 얻으려고" "목표점을 바라보고 달려가고" 있다고 말한다.빌3:9, 14 빌립보서 1장 6절도 구원의 현재와 미래적 차원을 담고 있다. "선한 일을 여러분 가운데서 시작하신 분께서 그리스도 예수의 날까지 그 일을 완성하시리라고, 나는 확신합니다." 하나님께서 구원과정을 시작하셨고 그것의 완성은 그리스도가 다시 오시는 날 이루어진다는 말이다. 그래서 우리는 "더욱 더 순종하여서, 두렵고 떨리는 마음으로 자기의 구원을 이루어 나가라"빌2:12는 권면을 받는다.

여기서 우리는 구원이 한 순간에 결정되는 것이 아니라 일련의 '과정'이라는 것을 알게 된다. 구원은 과거에 이루어졌고, 지금 이루어지고 있고, 또한 앞으로 온전하게 이루어질 것이다. 이렇게 구원은 과거와 현재와 미래적 차원을 모두 포함한다.

2. 성화

1) 구원의 현재적 차원

칭의가 구원의 과거적 측면, 혹은 출발적 측면을 좀 더 강조하는 의미를 담고 있다면, 구원의 현재적 차원이나 과정적 차원, 즉 구원을 이루어 나가는 과정을 좀 더 강조하는 것이 '성화' 혹은 '성장'이다. 이것은 우리가 하나님의 거룩하심을 본받아 거룩하게 되어가는 것을 의미하는 표현이다.

베드로의 다음과 같은 권면이 바로 이것을 의미한다, "여러분을 불러주신 그 거룩하신 분을 따라 모든 행실을 거룩하게 하십시오. 성경에 기록하기를 "내가 거룩하니 너희도 거룩하여라" 하였습니다."벧전1:15-16 마찬가지로 히브리서 저자도 "거룩하게 살기를 힘쓰라"히12:14라고 권면한다. 비록 새 생명을 얻었고 하나님의 법정에서 의롭다는 선언을 받았지만 우리는 아직 내면적으로는 하나님의 자녀다운 모습을 갖추지 못한 상태다. 하나님은 단지 우리를 살리는 것뿐만 아니라 거룩하고 그리스도를 닮은 온전한 자로 성장시키기 위해서 구원과정을 시작하셨다. 그러므로 우리는 거듭난 후에 하나님이 의도하신 거룩한 모습을 이루어가야 한다.딛3:5

2) 구원을 이루는 과정

이처럼 신약성경 대부분에서 거룩해지기 위해 노력하라는 권면을 수도 없이 발견한다. 성화는 단번에 이루어지는 것이 아니라 평생 동안 지속적인 노력을 통해 달성될 수 있는 것이기 때문이다.

그러나 성화의 과정을 등한시하면서 칭의에만 머무른다면 구원을 시작하였으되 가다가 중단하는 것과 같다. 우리는 구원의 씨앗을 받아서 그냥 묻어두는 것이 아니라 거름도 주고 해충도 제거하면서 열매를 맺도록 노력해야 한다. 이와 같은 성장의 과정이 없다면 그 씨앗은 말라 죽게 될 것이다. 비록 처음에는 살아있는 생명으로 싹을 틔웠지만 제대로 가꾸지 않았을 때 죽어버리고 마는 것과 마찬가지다. 이처럼 거룩하게 되는 성장의 과정은 구원을 이루는 데 필수적이다.

3. 영화

이렇게 성화와 성장의 과정이 순조롭게 이루어진다면 우리는 세상 끝날에 예수님을 닮은 모습으로 완전히 변화되어 영광스럽게 될 것이다. 이것을 '영화'라고 한다.

"그러나 우리의 시민권은 하늘에 있습니다. 그곳으로부터 우리는 구주로 오실 주 예수 그리스도를 기다리고 있습니다. 그분은 만물을 복종시킬 수 있는 권능으로, 우리의 비천한 몸을 변화시키셔서, 자기의 영광스러운 몸과 같은 모습이 되게 하실 것입니다."빌3:20-21

"우리는 모두 너울을 벗어버리고, 주님의 영광을 바라봅니다. 이렇게 해서, 우리는 주님과 같은 모습으로 변화하여, 점점 더 큰 영광에 이르게 됩니다."고후3:18

"죽은 사람들의 부활도 이와 같습니다…흙으로 빚은 그 사람의 형상을 우리가 입은 것과 같이, 우리는 또한 하늘에 속한 그분의 형상을 입을 것입니다."고전15:42, 49

이것은 주님께서 다시 오실 때에 이루어질 일이다.

"마지막 나팔이 울릴 때에, 눈 깜박할 사이에, 홀연히 그렇게 될 것입니다. 나팔소리가 나면, 죽은 사람은 썩어 없어지지 않을 몸으로 살아나고, 우리는 변화할 것입니다."고전15:52

비록 우리가 이 땅에서 거룩하게 되기 위해 애를 쓰지만 사탄의 방해로 인해 우리가 원하는 만큼 진보를 이루지 못한다. 계속해서 실패하고 좌절하는 것이 일상이다. 그러나 우리가 포기하지 않고 소망을 가지고 인내하면서 성령에 의지하여 이 과정을 지속한다면, 주님께서 다시 오실 때 완전히 변화되어 영광스러운 모습으로 나타날 것이다. 그때에야 비로소 하나님이 의도하신 진정한 구원이 완성된다.

그러므로 구원은 순간이 아니라 과정이라는 것을 기억하는 것이 중요하다. 비록 회심과 중생의 순간에 급격한 변화가 일어나서 예수를 알지 못하던 때와는 현격히 다른 모습이 되지만, 그것이 구원의 끝이나 완성은 절대 아니다. 구원은 칭의로부터 시작해서 성장의 과정을 거쳐 영화로운 모습으로 변하게 되는 것으로 마무리되는 평생에 걸친 과정이다.

이번 장에서는 구원의 과정 중에서 거룩하게 되어가는 '성화' 혹은 '성장'에 대해 좀 더 깊이 생각해볼 것이다.

Ⅱ. 성화의 영역

우리는 어떤 부분이 성장하여 거룩하게 되어 가야 하는가?

1. 거룩한 삶

1) 두 가지 권면

바울은 육체에 속한 삶과 성령을 따르는 삶을 비교하면서 육체의 욕구를 따르는 과거의 삶에서 떠나서 성령을 따르는 거룩한 삶으로 변해가라고 권면한다.

"육체의 행실은 환히 드러난 것들입니다. 곧 음행과 더러움과 방탕과 우상숭배와 마술과 원수맺음과 다툼과 시기와 분냄과 분쟁과 분열과 파당과 질투와 술 취함과 흥청망청 먹고 마시는 놀음과, 그와 같은 것들입니다. 내가 전에도 여러분에게 경고하였지만, 이제 또다시 경고합니다. 이런 짓을 하는 사람들은 하나님의 나라를 상속받지 못할 것입니다. 그러나 성령의 열매는 사랑과 기쁨과 화평과 인내와 친절과 선함과 신실과 온유와 절제입니다. 이런 것들을 막을 법이 없습니다."갈5:19-23

베드로는 거룩한 하나님의 성품을 본받는 가운데 "모든 행실을 거룩하게 하라"벧전1:14-16고 권면하면서 그것의 구체적인 예를 제시하고 있다.

"그러므로 여러분은 열성을 다하여 여러분의 믿음에 덕을 더하고, 덕에 지식을 더하고, 지식에 절제를 더하고, 절제에 인내를 더하고, 인내에 경건을 더하고, 경건에 신도 간의 우애를 더하고, 신도 간의 우애에 사랑을 더하도록 하십시오."벧후1:5-7

2) 오해

사람들은 종종 '거룩하다'는 것을 종교적인 의미로만 생각하는 경향이 있다. 그래서 찬양할 때의 모습, 성경을 읽는 모습, 기도하는 모습 등, 종교적 행위와 관련된 모습을 거룩함으로 생각한다. 또는 온화한 표정, 근엄한 표정, 진중한 걸음걸이, 차분한 목소리처럼 어떤 외양을 거룩과 연관 짓는 경우도 많다.

그러나 바울과 베드로가 말하고 있는 거룩은 그런 종교적인 모습이 아니다. 그보다는 사람의 내면적 인격과 일상에서 실제로 살아가는 모습 가운데 거룩함의 표지를 찾는다. 그것은 한 마디로 말해서, 우리의 인격 전체가 그리스도를 닮은 모습으로 변해가야 한다는 것과 같다. 생각과 감정과 의지와 성품이 모두 하나님을 드러낼 수 있는 모습으로 변해가야 한다. 그것이 바로 성화되는 과정이다.

2. 전인격의 성화

1) 지정의의 성장

성장은 전인격적인 차원에서 총체적으로 일어나야 한다. 우선 우리는 지적인 변화를 이루어가야 한다. 그러기 위해서는 하나님의 뜻을 배워서 깨닫고 알아가야 한다. 그런 지식을 통해서 우리의 가치관이 변하고 생각이 바뀐다. 무엇이 인생에서 가치 있는 것인지, 무엇이 소중한 것인지, 무엇이 의미 있는 것인지, 무엇이 성공적인 삶인지, 사회에서 무엇이 가장 중요한 것인지, 교육은 어떤 사상의 토대에서 이루어져야 하는지 등, 살아가면서 부딪히는 온갖 문제들에 대해서 하나님의 생각을 분별하고 그 생각에 나의 생각을 맞추려고 노력하는 것이 거룩하게 되는 것이다.

우리의 감성, 느낌도 성장해야 한다. 즉 '감성의 성화'가 일어나야 한다. 하나님이 창조하신 세상의 아름다움을 느낄 수 있어야 하고, 다른 사람들과 함께 살아가는 기쁨을 느낄 수 있어야 하고, 고통당하는 사람의 아픔을 공유할 수 있어야 하고, 억울한 사람의 심정을 공감할 수 있어야 한다. 하나님과 다른 사람들, 그리고 세상만물과의 교감 능력을 키우는 것이 바로 거룩하게 되는 것이다.

이러한 지적이고 감성적인 성장은 행동의 변화로 열매를 맺어야 한다. 옳다고 배우고 느꼈다면 움직여야 한다. '행동의 성화'가 일어나야 한다. 손해 볼까 두려워서, 안정적인 삶을 흔드는 것이 귀찮아서, 희생이 무서워서 행동하지 않는다면 변화는 일어날 수 없다.

이처럼 거룩하게 되는 것은 사람의 생각과 감정과 행동에서 구체적인 변화가 일어나서 그리스도의 형상이 드러나는 것을 의미한다.

2) 성품의 성장

또한, 성장은 성품의 변화를 통해 성령의 열매를 맺는 것이다. 사랑, 기쁨, 화평, 인내, 자비, 선함, 신실함, 온유, 절제.

유례없이 많이 것이 풍성해진 시대를 살고 있는 현대인들에게 절제는 어려운 과제다. 과체중인데도 먹는 것을 조절하지 못한다. 음주, 흡연, 쇼핑, 게임, 스포츠 등에 과도하게 몰두한다. 재정적 압박이 있음에도 소비 규모를 줄이지 못하고, 해야 할 일이 있는데도 TV 드라마나 스포츠를 보고자 하는 유혹이나 게임을 하려는 유혹을 이기지 못한다. 성화된다는 것은 삶의 여러 영역에서 성령의 열매 중 하나인 절제의 열매를 맺는 것을 의미한다.

사람들은 약속을 해놓고도 자기에게 손해가 되는 일이 발생하면 쉽게 약속을 깨버린다. 또는 맡은 일은 무슨 일이 있어도 감당하기 위해 최선의 노력을 기울이기보다는 대충 상황만 모면하려고 한다. 신실함의 열매를 맺지 못하는 것이다. 거룩하게 된다는 것은 다른 사람이나 하나님과의 관계에서 신실한 모습을 보여주는 것이다.

그리스도인이 성장한다는 것은 참아야 할 상황에서 더 잘, 더 오래 참는 것을 의미한다. 화평을 이루기 위해 애쓰는 자가 되고, 자비를 베풀며, 착하고 온유한 성품을 드러내는 것을 의미한다. 이처럼 성령의 열매가 실생활에서 나타나는 것이 바로 거룩하게 되는 것이다.

3. 어떤 태도가 필요한가?

거룩한 모습으로 성장하기 위해서는 노력이 필요하다. 그래서 베드로는 '열성을 다하여'^{벧후1:5-7} 성장에 힘쓰라고 권면한다. 바울 역시 육상 경기에서 '달려간다'는 이미지를 사용해서 성화되려는 자신의 노력을 표현한다. ^{빌3:14} 열성을 다한다는 것은 치열한 훈련을 한다는 것을 의미한다,

"경건함에 이르도록 몸을 훈련하십시오."딤전4:7-9

 훈련은 힘들다. 힘들지 않은 훈련은 없다. 쉬운 것은 훈련이 아니다. 훈련은 자연스럽게 저절로 되지 않는 것을 몸에 익숙하도록 만들기 위해 노력하는 것이다. 그래서 어렵고 힘든 것이 정상이다. 어쩌면 어려울수록 제대로 된 훈련을 하는 것인지도 모른다. 자기 분야에서 어떤 목표를 성취한 거의 모든 운동선수들도 훈련이 너무 힘들어서 중간에 포기하고 싶을 때가 많다고 고백하는 것도 그런 이유일 것이다.

 영적 훈련도 마찬가지다. 쉽게 신앙 생활을 하고 싶을 때가 많이 있다. 세상 사람들 속에 묻혀서 별로 튀지 않게 살면 좀 더 편하게 살 수 있을지 모른다. 타고난 성품 그대로 살아가는 것이 편하지 그것을 바꾸려는 것은 참으로 힘든 일이다. 하나님나라와 의를 위하여 고난을 감수하면서도 버티려는 것은 고된 일이다. 그러나 포기하려는 마음을 이겨야 한다. 그리고 훈련에 매진해야 한다. 하나님의 부르심을 따라 거룩한 자로 성장하기 위해서 훈련해야 한다. 훈련이 고될수록 제대로 된 훈련을 받고 있다고 여기면서 구원을 이루기 위해 애써야 한다.

 훈련은 고되지만 그 열매는 달다. 고된 훈련은 멋진 상급을 가져다준다는 것을 알기에 인내하면서 애쓰는 것이다. "경건 훈련은 모든 면에 유익하니, 이 세상과 장차 올 세상의 생명을 약속해 줍니다."딤전4:8 훈련은 그리스도를 닮은 거룩한 모습을 우리에게 가져다 줄 것이다.

Ⅲ. 성화의 주체

1. 우리의 역할

구원의 과정은 죄로 죽었던 우리를 그리스도의 대속의 죽음과 성령의 살리시는 역사를 통해 시작되었다. 이런 구원의 기초를 마련하기 위해서 우리가 한 일은 아무 것도 없다. 하나님이 먼저 손을 내미시고 우리에게 생명을 주셨기에 우리는 죽음에서 살아났고 구원을 완성하는 과정을 시작하게 되었다.

그러나 이제 구원을 이루어가는 과정에서 하나님은 우리의 역할이 있다고 말씀하신다. 물론 이 과정에서도 하나님이 선도적으로 주된 역할을 하시지만, 인간도 능동적으로 자신에게 요구되는 역할을 감당해야 한다. 하나님은 우리가 거룩한 자가 되기 위해서 할 수 있는 최선의 노력을 기울이기를 원하신다. 거룩하게 되는 성장은 절대 저절로 이루어지지 않는다. 우리가 아무 것도 하지 않으면 마치 아무 것도 먹지 않은 어린아이와 같은 꼴이 된다. 우리는 하나님이 우리 안에 주신 거룩함의 씨앗을 잘 키워나가야 한다. 그것이 바울이 말한 대로 "구원을 이루어나가는"빌2:12, "사랑하는 여러분…더욱 더 순종하여서, 두렵고 떨리는 마음으로 자기의 구원을 이루어 나가십시오" 것이다.

성경은 수많은 곳에서 우리에게 거룩한 삶을 살고 의로운 행실을 하라고 촉구한다. 그것은 우리의 책임이라는 것이다.

"모든 사람과 더불어 화평하게 지내고, 거룩하게 살기를 힘쓰십시오."히12:14

"하나님의 뜻은 여러분이 성결하게 되는 것입니다. 여러분은 음행을 멀리하여야 합니다."살전4:3

이 모든 말씀은 거룩하게 되라는 하나님의 뜻을 성취하기 위해 우리가 구체적인 노력을 해야 한다는 것이다.

2. 하나님의 도우심

거룩한 자가 되어 구원을 이루려면 우리가 노력을 기울여야 하지만, 하나님은 우리가 혼자 힘으로 이 일을 하도록 내버려두지 않으신다. 이 과정에서 하나님, 특별히 성령님이 우리를 도우실 것이다.

"내가 또 말합니다. 여러분은 성령께서 인도하여 주시는 대로 살아가십시오. 그러면 육체의 욕망을 채우려 하지 않을 것입니다."갈5:16

"성령께서도 우리의 약함을 도와주십니다."롬8:26

우리는 잘못된 몸의 행실을 죽여야 한다. 그리스도를 본받아 거룩한 행실을 하도록 노력해야 한다. 그것은 우리의 책임이다. 그러나 우리 자신의 힘만으로 그것을 성취할 수는 없다. 성령님이 도와주셔야 한다. 우리가 결단하면서 이러한 시도를 할 때 성령님이 힘을 주신다. 그 결과 우리 안에서 "선한 일을 시작하신 분께서 그리스도 예수의 날까지 그 일을 완성"빌1:6하실 것이다.

이처럼 성화를 향한 성장은 우리가 애써야 하는 과제이지만 하나님은 그 과정에서 필요한 도움을 충분히 공급해 주실 것이다.

Ⅳ. 성화의 동력

하나님은 우리가 성화를 이루기 위해 애쓸 때 못 본체 내버려두지 않으시고 도움이 되는 동력이나 수단을 제공해 주신다.

1. 하나님의 말씀과 기도

예수님은 이렇게 말씀하셨다. "예수께서 대답하셨다. 성경에 기록하기를 '사람이 빵으로만 살 것이 아니라, 하나님의 입에서 나오는 모든 말씀으로 살 것이다' 하였다."마4:4 사람이 하나님 안에서 살아가는 것, 그리스도를 본받아 거룩하게 되는 데에 가장 기초가 되는 것은 하나님의 말씀이다. 또한, 바울은 우리가 하나님의 전신갑주를 입어 악마의 간계에 맞서고 온전하게 설 수 있으려면 "온갖 기도와 간구로 언제나 성령 안에서 기도"엡6:18하는 것이 필요하다고 말한다.

너무나 기본적이어서 진부한 권면이라고 생각할지 모르지만, 한국 사람들에게 밥이 기본적인 음식이듯이'밥심' 하나님의 말씀과 기도는 그리스도인을 성장시키는 가장 기본적인 도구다. 그러므로 이것을 소홀히 할 때 그리스도인이 제대로 성장할 수 없다는 점은 분명하다. 우리가 진정으로 성장하기를 원한다면 말씀과 기도 생활을 게을리 해서는 안 된다.

2. 공동체

하나님이 우리를 성화시키기 위해 제공해 주신 또 다른 동력은 공동체다. 하나님은 우리를 불러서 자신의 자녀로 삼으신 후에 교회라는 공동체 속으로 들어가게 하신다. 왜냐하면 하나님나라의 가치관을 체화하면서 거룩하게 변화되는 데 있어서 공동체는 매우 중요한 역할을 하기 때문이다. 우리는 공동체 안에서 교제하고, 자극을 주고받고, 권면하고, 경책하면서 성장한다.

히브리서 저자는 "어떤 사람들의 습관처럼, 우리는 모이기를 그만하지 말고, 서로 격려하여 그 날이 가까워 오는 것을 볼수록, 더욱 힘써 모이자"히10:25고 권한다. 모이는 이유가 무엇인가? 24절에서 말하고 있는 것처럼 "서로 마음을 써서 사랑과 선한 일을 하도록 격려"하기 위한 것이다. 홀로 떨어져 있으면 세상의 흐름을 거스르고 물줄기를 바꾸어 놓기는커녕, 물 흐르는 대로 휩쓸려가기 십상이다. 하나님이 원하시는 사랑과 선행의 삶을 사는 것은 쉽게 포기해버리고 만다. 함께 있어야, 그래서 서로 격려하고 도전을 줘야 거룩한 삶을 살 용기와 힘을 얻게 된다.

또한, 바울은 "부르심에 합당하게" 사는 법은 공동체 안에서 "겸손함과 온유함으로 깍듯이 대하고" "오래 참음으로써 사랑으로 서로 용납하고" "성령이 여러분을 평화의 띠로 묶어서, 하나가 되게 해 주신 것을 힘써 지키는 것"엡4:1-3이라고 말한다. 그렇게 할 때 공동체가 거룩하게 세워지면서 그 안에 속한 우리도 점차 거룩해진다. 엡4:16, "온 몸은 머리이신 그리스도께 속해 있으며, 몸에 갖추어져 있는 각 마디를 통하여 연결되고 결합됩니다. 각 지체가 그 맡은 분량대로 활동함을 따라 몸이 자라나며 사랑 안에서 몸이 건설됩니다"

하나님의 의도는 우리가 외딴 곳에 떨어져서 혼자 성화의 삶을 살려고 노력하는 것이 아니라 교회 공동체와 더불어서 서로 가르치고 경책하고 격려하고 지지하면서 함께 거룩한 삶을 살도록 노력하는 것이다. 그렇게 할 때 우리 각자뿐만 아니라 그리스도가 피값을 치르고 사신 공동체 역시 거룩해진다. 우리의 성품을 개발하고, 하나님나라의 가치관을 체화하는 데 있어서 교회 공동체는 매우 중요한 역할을 한다. 우리를 좌절시키려는 세속의 공격이 심할수록 혼자의 힘으로 이 작업을 하는 것은 더 힘들어진다. 그래서 하나님은 우리에게 공동체를 주신 것이다. 공동체 속에서 공동체와 함께할 때, 거룩하게 되려는 우리의 노력이 실제로 결실을 맺을 수 있기 때문이다.

V. 성화의 기쁨

성화의 과정은 천로역정을 가는 기독도가 겪는 것처럼 수많은 어려움을 넘어가야 하는 것이지만, 그 고생을 상쇄하고도 남는 기쁨과 유익을 가져다준다.

1. 우리가 얻는 유익

우리가 성화되어감에 따라 점차 예수님이 약속하신 "더 풍성한 생명"을 누리게 될 것이다. 요10:10, "나는, 양들이 생명을 얻고 또 더 넘치게 얻게 하려고 왔다" 생명을 가까스로 영위하는 정도가 아니라 생명의 역동성을 누리고 성령의 능력을 체험하면서 하나님이 주신 생명이 얼마나 아름답고 고귀하고 찬란한 것인지를 알게 된다.

또한, 우리는 이 세상이 주지 못하는 참된 평화와 기쁨을 누리게 될 것이다. 롬14:17, "하나님의 나라는 먹는 일과 마시는 일이 아니라, 성령 안에서 누리는 의와 평화와 기쁨입니다" 비록 우리가 이 땅에서 물질적으로 풍성하지 못하고 높은 지위와 명성을 얻지는 못해도, 그런 것들이 결코 줄 수 없는 평화와 기쁨을 누리게 될 것이다.

더 나아가서 우리는 그리스도를 닮은 자라는 가장 영광스러운 칭송을 받게 될 것이며, 그런 모습은 다른 사람들에게 아름다운 모범이 될 것이다.

2. 하나님께 영광

우리가 거룩한 모습이 되어갈 때 무엇보다 자랑스러운 것은 우리의 삶을 통해 하나님이 영광을 받으신다는 사실이다.

"이와 같이, 너희 빛을 사람에게 비추어서, 그들이 너희의 착한 행실을 보고, 하늘에 계신 너희 아버지께 영광을 돌리게 하여라." 마5:16

"예수 그리스도께서 주시는 의의 열매로 가득 차서 하나님께 영광과 찬양을 드리게 되기를, 나는 기도합니다."빌1:11

하나님을 기쁘시게 하고, 우리의 아버지이신 하나님의 영광을 가장 잘 드러내는 것은 그리스도인이 놀라운 기적을 행하거나 엄청난 업적을 쌓을 때가 아니라, 하나님을 닮아 거룩한 삶을 살아갈 때이다. 그러므로 우리가 구원자 되신 하나님을 사랑한다면, 그래서 하나님의 이름이 높이 들리기를 원한다면, 거룩한 자가 되기 위해 더욱 애쓰는 것이 마땅하다.

제13장 · 성령 충만

"우리가 성령으로 삶을 얻었으니, 우리는 성령이 인도해 주심을 따라 살아갑시다." 갈5:25

Ⅰ. 역동적인 그리스도인의 비결, 성령 충만

많은 그리스도인이 고민하는 것 중 한 가지는, 하나님의 은혜를 받아 그리스도인이 되었음에도 기대한 만큼 역동적인 삶을 살지 못한다는 것이다. 성경에 나오는 믿음의 사람들의 이야기를 들으면 자신도 그들처럼 세상의 유혹에 굴복하지 않고 성령이 주시는 능력으로 살고 싶지만, 현실에서는 전혀 그렇지 못한 자신의 모습을 보면서 자괴감을 느끼기도 한다. 이때 바울의 고백은 바로 나의 심정을 대변해 주는 것처럼 들린다, "나는 선을 행하려는 의지는 있으나, 그것을 실행하지는 않으니 말입니다. 나는 내가 원하는 선한 일은 하지 않고, 도리어 원하지 않는 악한 일을 합니다." 롬7:18-19 때로는 마음이 원하는 것과는 다른 삶의 모습을 보면서 "마음은 원하지만, 육신이 약하구나!" 마26:41라는 예수님의 말씀이 딱 자신을 향한 말씀이라는 생각이 든다. 이런 상태가 지속되면 점차 거룩한 삶을 살려는 갈망 자체가 사라지기도 한다. 그 결과 그리스도인이 된 후 오랜 세월이 흘러도 아무런 영적 진보를 이루지 못한다. 그러다보면 신앙생활이라는 것이 너무 일상화되어서 지루하기도 하고, 점점 더 흥미를 잃기도 한다.

그러나 주변을 돌아보면 상당히 역동적인 신앙인의 모습을 보여주는 사람들을 만나게 된다. 그들은 외적인 상황이 별로 좋지 않아도 하나님께 감사하는 마음을 잃지 않는다. 가진 것은 별로 없어도 풍성하게 나눠주는 삶을 산다. 바쁘고 힘겨운 일상 속에서도 다른 사람들을 섬기는 일을 중단하지 않는다. 그들의 모습을 보면 마치 성경에 나오는 역동적인 그리스도인들의 모습을 보는 것 같다. 스데반, 빌립 집사, 바나바, 그리고 브리스길라와 아굴라 부부와 같은 사람들.

이들의 공통점은 무엇일까? 성경을 잘 살펴보면 이들은 모두 성령에 충만한 사람들이었다는 것을 발견한다. 행2:4, 4:31, 6:3, 5, 7:55, 9:17, 11:24, 13:9 그렇다! 역동적인 그리스도인의 삶의 비결은 '성령 충만'이다. 반대로, 그리스도인이 세상과 거의 구별되지 않는 모습으로 전락하는 주된 이유는 성령으로 충만하지 않기 때문이다. 실제로 성경은 우리들 모두에게 성령으로 충만하라는 명령을 하고 있다. "성령의 충만함을 받으십시오."엡5:18 그러므로 우리가 역동적인 신앙의 삶을 살기 위해서는 다른 무엇보다도 성령으로 충만해야 한다. 성령 충만 없이는 그리스도를 본받아 지속적으로 성장할 수 없다. 성령 충만 없이는 하나님나라를 위해 헌신하는 삶을 살기 어렵다. 성령 충만 없이는 다른 사람들을 섬기고 공동체를 세우는 삶을 살기 어렵다.

그러면 과연 성령으로 충만해진다는 것은 무엇을 의미하는 것일까? 알 듯하기도 하고 아리송하기도 한 이 개념에 대해 좀 더 깊이 생각해보자.

II. '성령 충만'에 대한 바른 이해

1. 가득 채워지는 것

'충만'을 의미하는 헬라어 단어는 세 가지다. '핌플레미'πιμπλημι, '플레로오'πληροω, '플레레스'πληρης. 이 단어들은 모두 같은 의미를 표현하고 있는

데, 그것은 어떤 것으로 '가득 채워진다'는 뜻이다. 가득 채워지는 내용은 물질일 수도 있고 정신적인 것일 수도 있다. 우리가 물질적인 그릇이 아니고 성령 역시 물질이 아니기 때문에, '성령 충만'을 어떤 물질적인 것이 우리 안에 공간적으로 가득 채워지는 것으로 이해하기보다는, 이것을 비유적으로 이해해서 정신적이고 영적인 것으로 가득 채워지는 것으로 이해하는 것이 옳을 것이다.

어떤 사람을 악으로 충만한 사람이라고 하면, 그 사람이 생각하는 것이나 행동하는 것이 악한 것으로 가득 차 있다고 말하는 것이다. 성령으로 충만한 사람도 생각이나 행동이 성령에 의해 깊이 영향을 받는 것이라고 이해할 수 있다.

2. 성령 충만은 성령의 지배다

이것은 에베소서 5장 18절에서 술 취하는 것과 성령으로 충만한 것을 비교하는 것에서도 잘 드러난다. 술에 취하면 술로 가득 채워져서 결국 술이 사람을 지배하는 것처럼, 성령으로 충만한 사람은 성령으로 가득 채워져서 성령의 지배를 받는다. 그래서 성령 충만하다는 것은 나 자신이 주인이 되어 판단하고 행동하지 않고, 다른 어떤 것의 지배를 받지도 않고, 성령의 지배 아래 있으면서 성령이 이끄시는 대로 생각하고 행동한다는 뜻이다. 성경은 이것을 "성령의 인도하심을 따라 사는 것"으로 표현한다.^갈 5:16, 18, 25; 롬8:14

3. 오해

성령 충만이 의미하는 것을 잘 이해하려면 먼저 그것이 의미하지 않는 것을 파악하는 것이 중요하다. 실제로 한국 교회에는 성령 충만에 관해서 몇 가지 오해가 만연해 있다.

어떤 사람들은 신비적인 체험을 성령 충만으로 생각하고 그것을 '성령 세례'와 똑같은 것으로 생각한다. 그러나 '성령 세례'는 그리스도를 영접할 때 모든 사람들에게 주어지는 것으로 영적인 할례와 비슷한 것이며, 성령 충만과는 다르다. 다시 말해서, 성령으로 세례를 받았다고 해서 성령 충만한 것은 아니다.

또한, 성령의 특별한 은사를 받아서 놀라운 기적을 행한다고 모두 성령 충만한 것은 아니다. 예를 들어, 고린도교회 성도들은 다양한 성령의 은사를 받았지만 바울은 그들이 여전히 '육에 속한 사람들'이라고 지적하고 있다. 고전3:3

마지막으로, 방언을 말하는 것은 성령 충만하다는 증거가 아니며, 성령 충만하다고 해서 반드시 방언을 말하게 되는 것도 아니다. 방언도 성령이 주시는 은사의 하나일 뿐이라는 것을 기억해야 한다. 고전12:10

Ⅲ. 성령 충만한 모습

이미 설명한 대로, 성령 충만은 성령의 지배와 인도하심을 받는 것이다. 이제는 성령의 지배를 받는 사람, 즉 성령 충만한 사람이 보여주는 모습이 어떤 것인지 생각해보자. 이를 위해서 먼저 필요한 것은 성령이 어떤 분이고 우리 속에서 무슨 일을 하시는지 이해하는 것이다. 그럴 때 비로소 성령으로 충만한 것이 어떤 모습일지 파악할 수 있다.

1. 하나님의 말씀의 영

성령은 하나님의 말씀의 영이다. 성령은 성경을 기록하게 하신 분이고, 성경을 깨닫게 하시는 분이다.

"모든 성경은 하나님의 영감으로 된 것으로서."딤후3:16

"여러분이 무엇보다도 먼저 알아야 할 것은 이것입니다. 아무도 성경의 모든 예언을 제멋대로 해석해서는 안 됩니다. 예언은 언제든지 사람의 뜻에서 나온 것이 아니라, 사람들이 성령에 이끌려서 하나님께로부터 오는 말씀을 받아서 한 것입니다."벧전1:20-21

그래서 예수님도 성령을 '진리의 영'이라고 부르면서 성령의 주된 역할이 예수님의 말씀을 깨닫게 하는 것이라고 말씀하셨다.요16:13-15

이처럼 성령은 하나님의 말씀의 영이기 때문에 성령으로 충만한 사람은 하나님의 말씀으로 충만한 사람과 같다. 그러므로 "그리스도의 말씀이 여러분 가운데 풍성히 살아 있게 하십시오"골3:16라는 권고는 성령으로 충만하라는 말과 같다. 성경을 가까이 하고, 하나님의 말씀에 의해 생각과 행동의 방향에 지배를 받고, 그 말씀대로 행하려는 열정이 충만한 사람이 바로 성령으로 충만한 사람이다.

그러면 우리는 성령 충만한 사람의 첫 번째 모습을 그려볼 수 있다. 그 사람은 시편 1편 2절에서 묘사하는 것처럼, 하나님의 말씀을 즐거워하고, 밤낮으로 율법을 묵상하고, 그 말씀대로 살려는 사람이다. 이런 사람이 바로 성령으로 충만한 사람이다.

2. 열매를 맺는 영

성령은 신자의 삶 속에서 열매를 맺게 하는 영이다. 그러므로 성령으로 충만한 사람은 성령의 열매를 풍성하게 맺게 될 것이다. 성령의 열매는 갈라디아서 5장 22-23절에서 9가지로 열거되어 있다.사랑, 기쁨, 화평, 인내, 친절, 선함, 신실, 온유, 절제 성령 충만의 증거는 기적적인 은사의 발현에 있는 것이 아니라 성품과 삶에서 성령의 열매를 맺는 것이다.

3. 거룩의 영

성령은 이름 그대로 '거룩한 영'이므로 성령으로 충만한 사람은 점점 더 거룩하게 될 것이다. 즉 성화를 이루어갈 것이다.

바나바는 성경이 성령 충만한 사람으로 이야기하는 대표적인 인물이다. "바나바는 착한 사람이요, 성령과 믿음이 충만한 사람이었다."행11:24 바나바는 성령으로 충만한 모습을 어떻게 보여주었는가? 사도행전 4장 36-37절은 바나바의 모습을 요약적으로 설명한다, "키프로스 태생으로, 레위 사람이요, 사도들에게서 바나바 곧 '위로의 아들'이라는 뜻의 별명을 받은 요셉이, 자기가 가지고 있는 밭을 팔아서, 그 돈을 가져다가 사도들의 발 앞에 놓았다." 그는 사람들을 잘 위로하고 권면하는 사람이었다. 또한, 자신이 가진 것을 공동체를 위해서 기꺼이 내놓는 사람이었다. 이런 모습이 성숙한 사람의 모습이고, 그것이 바로 성령으로 충만한 모습이다. 바나바가 성령으로 충만하다는 것은 많은 사람들에게 드러났다. 그것은 숨길 수 없는 모습이다. 왜냐하면 교회당에서가 아니라 일상의 삶에서 드러나는 모습이기 때문이다. 이처럼 전인격적으로 그리스도를 닮아가고, 실제 삶에서 거룩한 그리스도를 닮은 성숙한 모습을 보이는 것이 성령 충만한 사람이다.

4. 공동체를 세우는 영

성령은 하나님나라의 공동체를 성숙하게 만든다. 예루살렘 성도들은 성령으로 충만해지자 하나님나라의 공동체를 형성하였다.

"그들은 사도들의 가르침에 몰두하며, 서로 사귀는 일과 빵을 떼는 일과 기도에 힘썼다. 믿는 사람은 모두 함께 지내며, 모든 것을 공동으로 소유하였다. 그들은 재산과 소유물을 팔아서, 모든 사람에게 필요한 대로 나누어주었다. 그리고 날마다 한 마음으로 성전에 열심히 모이고, 집집이 돌아가면서 빵을 떼며, 순전한 마음으로 기쁘게 음식을 먹고, 하나님을 찬양하였다. 그래서 그들은 모든 사람에게서 호감을 샀다. 주님께서는 구원받는 사람을 날마다 더하여 주셨다."행2:42-47 이것이 성령 충만한 사람들의 모습이다.

또한, 성령은 성도들에게 은사를 주셔서 교회를 섬길 수 있게 한다.

"은사는 여러 가지지만, 그것을 주시는 분은 같은 성령이십니다."고전12:4

"각 사람에게 성령을 나타내 주시는 것은 공동 이익을 위한 것입니다."고전12:7

이처럼 교회를 사랑하고 교회를 세우기 위해서 성령이 주신 은사로 잘 섬기는 사람이 바로 성령으로 충만한 사람이다.

5. 능력의 영

성령은 필요할 때 특별한 능력을 발휘하게 하는 분이므로, 어떤 경우에는 성령이 강하게 역사하여 놀라운 능력을 발휘하면서 하나님나라를 섬기게 할 때도 있다. 예수님의 제자들이 법정에 섰을 때나행4:8,"그 때에 베드로가 성령이 충만하여 그들에게 말하였다", 바울이 바보에서 마술사와 대면했을 때행13:9,"그래서 바울이라고도 하는 사울이 성령으로 충만하여 마술사를 노려보고 말하였다"가 이런 경우이다.

그러므로 하나님을 대적하는 악의 영에게 담대하게 맞서거나, 신앙을 버리라는 유혹과 강압 앞에서 굳건하게 믿음을 지키거나, 복음에 호의적이지 않은 상황 속에서도 담대하게 복음을 전하는 사람들은 성령의 충만한 능력에 사로잡힌 사람들이다. 이러한 특별한 상황에서 성령은 사람을 사로잡아 특별한 능력을 발휘할 수 있게 한다.

위에서 설명한 다섯 가지 특성을 통해 성령 충만한 사람의 모습을 그려

볼 수 있다. 사람들은 성령 충만을 말할 때 대개 성령의 강한 능력에 사로잡히는 경우만을 떠올린다. 물론 특별한 경우, 성령의 특별한 능력이 필요한 경우에 성령 충만이 이런 모습으로 나타날 때도 있다. 그러나 이것은 성령 충만한 모습의 일부분일 뿐이다. 성령 충만은 더 넓고 풍성한 개념이다. 그리스도인의 삶 전반에 걸쳐서 나타나는 일상적인 모습이다. 그러므로 우리는 나와 공동체를 성숙하게 하시는 성령의 일상적인 능력에 관심을 기울이고 성령의 충만함즉 성령의 인도하심, 성령의 지배에 순종하는 것을 추구해야 한다.

Ⅳ. 어떻게 성령으로 충만해지는가?

1. 선택이 아니라 의무

"성령 충만을 받으라"엡 5:18는 것은 모든 그리스도인들에게 주는 명령이다. 그러므로 모든 신자들은 성령 충만을 받아야 한다. 이것은 결코 선택사항이 아니며, 어떤 소수의 사람들목사나 선교사에게만 해당되는 명령도 아니다. 어떤 그리스도인이든지 영적으로 승리하는 삶을 살기 위해서는 성령의 충만한 능력이 필요하기 때문이다. 그렇지 않으면 우리는 실패할 수밖에 없다.

어떻게 하면 성령 충만을 받을 수 있을까? 이 질문을 바꿔 말하면, '어떻게 하면 성령의 전적인 지배를 받는 삶을 살 수 있을까?' 하는 것이다.

2. 기도와 말씀

성경에서 성령으로 충만케 된 사람들을 살펴보면 그 비결을 도출할 수 있다. 대표적인 경우가 예수님 승천 후에 예루살렘에 모여 있다가 성령의 충만한 은혜를 받은 사람들이다. 사도행전 2장 4절은 이들이 모두 "성령으로 충만하게" 되었다고 말한다. 또한, 이들을 이끌던 사도들도 "모두 성령으로 충만해서, 하나님의 말씀을 담대히 말하게 되었다"행4:31고 말한다.

이들의 공통점이 무엇인가? 예루살렘에 모여 있던 사람들은 예수님 승천 후에 주님의 말씀대로 열흘 동안 기도에 힘썼다.행1:14 사도행전 4장에서도 사도들은 제사장의 협박을 이겨내고 풀려난 베드로와 요한과 더불어서 하나님께 부르짖으며 기도하였다고 말한다.행4:24, 31 물론 그들은 기도만 한 것이 아니었다. 그들은 모여서 기도하면서 예수님의 말씀을 기억하고 그 말씀대로 열두 번째 제자를 선택하였고행1:16-22, 하나님의 말씀을 날마다 들으며 몰두하고 있었다.행2:42 성령은 진리의 영이기 때문에 하나님의 말씀과 더불어 역사하는 것은 당연한 일이다.

그러므로 우리는 이렇게 정리할 수 있을 것이다. 성령으로 충만하게 되기 위해서는 하나님 말씀의 기초 위에서 기도에 열심을 내야 한다. 다른 왕도는 없다.

3. 갈망

성령으로 충만해지기 위해서 필요한 또 다른 한 가지는, 성령 충만에 대한 갈급함과 절실함이 있어야 한다는 것이다. 바울은 스스로의 힘으로 어찌할 수 없는 한계를 절감하면서 하나님의 도우심을 간절히 청한다.

"나는 속사람으로는 하나님의 법을 즐거워하나, 내 지체에는 다른 법이 있어서 내 마음의 법과 맞서서 싸우며, 내 지체에 있는 죄의 법에 나를 포로로 만드는 것을 봅니다. 아, 나는 비참한 사람입니다. 누가 이 죽음의 몸에서 나를 건져 주겠습니까?"롬7:22-24

이와 같은 절박함과 간절함이 있어야 한다. 더 거룩하게 살고자 하는 열망과 하나님을 더 섬기려는 갈망이 있지만, 내 안에 있는 약함과 죄성으로 인한 한계를 절감하면서 터져 나오는 안타까움이 있어야 한다. 이것은 마치 "의에 주리고 목마른" 사람처럼 성령으로 충만해지지 않으면 살 수 없을 것 같은 절박함이다. 하나님을 기쁘시게 하고, 그리스도를 담대하게 증거하고, 하나님나라의 공동체를 건설하고, 하나님의 공의로 세상을 변혁하고, 세상의 불의에 맞서서 피 흘리기까지 싸우려는 열망이 우리를 사로잡을 때 성령 충만에 대한 갈망 역시 커질 것이다.

V. 평생 과정

1. 지속적으로 더욱 성령 충만해져야 한다

성령 충만은 일회적인 사건이 아니다. 한번 충만하면 평생 동안 그 효력이 지속되는 것도 아니다. 에베소서 5장 18절의 명령은 헬라어 현재형을 사용하고 있는데, 그것은 지속적으로 성령으로 충만하라고 권유하는 의미를 담고 있다. 즉 성령 충만은 일회적인 사건이 아니고 지속되어야 할 상태다. 과거에 성령 충만한 경험이 있었다고 그것이 현재를 보장해 주지 않는다. 우리의 불순종으로 성령의 지배에서 벗어날 수도 있기 때문이다. 살전5:19, "성령을 소멸하지 마십시오" 그러므로 우리는 지금 성령으로 충만해지기를 원할 뿐만 아니라 계속해서 더 충만해지기 위해 노력해야 한다.

성령 충만에 완성이란 없다. 우리는 계속해서 더 충만해질 수 있다. 나의 주권을 내려놓고 성령의 지배에 굴복하고 따르는 것은 끝이 없는 과정이기 때문이다. 이것을 그루뎀은 풍선에 비유한다. Wayne Grudem, *Systematic Theology*, 782 어떤 풍선이든 조금만 공기를 불어넣으면 풍선의 모양을 갖추게 된다. 그렇다고 해서 그 풍선이 다 커진 것은 아니다. 풍선에 공기를 더

집어넣을 수 있고 그래서 더 커질 수 있다. 공기를 평소보다 강하고 빠르게 불어넣으면 갑자기 커지기도 한다. 성령으로 충만한 것도 이와 같다고 볼 수 있다. 우리 안에는 이미 성령이 거하신다. 그러나 우리는 더욱 성령으로 충만해질 수 있다. 즉 성령의 지배에 더 사로잡힐 수 있다. 더 이상 충만할 수 없을 만큼 성령으로 충만한 경우는 없다. 우리는 계속해서 더 성령으로 충만해질 수 있다. 우리의 구원이 완성되는 그 날까지 우리는 더욱 충만해지기 위해 노력할 뿐이다.

2. 만족할 수 없다

우리는 모두 성령으로 세례를 받았다. 그래서 우리 안에 성령이 거하신다.

"여러분은 하나님의 성전이며, 하나님의 성령이 여러분 안에 거하신다는 것을 알지 못합니까?"고전3:16

그러나 구원받은 후에도 우리는 종종 우리 안에 계신 성령을 억누르고 죄와 불신앙으로 달려간다. 그러다보면, 성령으로 충만해져서 그 능력을 체험하는 삶을 살기는커녕 성령이 우리 안에 계신지조차 확신할 수 없게 된다. 이것은 그리스도인이지만 그리스도인이라고 내세울 수 없는 비참한 상태다. 우리는 이런 상태에서 벗어나야 한다.

성령으로 충만하지 않은 상태에 만족해서는 안 된다. "성령의 충만함을 받으십시오"엡5:18는 모든 그리스도인에게 주어진 명령이다. 그러므로 모든 신자들은 성령 충만을 받아야 한다. 불순종내 뜻대로 살려는 마음과 만족'이 정도면 됐지'에 빠져 있는 상태에서 벗어나서, 성령 충만 받기를 갈망하고 그렇게 되기 위해 앞으로 달려 나가야 한다.

죄로 가득 찬 세상에서 승리하는 그리스도인의 삶을 살기 위해서는 성령의 충만한 능력이 필요하다. 또한, 성령으로 충만하게 되는 것만이 신자들을 더욱 성숙하게 하는 힘의 원천이다. 그것이 죄의 유혹을 이길 수 있는 비결이며, 하나님이 약속하신 '풍성한 생명'을 누릴 수 있게 하는 능력이다. 또한, 그것이 하나님나라와 의를 위해 살 수 있게 하는 힘의 원천이며, 인생의 어두운 터널을 지날 때 포기하지 않게 하는 비결이다.

성령으로 충만하지 않으면 우리는 실패할 수밖에 없다. 그리스도인이라고 하면서도 성령의 충만한 능력에 이끌리지 않는 사람은 결국 자신의 뜻과 의지와 힘으로 살겠다는 것과 같다. 그렇게 살 때 하나님의 자녀답게 세상의 소금과 빛으로 살 수 있는 가능성은 희박해진다. 성령 충만, 그것만이 구원을 온전히 이루고 세상 속에서 주님이 맡기신 사명을 온전하게 감당할 수 있는 비결이다.

제14장 · 구원을 이루는 삶

"시험을 견디어 내는 사람은 복이 있습니다. 그 사람은 그의 참됨이 입증되어서, 생명의 면류관을 받을 것이기 때문입니다." 약1:12

I. 한번 구원은 영원한 구원?

칼뱅주의를 신봉하는 교회에서는 한 사람이 믿음을 고백하고 예수 그리스도를 믿으면 이후에 무슨 일이 있어도 천국에 들어가게 될 것이라고 가르친다. 하지만, 이런 가르침을 받은 사람들은, 한 때 신앙생활을 잘 하던 사람들이 후에 교회를 떠나는 모습을 종종 보면서 의문을 품게 된다. 교회 지도자들에게 이런 사람들은 어떻게 되느냐고 질문하면, '지금은 비록 교회를 떠나고 신앙을 저버린 것처럼 보여도 언젠가는 다시 돌아오게 되어 있다'고 대답한다. '한 번 구원받은 것은 영원한 구원'이기 때문이라는 것이다.

그런데 실제로는 젊은 시절에 신앙을 고백하고 믿음의 삶을 살다가 신앙에 회의가 생겨 교회를 떠난 사람들이 죽을 때까지 불신자로 남아 있는 경우가 종종 있다. 이들은 어떻게 된 것일까? 이들에게 무슨 일이 일어난 것일까? '한 번 구원은 영원한 구원'이라는 확신은 성경적으로도 옳고, 실제적으로도 맞는 것일까? 혹시 우리의 확신이 잘못된 것은 아닐까?

이와는 달리 어떤 교회에서는 사람이 그리스도를 믿고 신앙을 고백한다고 해서 그 효과가 영원히 지속되는 것은 아니라고 가르친다. 즉 과거의 신앙이 미래의 영원한 구원을 보증해 주지 않는다는 것이다. 예수를 잘 믿다가 배교하여 믿음을 완전히 저버릴 수도 있다고 본다. 그러므로 이들은 '한 번 구원은 영원한 구원'을 보증한다는 주장은 성경적으로 틀린 것이라고 생각한다.

이 주제는 역사적으로 칼뱅주의 대 아르미니안주의의 대립으로 잘 알려져 있다. 한 번 구원받으면 영원히 구원이 보증된다는 칼뱅주의의 가르침에 대항하여 아르미니안주의는 한 때 믿음을 고백하여 구원을 받은 것처럼 보여도 후에 믿음의 삶을 지속하지 않으면 구원에서 떨어져 나갈 수도 있다고 주장한다. 칭의와 성화를 둘러싸고 두 세력은 오랫동안 대립해 왔다. 그러나 최근에 성경신학의 발전, 그리고 칭의론에 관한 치열한 논쟁과 더불어 도식적으로 어느 '주의'에 속하느냐를 논하기보다는 성경 자체의 메시지에 충실하고 성경이 말하는 대로 믿고 따르는 것이 더 중요하다는 생각이 힘을 얻게 되었다.

이 주제에 대해서는 크게 세 가지 견해가 있다. 첫 번째는 '고전적 견해'이고, 두 번째는 '수정 견해', 그리고 마지막으로는 '종말론적 구원 견해'이다. 이번 장에서는 각각의 견해들을 살펴보고, 신학적 경향이나 유파에 관한 선입견을 내려놓고 성경이 이 주제에 대해서 어떻게 말하고 있는지 따라가면서 우리의 입장을 정리해보려고 한다.

Ⅱ. 세 가지 견해

1. 고전적 견해

1) 구원에 대하여

고전적 견해는 일반적으로 구원을 세 단계로 구분한다. 칭의, 성화, 그리고 영화. 이들은 이 세 가지 중에서 칭의를 가장 중요하게 여기며, 그것이 구원을 최종적으로 결정하는 것이라고 생각한다. 그래서 과거 어느 순간에 예수를 믿으면 즉각적으로 영생을 확보하게 되고, 그것은 무슨 일이 있어도 취소되지 않는다고 생각한다. 이런 입장을 한 마디로 정리한 문구가 '한 번 구원은 영원한 구원'이다. 일단 그리스도를 믿었으면 그 후에 무슨 일이 있더라도 영원히 구원을 잃지 않는다는 뜻이다.

2) 성화에 대한 강조 약화

한 번 구원이 영원한 구원이라고 생각하다보니 칭의에 비해서 성화는 상대적으로 그 중요성이 약화된다. 일단 칭의가 이루어졌으면 천국과 영생을 확보한 것이기 때문에 그 이후의 삶이 어떠하든 구원이 취소되지 않는다고 생각하기 때문이다.

거룩하게 되려는 노력은 천국의 입성 여부를 결정하는 것이 아니라 천국에서 받을 상급을 결정할 뿐이다. 이것은 칭의가 '삶과 죽음의 문제'라면 성화는 '어떤 옷을 입을 것인가' 하는 문제 정도로 생각하는 것이다. 칭의와 성화는 그 중요성과 비중에서 현격하게 차이가 난다. 그 결과가 무엇인가? 구원 이후의 삶, 거룩을 향한 노력, 순종하는 삶, 죄와 싸우려는 노력을 상대적으로 가볍게 만든다.

3) 윤리적 문제 발생

이런 관점은 '신자답지 않은 신자'를 양산하는 문제를 유발할 수밖에 없다는 비판을 받는다. 한 번 구원받으면 영원한 생명이 보장된다고 생각하기 때문에 나태한 신앙생활을 막을 길이 없기 때문이다. 그래서 하나님의 은혜를 남용하는 것을 막기 위해 천국에서 받을 상급을 강조한다. 우리가 천국에서 하나님의 큰 상급을 받고 더 나은 삶을 누리기 위해서는 지금 순종하는 삶을 살아야 한다는 것이다. 그러나 상급에 큰 관심이 없는 사람들에게는 이 유인책이 별로 효과가 없다.

4) 믿음을 가졌다가 중간에 믿음을 저버린 것처럼 보이는 사람들에 대해

이들은 과거에 한 번 구원받은 사람은 잠시 배교한 것처럼 보여도 결국에는 다시 믿음의 길로 돌아올 것이라고 확신한다. 왜냐하면 로마서 8장 38-39절에서 언급하듯이 하나님이 구원을 시작하셨고 완성하시겠다고 약속하셨기 때문이라는 것이다. "나는 확신합니다. 죽음도, 삶도, 천사들도, 권세자들도, 현재 일도, 장래 일도, 능력도, 높음도, 깊음도, 그 밖에 어떤 피조물도, 우리를 우리 주 예수 그리스도 안에 있는 하나님의 사랑에서 끊을 수 없습니다"

2. 수정 견해

1) 고전적 관점의 난점 수정

수정 견해는 고전적 견해의 난점을 보완하려 한다. 고전적 관점이 성화를 너무 약화시켰고, 중간에 믿음을 저버리는 사람들에 대해 만족할만한 답변을 주지 못하자 그것을 보완하기 위해 새로운 관점이 나타났다. 그러나 이들도 기본적으로는 고전적 견해와 똑같이 우리가 예수 그리스도를 믿었고 하나님이 구원의 과정을 시작하셨다면 세상 끝날까지 그 과정을 완성하실 것이라고 생각한다.

2) 고전적 견해와 다른 점

그러나 고전적인 견해와는 달리 과거에 믿은 것 같았지만 성화의 삶을 살지 않고 타락해서 결국 영생을 얻지 못하는 사람들이 있다는 것을 부정하지 않는다. 왜 이런 일이 발생할까? 수정 견해는 이런 사람들은 진정으로 믿은 것이 아니었다고 생각한다. 애초에 가짜 믿음을 가졌었다는 것이다. 그러나 처음부터 진정한 믿음을 가진 사람은 결코 구원을 잃어버리지 않고 영생을 얻게 될 것이라고 믿는다. 이것은 고전적 견해와 똑같은 확신이다.

3) 성화에 대한 강조

수정 견해는 고전적 견해와는 달리 성화의 삶을 약화시키지 않는다. 성화의 삶은 나의 믿음이 참인지 거짓인지를 증명해 주는 것이기 때문이다. 자신의 믿음이 참된 것인지 100퍼센트 확신할 수는 없다. 다만 예수 그리스도를 믿은 이후에 성화의 삶을 살아갈 때에야 비로소 내 믿음이 참된 것이라는 사실을 확인할 수 있다. 만약 거룩한 삶을 제대로 살지 못하면 우리의 믿음이 거짓이었다는 것을 드러내는 것이다. 그러므로 믿음의 삶을 충실하게 살아야 한다는 권면이 강한 설득력을 가지게 된다.

4) 딜레마

그러나 현실적으로 이 견해는 딜레마를 내포하고 있다. 어떤 사람이 50년 동안 참된 믿음을 가진 것처럼 보였지만 인생 말년에 이르러서 믿음에서 떠난다면, 그 사람의 믿음이 처음부터 가짜였다고 쉽게 판정할 수 있겠는가? 그 사람의 50년 동안의 삶을 보면 그 모든 것이 전부 가짜였다그 결론내리기 쉽지 않은 경우가 많기 때문이다.

3. 종말론적 구원 견해

1) 구원은 과정이다

이 견해는 구원을 일련의 과정이라고 생각한다. 우리는 하나님을 믿음으로 구원을 받는다. 그러나 믿는다는 것은 지속적인 과정이지 과거의 순간적인 고백만은 아니다. 구원은 과거, 현재, 미래 세 가지 시제를 가지고 있으며, 현재 삶에서는 아직 구원이 완성되지 않았다. 우리는 구원을 받고 있는 것이다. 그 완성은 미래에 이루어진다고 생각한다.

2) 성화

구원을 완성하려면 성화의 삶이 필요하다. 성화의 삶을 살지 않고 살아 있는 믿음을 보여주지 못하면 우리의 구원은 완성에 이르지 못하고 중간에 멈추게 될 것이다. 이런 점에서 처음 믿는 것도 중요하지만 그에 못지않게 구원을 이루어가는 성화의 과정이 중요하다.

3) 중간 탈락

이들은 과거에 신앙을 고백함으로써 구원의 과정에 들어왔지만, 이후에 얼마든지 구원의 완성에 이르지 못하고 탈락될 수 있다고 본다. 성경은 이런 가능성에 대해 다양하게 경고를 주고 있고, 수많은 예를 제시해 주고 있다고 생각하기 때문이다.

고전적 견해는 지난 수백 년 동안 주류 신학의 견해였다. 그러나 지금은 고전적 견해를 지지했던 많은 사람들이 수정 견해를 채택하고 있다. 그러나 신학적 유파를 떠나서 성경을 좀 더 객관적으로 연구하려는 사람들은 두 번째 견해 역시 성경과 잘 부합하지 않는다는 점을 발견하고 성경의 가르침을 가장 충실하게 반영하고 있다고 생각하는 종말론적 구원 견해를 주장하게 되었다. 이제 이 세 번째 견해에 대해서 좀 더 자세히 살펴보자.

III. 종말론적 구원 견해

1. 구원특히 칭의에 대하여

1) 칭의에 대한 폭넓은 이해

이 견해는 앞에서 10장 다룬 것처럼 칭의를 좀 더 폭 넓게 이해한다. 전통적으로 사람들은 칭의를 과거의 사건이자 뒤집어질 수 없는 단 한 번의 법정 판결과 같은 것으로 이해했다. 우리가 의롭게 되는 것은 이미 과거에 이루어진 완료형으로 생각한 것이다. 그러나 종말론적 구원 견해는 의롭다 함을 받는 것칭의이 과거완료가 아니라고 본다. 성경은 우리가 의롭게 되는 것의 완성은 미래에 이루어질 일이라고 가르친다고 생각한다.

2) 증거들

바울은 의롭다 함을 받는 것을 주로 미래 시제로 표현하고 있다.

"하나님 앞에서는 율법을 듣는 사람이 의로운 사람이 아닙니다. 오직 율법을 실천하는 사람이라야 의롭게 될 것이기 때문입니다."롬2:13

야고보도 진정한 믿음은 행위로 증명되는 믿음이며, 그런 믿음이 있어야 의롭다 하심을 받을 수 있다고 말한다. 이것 역시 삶 전체를 보고 판단한다는 의미에서 미래적이고 종말론적이다.

"여러분이 아는 대로, 사람은 행함으로 의롭게 되는 것이지, 믿음으로

만 되는 것이 아닙니다."약2:24

구원을 받는다는 것 역시 미래적이고 종말론적 의미로 사용되고 있다.
"그러므로 지금 우리가 그리스도의 피로 의롭게 되었으니, 그리스도로 말미암아 하나님의 진노에서 구원을 얻으리라는 것은 더욱 확실합니다. 우리가 하나님의 원수일 때에도 하나님의 아들의 죽으심으로 말미암아 하나님과 화해하게 되었다면, 화해한 우리가 하나님의 생명으로 구원을 얻으리라는 것은 더욱더 확실한 일입니다."롬5:9-10

3) 과정이 중요하다

그러므로 어떤 사람이 과거에 한번 믿음을 고백했다고 해서 영생을 완전히 확보한 것은 아니다. 그것은 출발점에 불과하며, 이후에 일어나는 일을 통해서 그 여정이 완성으로 가느냐 그렇지 않느냐가 결정된다. 현재적 칭의는 분명히 인간의 행위와는 무관하게 주어지지만, 종말론적 칭의는 믿음을 증명하는 삶이 뒷받침되어야 주어진다. 권연경, 『행위없는 구원?』, SFC, 206

이것은 마치 어떤 사람이 서울에서 부산으로 가는 KTX 기차를 탔다고 해서 이미 부산에 도착한 것은 아닌 것과 같다. 확률적으로 보면 부산에 도착할 것이 거의 확실하지만 여전히 변수가 존재한다. 중간에 주변 풍경에 마음이 끌려서 여행을 중단하고 기차에서 내릴 수도 있고, 불미스러운 일을 저질러서 승무원에 의해 강제로 하차당할 수도 있기 때문이다. 이처럼 그리스도를 믿어서 구원을 받았다는 것은 마치 구원 열차에 올라탄 것과 비슷하며, 아직 여정을 마친 것이 아니기 때문에 이미 종착역에 도착했다고, 즉 완전히 구원을 이루었다고 말할 수 없다.

2. 참된 믿음에 대하여

이러한 견해는 참된 믿음의 속성을 생각해볼 때도 타당하다는 것을 발견하게 된다.

1) 총체적 믿음은 미래적이다

참된 믿음은 9장에서 언급했듯이 전인격적이고 총체적이다. 참된 믿음은 단순히 지적인 동의가 아니다. 그것은 전인격적인 신뢰이며, 당연히 살아가면서 보여주는 구체적인 행동을 포함한다. 이런 점에서 성경은 믿음을 '신실함'faithfulness 으로 이해한다. 신실함은 말과 행동이 일치하는 것을 의미한다. 행동이 뒤따르지 않는다면 아무리 말이 그럴듯해도 신실하지 않은 것이다. 즉 믿음이 없는 것이다. 이처럼 삶의 행위를 근거로 믿음의 진실성이 가려진다면 믿음으로 구원을 받는다는 것 역시 미래적일 수밖에 없다. 살아가면서 나타나는 행위를 봐야하기 때문이다.

2) 아브라함의 믿음

아브라함의 믿음이 이것을 증명해 준다. 야고보는 행함으로 의롭다 함을 받는다는 것을 증명해 주는 예로 아브라함을 언급한다. 야고보가 주장하는 요지는 이렇다. 아브라함은 하나님을 믿었다. 그런데 그 믿음의 진실성이 이삭을 바치는 행위로 증명되었다. 이것을 야고보는 행함으로 믿음이 완전하게 되었다고 하면서,^{약2:22} "'아브라함이 하나님을 믿으니, 하나님께서 그것을 아브라함의 의로움으로 여기셨다'고 한 성경 말씀이 이루어졌다"^{약2:23}고 말한다. 창세기 15장에서 아브라함이 하나님을 믿었는데 그 믿음이 참된 것이었다는 사실은 수십 년의 세월이 흐른 뒤 창세기 22장에 기록된 이삭을 바치는 행위에서 증명됐다는 것이다. 그래서 야고보는 "사람은 행함으로 의롭게 되는 것이지, 믿음으로만 되는 것이 아닙니다"^약

2:24라고 결론을 내린다. 여기서 말하는 '믿음'은 머리로만 인정하는 믿음, 행함이 결여된 말로만의 믿음을 의미한다. 이것은 가짜 믿음이다. 행위가 결여되어 있기 때문이다. 여기서 야고보는 믿음을 재정의하고 있는 것이다.

이처럼 믿음을 재정의하는 야고보에게 있어서 '믿음으로 의롭게 된다'는 말과 '행함으로 의롭게 된다'는 말은 똑같은 말이다. 우리는 행함이 수반되는 믿음, 그런 진정한 믿음을 통해서 의롭게 된다. 그러므로 과거에 믿었다고 해서 모든 것이 끝나는 것이 아니며, 과거의 믿음을 현재 실천하는 삶으로 증명해야 한다. 그렇지 않으면 그 믿음은 가짜이다. 이런 점에서 믿음의 행위는 우리가 구원을 완성하는 데 결정적이다.

3) 이신칭의

이런 주장은 '이신칭의' 교리를 부정하는 것이 아니다. 바울이나 야고보나 모두 믿음으로 구원받는다는 것을 주장한다. 다만 '믿음'이 단지 인지적 동의가 아니라 행위가 수반되는 전인격적인 것이라고 교정하는 것이다. 우리는 율법이나 행위에 근거(基礎)해서, 또는 그런 공로 덕분에 구원받는 것이 아니다. 구원의 근거(基礎)는 분명히 그리스도의 십자가이며 그것이 생명의 근원이라는 것을 믿을 때에 구원을 얻을 수 있다. 우리가 다른 근거를 만들어낼 수 없다. 이것이 바로 행위구원을 부정하는 이신칭의가 의미하는 바이다.

그런데 사람들은 흔히 그 다음 단계에서 오해한다. 우리가 그리스도의 십자가를 믿는 믿음은 그리스도의 주되심을 믿는 것이며, 그것은 당연히 하나님께 순종하는 삶을 포함하는 것이다. 이것이 바로 야고보가 말하는 '살아있는 믿음'이다.

이처럼 우리가 믿음을 전인격적인 것이며, 삶 속에서 행위로 증명되는 것으로 생각한다면 우리의 구원은 점차 이루어져 가는 미래적 차원일 수밖에 없다.

3. 탈락 가능성

믿음으로 구원의 여정을 시작했지만 삶 속에서 참된 믿음의 증거를 보이지 못하면 구원을 완성하지 못하고 탈락될 수 있다는 것을 성경은 여러 군데서 가르치고 있다.

1) 참 올리브나무와 돌 올리브나무롬 11:17-24

이 구절에서 바울이 의미하는 것을 간단하게 요약하면 이렇다. 하나님의 언약 백성인 이스라엘은 언약을 신실하게 지키지 않았기 때문에 하나님에게서 끊어졌다.[17, 20절] 대신에 하나님은 돌 올리브나무 가지인 이방인들을 참 올리브나무에 접붙이셨다. 즉 새로운 생명을 주신 것이다.[20절] 그러나 이렇게 구원받은 이들은 결코 교만해서는 안 된다.[20절] 하나님이 원래 가지도 잘라냈다면 새로운 가지도 얼마든지 잘라낼 수 있기 때문이다.[21-22절] 그러므로 두려워해야 한다.[20절] 이것은 돌 올리브나무 가지와 같은 우리가 지속적으로 믿음에 붙어 있지 않는다면 얼마든지 구원의 과정에서 탈락할 수 있다는 경고이다.

2) 히브리서 6장 1-12절

이 말씀은 과거에 믿음의 삶을 시작했으나 아직 미성숙한 사람들을 위한 권면과 경고다. 히브리서 저자는 그들에게 계속 성장할 것을 권면하고 있다.[1-3절] 그런데 오히려 믿음의 삶이 퇴보하는 사람들도 있다고 경고하는데,[4-6절] 심지어는 계속 퇴보하다가 완전히 타락해서 회복 불가능한 지경에까지 이른 사람도 있다고 말한다.[6절] "타락하면, 그들을 새롭게 해서 회개에 이르게 할 수 없습니다" 이런 상황을 염려하면서 저자는 권면한다, "여러분 각 사람은 같은 열성을 끝까지 나타내서, 소망을 이루시기 바랍니다. 여러분은 게으른 사람이 되지 말고, 믿음과 인내로 약속을 상속받는 사람들을 본받는 사람이 되어야 합니다."11-12절

그러므로 우리는 믿음을 지키기 위해 노력해야 한다. 하나님나라를 완전하게 상속받는 것은 우리의 믿음의 삶에 달려 있기 때문이다. 결국 이 말씀은 이렇게 말하는 것과 같다. '믿음 안에서 계속 성장하라. 그렇지 않으면 구원의 길에서 떨어질 수도 있으니 조심하라.'

3) 끝까지 선행의 삶으로 믿음을 견지해야 구원을 이룰 수 있다

믿음 안에서 선한 삶을 지속적으로 살아야 과거에 시작한 믿음을 완성할 수 있다고 권하는 말씀이 위의 구절들 외에도 많다. 특별히 이신칭의를 명확하게 가르치고 있는 로마서에서도 바울은 믿음의 과정을 똑같이 강조하고 있다. "참으면서 선한 일을 하여 영광과 존귀와 불멸의 것을 구하는 사람에게는 영원한 생명을 주시고."롬2:7 "선한 일을 하는 모든 사람에게는, 먼저 유대 사람을 비롯하여 그리스 사람에게 이르기까지, 영광과 존귀와 평강을 내리실 것입니다."롬2:10

바울은 빌립보 교회에도 비슷한 권면을 주고 있다, "그러므로, 사랑하는 여러분, 여러분이 언제나 순종한 것처럼, 내가 함께 있을 때뿐만 아니라, 지금과 같이 내가 없을 때에도 더욱 더 순종하여서, 두렵고 떨리는 마음으로 자기의 구원을 이루어 나가십시오."빌2:12 이 구절은 우리를 섬기기 위해 기꺼이 목숨을 바치신 그리스도를 본받아 공동체 안에서 겸손하게 서로 섬기라는 권면 후에 결론적으로 말하는 부분이다. 우리가 두려워해야 할 것은 세상의 위협이나 고난이 아니라 믿음의 행위를 포기하고 하나님을 거역할 가능성에 대한 것이다. 바울의 가장 큰 관심은 우리가 지속적

으로 구원을 이루어나가는 것이고, 가장 큰 염려는 그 과정에서 믿음을 버리고 다시 세상으로 돌아가는 것이다.

4) 탈락에 대한 경고들

지속적으로 믿음에 붙어 있지 않으면 탈락할 것이라고 경고하는 구절들도 많다.

"내게 붙어 있으면서도 열매를 맺지 못하는 가지는, 아버지께서 다 잘라버리시고."요15:2

"여러분이 육신을 따라 살면, 죽을 것입니다. 그러나 여러분이 성령으로 몸의 행실을 죽이면, 살 것입니다."롬8:13

"형제자매 여러분, 여러분 가운데에 믿지 않는 악한 마음을 품고서, 살아 계신 하나님을 떠나는 사람이 아무도 없도록, 여러분은 조심하십시오. '오늘'이라고 하는 그날그날, 서로 권면하여, 아무도 죄의 유혹에 빠져 완고하게 되지 않도록 하십시오."히3:12-13

"모든 사람과 더불어 화평하게 지내고, 거룩하게 살기를 힘쓰십시오. 거룩해지지 않고서는 아무도 주님을 뵙지 못할 것입니다. 하나님의 은혜에서 떨어져 나가는 사람이 아무도 없도록 주의하십시오."히12:14-15

이 경고들은 모두 불신자들이 아니라 성도들에게 주어진 것이다. 거룩한 삶은 선택이거나 부수적인 것이 아니다. 그것은 구원을 이루는 데 필수적이다. 아무리 과거에 믿음으로 구원의 길로 들어섰어도 그리스도를 본받아 거룩하게 되려는 노력을 하지 않는 사람들은 하나님의 은혜, 즉 하나님의 구원의 손길로부터 떨어져 나갈 수도 있다고 경고한다. 어떤 사람들은 이 경고가 실제로 탈락시키겠다는 것이 아니라 단지 성화의 삶을 살라고 권고하기 위해서 가하는 위협 정도라고 생각한다. 마치 "너 말 안 들으면 내다 버릴 거야"라는 부모의 위협이 사실이 아니듯이, 이런 경고들도 실제로 그렇게 하겠다는 뜻이 아니라고 보는 것이다. 즉 권면에 초점이 있는 것이지 형벌버림에 초점이 있는 것이 아니라는 말이다.

그러나 이런 견해에는 두 가지 문제가 있다. 첫째, 이것은 하나님을 너무 가벼운 분으로, 더 심하게는 거짓말쟁이로 만들어버린다. 실제로는 하지도 않을 것을 여러 번에 걸쳐서 지속적으로 말만 한다는 것은 하나님의 신뢰성에 큰 흠집을 내는 것이다. 이런 식으로 생각하면 하나님의 다른 말씀도 진심인지 아닌지 어떻게 확신할 수 있겠는가?

둘째, 효과라는 측면에서 볼 때, 이런 위협이 실제가 아니라 말로만의 경고라는 것을 간파하게 되면, 마치 엄마의 위협이 거짓이라는 것을 알아차린 아이처럼, 그 경고는 위력을 상실한다. 그러면 단지 이런 위협을 가하지 않고 그냥 거룩한 삶을 살라고 권하는 것과 실질적으로 아무런 차이가 없게 된다. 우리도 이런 상황을 상상할 수 있는데 하물며 하나님이 그것을 모를 리가 없을 것이고, 그럼에도 이렇게 수많은 곳에서 똑같은 경고를 하는 것은 이해하기가 어렵다. 그러므로 탈락에 대한 경고를 주는 말씀들은 실제로 일어날 가능성이 있기에 그렇게 자주 언급되고 있는 것이라고 보는 것이 옳다.

5) 탈락한 사람들의 예

바울은 신앙생활을 하다가 실제로 믿음을 버리고 타락한 사람들이 있다고 말한다. 그리고 그 예로서 후메내오와 알렉산더를 구체적으로 거명한다. "믿음과 선한 양심을 가지십시오. 어떤 사람들은 선한 양심을 버리고, 그 신앙생활에 파선을 당하였습니다. 그렇게 된 사람 가운데 두 사람이 바로 후메내오와 알렉산더입니다. 나는 그들을 사탄에게 넘겨주었습니다. 그것은 내가 그들을 응징해서, 다시는 하나님을 모독하지 못하게 하려고 한 것이었습니다."딤전1:19-20 후메내오와 알렉산더는 교회에서 상당한 영향력을 가지고 있었던 것으로 보인다. 그래서 그들의 타락이 교회에 더 큰 해악을 끼친 것이다. 이 상황을 심각하게 여긴 바울은 그들을 구체적으로 거명하면서 전체 교인들에게 경고를 주려고 하였다. 그렇다면 이들과 비슷한 사람들이 더 있을 수 있었다는 것은 쉽게 짐작할 수 있는 일이다.

우리의 구원은 과거형이 아니다. 그것은 과거형이자 현재진행형이며 동시에 미래형이다. 우리는 하나님의 은혜로 구원을 받았으나 아직 구원을 완성한 것은 아니다. 순종의 삶을 통해서 구원을 이루어가야 한다. 구원의 완성은 미래에 이루어질 것이기 때문이다. 그렇지 않으면 우리는 구원의 과정에서 탈락할 수 있다.

4. 믿음을 저버린 것처럼 보이는 사람들을 어떻게 이해할 것인가?

한 때는 그리스도에 대한 믿음을 고백했지만, 이후 신앙을 부정하고 떠나버린 사람들의 경우를 어떻게 이해해야 할까? 세 가지로 나눠서 생각할 수 있을 것이다.

1) 처음부터 믿지 않은 경우

어떤 사람은 겉으로는 믿는 사람처럼 보였지만 실제로는 믿음이 없었던 사람도 있다. 이들은 가짜 신자다. 교회 안에 들어와 있는 쭉정이와 같은 사람들이다. 바울은 여러 교회에 이런 종류의 사람들이 있었다고 말하면서 이들을 조심하라고 경고한다.

"몰래 들어온 거짓 신도들 때문에 할례를 강요받는 일이 있었던 것입니다." 갈2:4

"사탄도 빛의 천사로 가장합니다. 그렇다면, 사탄의 일꾼들이 의의 일꾼으로 가장한다고 해서, 조금도 놀랄 것이 없습니다. 그들의 마지막은

그들이 행한 대로 될 것입니다."고후11:14-15

2) 처음 믿음은 진실했지만 이후에 믿음을 저버린 경우

앞에서도 보았듯이 히브리서 저자는 믿음으로 시작했지만 타락하여 하나님에게서 떠나간 사람들이 있다고 말한다.

"한번 빛을 받아서 하늘의 은사를 맛보고, 성령을 나누어 받고, 또 하나님의 선한 말씀과 장차 올 세상의 권능을 맛본 사람들이 타락하면, 그들을 새롭게 해서 회개에 이르게 할 수 없습니다. 그런 사람들이야말로 하나님의 아들을 다시금 십자가에 못박고 욕되게 하는 것이기 때문입니다."히6:4-6

후메내오와 알렉산더가 바로 그런 경우에 해당된다고 바울은 말한다. 딤전1:19-20

예수님은 종말에 믿음이 있다고 주장하지만 실제로는 하나님을 믿지 않은 사람들이 나타날 것이라고 말씀하신다. 이들이 한 때는 주의 이름으로 교회를 섬기고 사람들을 돕고 기적과 같은 일을 행하기도 했지만, 그들의 삶이 하나님의 뜻을 행하는 삶이 아니었기 때문에 결국 하나님에게서 끊어진 것이다.

"나더러 '주님, 주님' 하는 사람이라고 해서, 다 하늘나라에 들어가는 것이 아니다. 하늘에 계신 내 아버지의 뜻을 행하는 사람이라야 들어간다. 그 날에 많은 사람이 나에게 말하기를 '주님, 주님, 우리가 주님의 이름으로 예언을 하고, 주님의 이름으로 귀신을 쫓아내고, 또 주님의 이름으로 많은 기적을 행하지 않았습니까?' 할 것이다. 그 때에 내가 그들에게 분명히 말할 것이다. '나는 너희를 도무지 알지 못한다. 불법을 행하는 자들아, 내게서 물러가라.'"마7:21-23

3) 믿다가 타락했지만 아직 완전히 끊어진 것은 아닌 경우

베드로는 예수님의 제자였지만 위기의 상황에서 예수님을 부인한다. 그러나 그것이 끝이 아니었다. 그는 자신의 잘못을 회개하고 다시 믿음을 회복했다. 우리는 신앙의 부침을 겪을 수 있다. 누구도 완전하지 않기 때문이다. 그래서 신앙생활을 하다가 의심이 생겨서 믿음에서 떠나거나 큰 고난 앞에서 신앙을 부정하는 경우가 있을 수 있다. 그러나 우리에게는 여전히 기회가 남아 있다. 다시 신앙을 회복하고 하나님께로 돌아올 수 있다.

그러나 회복의 가능성이 있다고 해서 언제나 회복되는 것은 아니다. 밀물 때에 위험한 물가에서 놀다가 물에 휩쓸려 허우적거리는 수준을 넘어서, 완전히 물에 빠져 죽을 수도 있다. 동아줄이 조금씩 끊어지다가 어느 순간 완전히 끊어져버릴 수 있다. 그러므로 조심해야 한다.

Ⅳ. 결론

하나님은 우리를 구원하기 위해 독생자 예수 그리스도를 죽음에 내어주셨다. 이것은 놀라운 희생이요 큰 사랑과 은혜다. 우리는 이 하나님의 사랑과 은혜를 받아 구원의 과정에 들어왔다. 그러나 구원을 이루는 과정은 자동적으로 완성되는 것이 아니다. 그것은 하나님의 인도하심을 따르고 성령의 능력을 받아서 끊임없이 거룩하게 되려는 노력을 통해 완성된다. 그러므로 우리는 성경의 경고와 권면을 심각하게 받아들여야 한다.

"여러분 각 사람은 같은 열성을 끝까지 나타내서, 소망을 이루시기 바랍니다."히6:11

"그러므로 형제자매 여러분, 더욱 더 힘써서, 여러분이 부르심을 받은

것과 택하심을 받은 것을 굳게 하십시오. 그러면 여러분은 넘어지지 않을 것입니다. 또한, 여러분은, 우리의 주님이시며 구주이신 예수 그리스도의 영원한 나라에 들어갈 자격을 충분히 갖출 것입니다."벧후1:10-11

하나님이 우리를 위해 얼마나 큰 희생을 치르셨고, 얼마나 큰 사랑을 보여주셨는지를 이해한다면 이런 노력을 힘겹게만 여기지는 않을 것이다. 오히려 새 생명을 주신 것을 감사하면서 믿음의 경주에 더욱 힘쓸 것이다. 그 경주를 결국 이기고 생명의 면류관을 받게 될 것이다.

"시험을 견디어 내는 사람은 복이 있습니다. 그 사람은 그의 참됨이 입증되어서, 생명의 면류관을 받을 것이기 때문입니다."약1:12

제15장 · 구원의 확신

"귀가 있는 사람은, 성령이 교회들에 하시는 말씀을 들어라. 이기는 사람에게는, 내가 하나님의 낙원에 있는 생명나무의 열매를 주어서 먹게 하겠다." 계2:7

I. 구원의 확신에 대한 강요

1. 구원의 확신을 가져라!

일반적으로 사용하는 주제별 성경공부 시리즈의 구성을 보면, 먼저 예수 그리스도가 누구이고 무엇을 하셨는지 공부한 후에, 복음이 무엇이고 구원을 어떻게 받을 수 있는지 공부하게 된다. 그리스도를 믿기로 하면 성경공부 인도자와 함께 영접기도를 하고 그리스도인이 되었다는 것을 확인한 후에 바로 이어서 구원의 확신에 대해 가르친다. '예수 그리스도를 믿었으면 이제는 하나님의 자녀가 되었다. 이것은 너무나 확실한 것이므로 무슨 일이 일어나더라도 변할 수 없는 사실이다. 이제 이것을 믿어야 한다.'

비슷한 맥락에서 자주하는 질문들이 '당신은 구원을 받았다고 확신하는가?' '오늘 밤에 죽어도 천국에 갈 수 있다고 확신하는가?'와 같은 것들이다. 주로 요한일서 5장 13절을 근거로 구원을 받은 것에 대해 확신을 주려고 한다. "나는 하나님의 아들의 이름을 믿는 사람들인 여러분에게 이 글을 씁니다. 그것은 여러분이 영원한 생명을 가지고 있다는 것을 알게 하려는 것입니다." 믿음의 고백과 회심 후에 즉각적으로 구원의 확신을 갖게 하려는 것이다.

이런 순서로 전개되는 가르침은 구원에 대한 '고전적 입장'으로부터 비롯된 것이다. 그들은 이렇게 가르친다. '우리가 믿음을 고백하면 즉각적으로 구원을 받게 되고, 그 구원은 영원히 보증이 되며, 그러므로 우리는 구원받았다는 것을 확신해야 한다.'

2. 약점

칭의와 구원에 대해 과거적 측면을 강조하는 '고전적 입장'에서는 구원은 내가 믿기로 작정한 과거에 이미 확보된 것이므로 지금 구원을 확신하는 것은 지극히 당연한 일이라고 생각한다. 그러나 14장에서 살펴본 대로 구원을 종말론적 관점에서 바라보게 되면 구원의 확신에 대해서도 다르게 생각하게 된다.

고전적 구원론에 근거한 구원의 확신은 고전적 구원론이 가지고 있는 약점을 공유하고 있다. 첫째, 이 견해는 구원을 주로 과거형으로 이해하기 때문에 과거의 사실은 변하지 않으므로 우리가 구원받았다는 것을 확신할 수 있다고 생각한다. 그러나 성경은 구원을 과거형으로만 말하고 있지 않다. 우리가 앞에서 살펴보았듯이 구원은 이루어가야 할 과정이고, 미래에 성취되어야 할 종말론적 사건이다. 그래서 성경은 우리가 믿음의 삶을 통해서 구원을 이루어가지 않는다면 얼마든지 구원 과정이 중단될 수 있고 영생을 얻지 못할 수 있다고 가르친다. 이렇게 유동적인 상태에서 지금 구원에 대해 확신하는 것은 섣부른 일이 된다.

둘째, 고전적 견해는 믿음의 전인격성, 혹은 총체성을 간과하는 경향이 있다. 지금 예배당에 앉아서 믿는다고 말은 하지만 참된 믿음이 무엇인지 오해했을 수도 있고, 실제로 삶 속에서 참된 믿음을 증명하는 삶을 살지 않을 가능성도 있기 때문이다. 구원의 완성에 대해 이렇게 불확실성이 존재함에도 불구하고 과거에 믿었다면 구원은 확실하게 보장된 것이니까 그것에 대해 확신하라고 강요하는 것은 지나친 주장이다.

Ⅱ. 구원의 확신의 잘못된 근거

이처럼 구원에 대해서 성급하게 확신을 주려는 것은 구원의 확신의 근거가 잘못되었기 때문이다.

1. 마태복음 7장 21-23절

예수님은 산상설교의 마지막 부분에서 말로만의 고백이 아니라 믿음을 실천하는 삶이 중요하다고 말씀하신다. "나더러 '주님, 주님' 하는 사람이라고 해서, 다 하늘나라에 들어가는 것이 아니다. 하늘에 계신 내 아버지의 뜻을 행하는 사람이라야 들어간다. 그 날에 많은 사람이 나에게 말하기를 '주님, 주님, 우리가 주님의 이름으로 예언을 하고, 주님의 이름으로 귀신을 쫓아내고, 또 주님의 이름으로 많은 기적을 행하지 않았습니까?' 할 것이다. 그 때에 내가 그들에게 분명히 말할 것이다. '나는 너희를 도무지 알지 못한다. 불법을 행하는 자들아, 내게서 물러가라.'"

여기서 예수님은 확신의 잘못된 근거 두 가지를 설명하고 있다. 첫 번째 잘못된 근거는 입으로만 하는 신앙 고백이다. "나더러 '주님, 주님' 하는 사람이라고 해서, 다 하늘나라에 들어가는 것이 아니다."21절 어떤 사람들은 전도자를 따라 영접기도를 드렸기 때문에 구원받은 것이 확실하다고 생각한다. 그러나 그런 순간적인 고백이 전부는 아니다. 그것이 거짓된 고백이거나 분위기에 휩쓸려서 잘못된 동기에서부터 나온 단순히 외적인 행동일 수도 있기 때문이다.

이런 분리 현상에 대해 예수님도 직접적으로 비판하신 적이 있다. "이 백성이 입술로는 나를 공경해도, 마음은 나에게서 멀리 떠나 있다."마15:8

말로는 믿음을 고백하지만 아직 마음이 온전히 뒤따르지 않는 사람들이 있다. 그런 사람들은 아무리 공개적으로 자신의 믿음을 고백했다고 해도 그것이 구원의 확실성을 보장해 주지 않는다. 마음이 실렸는지 여부는 말이 아니라 행동이 알려줄 것이다. 그래서 예수님은 바로 이어서 "하늘에 계신 내 아버지의 뜻을 행하는 사람이라야 들어간다"라고 바르게 교정해 주신다.

두 번째 잘못된 근거는 큰 능력을 행하고 하나님을 위해서 무언가 많은 일을 행하는 것처럼 보이는 것이 우리의 구원의 확실성을 보장해 준다고 여기는 것이다. 22절에서 예수님은 자신에게 와서 의기양양하게 말하는 사람을 언급하신다, "주님, 주님, 우리가 주님의 이름으로 예언을 하고, 주님의 이름으로 귀신을 쫓아내고, 또 주님의 이름으로 많은 기적을 행하지 않았습니까?" 그러나 이런 사람들에게 주님은 "나는 너희를 도무지 알지 못한다. 불법을 행하는 자들아, 내게서 물러가라" 하고 매몰차게 물리치셨다.

왜 그러셨을까? 그가 행했다고 하는 능력은 그 사람의 본질을 보여주는 것이 아니다. 그것은 그 사람에 덧붙여진 어떤 것일 뿐이기 때문이다. 참된 믿음은 한 사람의 전인격적 측면에서 판단하는 것이다. 그러므로 이런 능력의 행위가 그 사람의 구원을 보증해 주는 것은 아니다.

이 두 가지 외에도 구원의 확신에 대한 잘못된 근거가 몇 가지 더 있다.

2. 과거의 극적인 체험

어떤 사람들은 자신이 구원받은 순간을 분명하게 기억한다고 말한다. 왜냐하면 그 순간에 극적인 변화가 일어났기 때문이라는 것이다. 그리고 그런 체험은 내가 구원받았다는 것을 분명하게 증거해 준다고 생각한다. 그러나 이런 극적인 변화나 체험은 매우 주관적이다. 그것은 성령님에게서 온 것일 수도 있지만 그렇지 않은 경우도 많다. 예를 들어, 사람들은 예술을 통해서 황홀한 체험을 하거나, 책을 읽다가 인생의 전기를 맞이하는 경험을 하기도 하고, 어떤 사건을 통해서 크게 각성하여 인생의 전환점을 맞이하는 경우도 있다. 심지어는 다른 종교나 사탄에 의해서도 극적인 체험을 할 수 있다. 그러므로 극적인 체험을 했다고 그것이 모두 성령으로부터 온 진실한 것이라고 확신할 수는 없다.

설령 그것이 진정한 체험이었다고 해도 중요한 것은 과거의 순간적인 체험이 아니라 현재 삶의 모습이다. 과거의 체험이 믿음의 삶으로 이어지지 않는다면 그것은 우리에게 구원을 보장해 줄 수 없다.

3. 하나님의 말씀을 받고 기뻐하는 것

구원의 확신에 대한 또 다른 잘못된 근거는 씨 뿌리는 비유에 나타난다. "또 돌짝밭에 뿌린 씨는 이런 사람이다. 그는 말씀을 듣고, 곧 기쁘게 받아들이기는 하지만, 그 속에 뿌리가 없어서 오래 가지 못하고, 말씀 때문에 환난이나 박해가 일어나면, 곧 걸려 넘어진다."마13:20-21 이 사람은 처음에는 하나님의 말씀을 기쁨으로 받았다. 그러나 그것이 진정한 믿음이 아니었다는 사실이 곧 밝혀졌다. 환난이나 박해가 일어나자 곧바로 믿음을 버린 것이다. 그러므로 주님의 말씀을 기쁨으로 받은 사람에게 즉각적으로 구원의 확신을 가지라고 강요하는 것은 잘못이다. 그 시기에는 믿음의 진정한 의미가 무엇인지, 그리스도를 사랑하는 삶이 무엇인지, 우리 안에 내주하시는 성령을 따라 사는 삶이 무엇인지 배우기를 권유하는 것이 필요하며, 구원의 확신 문제는 시간이 지나면서 점차 해결될 것이다.

그러므로 하나님의 말씀을 잘 듣고 좋아하고 인정한다는 것 자체가 구원을 받았다는 증거는 아니다. 중요한 것은 믿음의 결실을 맺는지 여부다. "좋은 땅에 뿌린 씨는 말씀을 듣고서 깨닫는 사람을 두고 하는 말인데, 이

사람이야말로 열매를 맺되, 백 배 혹은 육십 배 혹은 삼십 배의 결실을 낸다."마13:23

지금까지 설명한 것처럼, 잘못된 근거 위에서 구원의 확신을 이야기한 경우가 많았다. 우리는 구원을 일련의 과정으로 이해함으로써, 또한 구원을 종말론적 관점에서 생각하는 '종말론적 구원' 개념을 구원의 확신에도 적용함으로써 이런 생각들을 교정해야 한다.

III. 종말론적 구원

1. 절대적 확신 불가

종말론적 구원 견해에 의하면 우리는 구원을 완성할 수 있을지 절대적으로 확신할 수 없다. 왜 그런가? 내가 제대로 믿는 것인지, 내 믿음이 진실한 것인지 아직 증명되지 않았으며, 그것은 살아가면서 증명되어야 하기 때문이다. 또한, 지금은 믿는다고 하지만 얼마든지 중간에 포기하고 믿음을 버릴 가능성도 있기 때문이다. 하나님이 경고를 하셨고, 실제로 그런 사람들도 많이 있었기 때문이다. 그러므로 지금 우리는 자신이 반드시 구원을 이루게 될 것이라고 100퍼센트 확신할 수 없다. 종말에 하나님 앞에서 구원의 완성을 확인할 때에야 비로소 내가 구원을 이루었다는 사실을 알게 될 것이다.

2. 확신 가능성

그럼에도 현재의 삶에서는 구원에 대해 아무런 확신을 가질 수 없고 언제나 불안한 상태로 두려워하며 살아야 하는 것은 아니다. 적어도 지금 믿음의 참된 증거를 보여주고 있다면 우리는 구원을 이루게 될 것이라는 상당한 확신을 가질 수 있다.

앞에서도 언급했듯이 참된 믿음은 열매 맺는 삶으로 나타날 것이다. "그러므로 너희는 그 열매를 보고 그 사람들을 알아야 한다. 나더러 '주님, 주님' 하는 사람이라고 해서, 다 하늘나라에 들어가는 것이 아니다. 하늘에 계신 내 아버지의 뜻을 행하는 사람이라야 들어간다."마7:20-21 그래서 예수님은 '열매를 보고' 좋은 나무인지 나쁜 나무인지 판단할 수 있다고 말씀하셨다.마7:16 비록 사람마다 열매의 양이 다를 수 있지만30배, 60배, 100배 진정한 믿음을 가진 사람이라면 반드시 열매를 맺는다는 점은 분명하다. 마13:23, "그런데 좋은 땅에 뿌린 씨는 말씀을 듣고서 깨달는 사람을 두고 하는 말인데, 이 사람이야말로 열매를 맺되, 백 배 혹은 육십 배 혹은 삼십 배의 결실을 낸다"

그러므로 우리가 가질 수 있는 확신은, 내가 하나님을 믿었으니까 무슨 일이 있어도 반드시 구원을 받게 될 것이라는 확신이 아니라, 우리가 예수 그리스도를 믿고 삶 속에서 믿음의 열매를 맺으면서 이 길을 충실하게 따라간다면 반드시 목표점에 도달하게 될 것이라는 확신인 것이다. 이 확신은 이렇게 설명해볼 수 있다. 서울에서 부산으로 가려고 부산행 KTX를 탄 사람은, 비록 아직 도착한 것은 아니지만, 기차 안에서 불미스런 행위를 해서 퇴출당하거나 창밖으로 보이는 멋진 풍경에 홀려 스스로 내려서 여행을 중단하지만 않는다면 반드시 부산에 도착할 것을 확신한다. 이 확신은 근본적으로 코레일에 대한 확신에서 비롯된 것이다. 즉, 우리가 코레일의 여객운송 규칙을 잘 지킨다면 부산에 도착하게 될 것이 거의 확실하다는 것이다.

이처럼 우리가 성령의 인도를 따라 믿음의 삶을 충실하게 살아간다면 구원을 이루게 될 것이라는 확신과 하나님이 우리에게 약속하신대로 이 구원을 이루실 것이라는 확신은 한 쌍을 이룬다. 처음 믿었던 신앙에 계속 붙어 있고, 하나님을 사랑하고 그를 기쁘게 하는 삶을 살면서 열매를 맺고 있다면, 우리는 반드시 구원을 완성할 것이다. 하나님이 그렇게 약속하셨고, 하나님은 신실하신 분이기 때문에 그 약속을 반드시 지키실 것이다.

이것이 우리가 가질 수 있는 구원의 확신의 바른 근거다.

3. 조건적이고 잠정적인 확신

이렇게 보면 구원의 확신은 조건적이고 동시에 잠정적일 수밖에 없다.

1) 조건적인 확신

구원의 확신은 믿음의 삶을 살아가면서 열매를 맺고 있는지 여부에 따라 달라진다. 우리는 의의 열매를 맺어야 하고, 그것을 통해서 살아있는 믿음을 보여주어야 한다. 우리는 죄의 종노릇하던 생활에서 벗어나 거룩한 삶의 열매를 맺어야 한다. 그렇지 않으면 다시금 하나님의 진노 아래 떨어질 수 있다. 그리스도가 내 삶의 주인이라는 것을 부인하는 삶을 살고, 하나님의 말씀에 불순종하는 삶을 지속적으로 산다면 우리의 구원은 이루어질 수 없다. 물론 우리는 베드로나 도마처럼 신앙의 부침을 겪을 수 있고, 종종 마음의 소원과는 달리 실패의 나락을 경험할 때도 있다. 구원을 뒤흔드는 문제가 아니다 그러므로 믿음의 열매를 맺고 있지 않는 사람들에게 과거에 한번 믿었으니까 구원의 확신을 가지라고 강요하는 것은 잘못된 것이다.

이런 점에서 구원의 확신은 조건적이다. 우리가 믿음에 붙어있고, 하나님께 순종하면서 거룩한 삶을 살아갈 때 비로소 구원을 성취하게 될 것이다. 지금 이렇게 살아가고 있는 사람은 하나님께서 나의 구원을 성취할 것을 확신할 수 있다.

2) 잠정적인 확신

살아있는 믿음의 삶을 살아간다면 종말에 구원을 성취하게 될 것은 분명하지만 아직 그 때가 이르지 않았기 때문에 현 상태에서는 미래에 100퍼센트 구원을 받게 될 것이라고 확신할 수는 없다. 지금 우리가 가질 수 있는 확신은 과거적인 표현으로 '내가 구원을 받았다'는 것에 대한 확신이라기보다는 '앞으로 구원을 받게 될 것이다'라는 종말론적인 확신이다. 비록 지금은 믿음의 삶을 살아가지만 미래에 믿음을 배반하고 타락할 가능성도 완전히 배제할 수 없기 때문에 구원에 대한 우리의 확신은 잠정적일 수밖에 없다. 지금 내가 이 믿음의 길을 걸어가고 있으니 이대로만 간다면 구원은 성취될 것이라고 확신할 수 있다는 것이다.

Ⅳ. 더 생각할 것들

1. 성장과 더불어 커지는 확신

베드로는 베드로후서 1장 5-7절에서 우리가 계속 성장해야 한다고 권한다, "그러므로 여러분은 열성을 다하여 여러분의 믿음에 덕을 더하고, 덕에 지식을 더하고, 지식에 절제를 더하고, 절제에 인내를 더하고, 인내에 경건을 더하고, 경건에 신도간의 우애를 더하고, 신도 간의 우애에 사랑을 더하도록 하십시오." 그러고 나서 10-11절에서 이렇게 덧붙인다, "그러므로 형제자매 여러분, 더욱 더 힘써서, 여러분이 부르심을 받은 것과 택하심을 받은 것을 굳게 하십시오. 그러면 여러분은 넘어지지 않을 것입니다. 또한, 여러분은, 우리의 주님이시며 구주이신 예수 그리스도의 영원한 나라에 들어갈 자격을 충분히 갖출 것입니다."

우리가 성장함에 따라 구원을 완성할 가능성이 더욱 커질 것이고, 그것은 우리에게 구원을 완성할 것이라는 확신을 더욱 강하게 줄 것이라는 말이다. 신앙생활의 초기에는 믿음의 열매도 별로 없어서 확신이 흔들릴 때가 많지만, 점점 믿음의 열매를 많이 맺고 성숙해지면서 하나님의 구원을 이루게 될 것이라는 확신을 더 분명히 갖게 된다. 즉 구원의 확신은 성숙과 더불어 점점 더 커진다.

2. 다른 사람의 구원에 대하여

우리 자신의 구원에 대해서도 100퍼센트 확신할 수 없는 것이라면 다른 사람에 대해서도 깊은 검증 없이 섣부르게 구원 여부를 재단해서도 안 되고 구원의 확신을 빨리 가지라고 강요해서도 안 된다. 우리는 어떤 사람이 구원을 성취할지 확실하게 알 수 없다. 그것은 오직 하나님만이 아시는 영역이며, 본인조차도 희미하게 알 수 있는 정도다. 그래서 제3자가 아는 것은 쉽지 않다. 그래서 다른 사람에 대해 너무 쉽게 확신을 주거나 반대로 정죄하지 말아야 한다.

그럼에도 어떤 그리스도인이 하나님을 신뢰하지 않고 순종하는 삶을 살고 있지 않은 것이 확실하다면, 우리는 그가 믿음의 증거를 보여주지 못하기 때문에 구원받지 못할 것이라고 추정하면서, 다시 회개하고 그리스도를 믿으라고 권유하는 것이 마땅하다. 그것이 자신이 구원을 받을 것이라고 오판하고 있다가 하나님의 심판을 받는 것보다 더 안전한 길이기 때문이다.

3. 하나님의 신실하심

하나님은 우리가 하나님을 신뢰하면서 성령의 인도하심을 따라 순종하는 삶을 산다면 반드시 우리를 구원하실 것이라는 분명한 약속을 주셨고, 하나님의 중요한 성품이 '신실하심'이기 때문에 이 약속은 반드시 성취될 것이다. "선한 일을 하는 모든 사람에게는, 먼저 유대 사람을 비롯하여 그리스 사람에게 이르기까지, 영광과 존귀와 평강을 내리실 것입니다."롬2:10

하나님은 우리에게 또 다른 약속도 주셨다. 믿음의 여정에서 우리를 도우신다는 것이다. "나는 확신합니다. 죽음도, 삶도, 천사들도, 권세자들도, 현재 일도, 장래 일도, 능력도, 높음도, 깊음도, 그 밖에 어떤 피조물도, 우리를 우리 주 예수 그리스도 안에 있는 하나님의 사랑에서 끊을 수 없습니다."롬8:38-39

이것은 여행길에서 우리가 자발적으로 기차에서 내리지 않는다면 누구도 우리를 억지로 기차 밖으로 밀어낼 수 없다는 운송 규약과 같다. 우리가 믿음의 고비를 만나는 위기의 순간에 하나님을 향하여 도움을 요청하는 손을 내민다면 하나님은 결코 우리를 외면하지 않고 그 손을 잡아주실 것이다. 그리고 그렇게 잡은 손을 끊을 세력은 절대 없을 것이다.

그러므로 우리는 확신할 수 있다. 그리스도를 나의 구세주와 주님으로 믿고, 믿음의 살아있는 증거를 삶 속에서 지속적으로 보여준다면, 하나님이 우리에게 약속하신 영생을 반드시 성취할 것이다.

"그러므로 형제자매 여러분, 더욱 더 힘써서, 여러분이 부르심을 받은 것과 택하심을 받은 것을 굳게 하십시오. 그러면 여러분은 넘어지지 않을 것입니다."벧후1:10

"귀가 있는 사람은, 성령이 교회들에 하시는 말씀을 들어라. 이기는 사람에게는, 내가 하나님의 낙원에 있는 생명나무의 열매를 주어서 먹게 하겠다."계2:7

제16장 · 교회란 무엇인가?

> "그러므로 이제부터 여러분은 외국 사람이나 나그네가 아니요, 성도들과 함께 시민이며 하나님의 가족입니다." 엡2:19

　조선 후기 이 땅에 복음이 들어온 이후 초기에 전통문화와 일시적인 충돌이 있었던 것을 제외하면 전반적으로 기독교와 교회는 이 땅의 백성들에게 긍정적인 모습으로 받아들여졌다. 구한말의 혼란기와 일제강점기에 기독교는 민족을 다시 일으킬 수 있는 지주 역할을 해주리라는 기대를 받았고, 이후에도 신문화와 새로운 윤리의 매개체로 인식되면서 한국사회에 긍정적인 영향을 끼쳤다. 그러나 폭발적인 교인 수의 증가와 더불어 교회가 돈과 권력이 모인 곳이 되면서 점차 교회는 부정적인 모습을 보여주기 시작했다.

　요즘 한국 사회에서 교회는 매우 부정적인 인식의 대상이 되었다. 사람들이 교회를 생각할 때 떠올리는 이미지들은 대개 부정적이다. 권위적·비도덕적·위선적·정치적·이기적·권력지향적·수구적이라는 단어가 요즘 한국 교회들을 수식하는 용어들이 되어버렸다. 그 결과 교회를 어떤 조직이나 건물이라고 여기는 잘못된 인식과 더불어 교회에 염증을 느끼고, 교회에 소속되지 않고 혼자서 신앙생활을 하겠다고 하면서 교회에 나가지 않는 소위 '가나안 성도'(안나가'를 뒤집는 말이다)들이 점차 늘어나고 있다.

　원래 기독교와 교회는 동전의 양면처럼 한 몸이었다. 그러나 교회에 대한 부정적인 인식이 만연하면서 근래에는 교회와 기독교를 분리하려는 생각들이 늘어나고 있다. 교회가 예수님의 가르침을 제대로 반영하지 못했기 때문에 이런 현상이 나타나는 것이지만, 이것은 정상이 아니다. 교회는 원래 기독교, 즉 예수님의 가르침으로부터 생겨났고, 그 가르침대로 살아가는 공동체이기 때문이다. 그러기에 기독교와 교회를 분리하려는 작금의 현상은 매우 슬픈 일이다. 이렇게 교회가 무너져가는 세상 속에서 우리는 다시금 교회의 본질을 깨닫고 주님의 교회를 회복하려는 시도를 해야 한다.

이번 장에서는 교회의 기원과 본질에 대해 살펴본 후에 성경에서 사용하는 이미지들을 통해서 교회가 무엇인지 생각해보자.

I. 교회의 기원

1. 구약의 이스라엘 – 교회의 원형

교회를 이해하기 위해서는 먼저 구약의 이스라엘 백성으로부터 이야기를 풀어나가야 한다. 하나님은 이스라엘을 이집트에서 구원해내신 후에 시내 산(호렙 산)에서 총회로 모이게 하셨다.

"당신들이 호렙 산에서 당신들의 하나님이신 주님 앞에 섰던 날에, 주님께서 나에게 말씀하셨습니다. '이 백성을 나에게로 불러 모아라. 내가 그들에게 나의 말을 들려주어서, 그들이 이 땅에서 사는 동안에 나를 경외하는 것을 배우고, 또 이것을 그들의 아들딸에게 가르치게 하려고 한다'"신 4:10.

여기서 '총회'는 히브리어로 '카할'qahal인데, '회중'으로 번역되기도 한다. 그 총회에서 하나님은 이스라엘 백성과 언약을 맺는다.

"이제 너희가 정말로 나의 말을 듣고, 내가 세워 준 언약을 지키면, 너희는 모든 민족 가운데서 나의 보물이 될 것이다. 온 세상이 다 나의 것이다. 그러므로 너희는 내가 선택한 백성이 되고, 너희의 나라는 나를 섬기는 제사장 나라가 되고, 너희는 거룩한 민족이 될 것이다. 너는 이 말을 이스라엘 자손에게 일러주어라."출19:5-6

언약의 결과 이스라엘은 하나님의 '제사장 나라와 거룩한 민족'이 되었다. 언약의 조건은 십계명을 필두로 하여 하나님이 주신 각종 율법들을 지키는 것이었다.

"주님께서는, 총회 날에 산 위의 불 가운데서 당신들에게 선포하신 십계명을, 먼젓번과 같이 돌판에 새겨서 나에게 주셨습니다."신10:4

그러나 이스라엘 백성들은 이 언약을 지키지 못하고, 그 결과 하나님의 버림을 받는다.

2. 신약의 새 언약 백성 – 성취된 교회

신약 시대에 들어와서 하나님은 그리스도의 피를 통해서 새로운 사람들과 새 언약을 맺으신다.

"이것은 죄를 사하여 주려고 많은 사람을 위하여 흘리는 나의 피, 곧 언약의 피다."마26:28

"그러므로 그리스도는 새 언약의 중재자이십니다. 그는 첫 번째 언약 아래에서 저지른 범죄에서 사람들을 구속하시기 위하여 죽으심으로써, 부르심을 받은 사람들로 하여금 약속된 영원한 유업을 차지하게 하셨습니다."히9:15

이렇게 하나님과 새 언약을 맺은 사람들이 구약의 이스라엘을 대치하는 새 이스라엘이 되고, 갈6:15-16, "할례를 받거나 안 받는 것이 중요한 것이 아니라, 새롭게 창조되는 것이 중요합니다. 이 표준을 따라 사는 사람들에게와 하나님의 백성 이스라엘에게 평화와 자비가 있기를 빕니다" 그리스도의 피로 하나님과 새 언약을 맺은 공동체가 새 이스라엘, 제사장, 거룩한 나라로 불린다. 벧전2:9, "여러분은 택하심을 받은 족

속이요, 왕과 같은 제사장들이요, 거룩한 민족이요, 하나님의 소유가 된 백성입니다"

이 새 언약의 공동체, 새 이스라엘이 바로 교회다. 그래서 하나님이 자기 앞으로 불러 모은 이스라엘 백성들을 지칭하는 히브리어 단어 '카할'을 헬라어 성경인 칠십인역에서 '에클레시아'로 번역하였고, 그것은 바로 교회를 의미하는 용어가 되었다. 그러므로 교회는 시대와 장소를 막론하고 하나님과 새 언약을 맺은 모든 백성들을 포함한다. 이것을 보통 '우주적 교회' 또는 '보편적 교회'universal church라고 부른다. 우주적 교회는 오직 하나뿐이다. 그러나 시대마다 지역마다 하나님의 백성들이 필요와 상황에 따라 작은 공동체를 이루어 모임을 구성하는데, 이것들을 '지역 교회'local church라고 한다. 지역교회는 우주적 교회의 한 부분이며, 이 땅에 존재했고 지금도 존재하는 모든 지역교회가 모여 우주적 교회를 이룬다. 지역교회는 여러 가지 이유로 존재했다가 사라지기도 하지만, 우주적 교회는 주님이 다시 오실 때까지 계속 존재할 것이다.

II. 교회의 본질

교회의 본질은 무엇인가? 다른 말로 하면, 교회는 어떻게 정의할 수 있는가? 교회에 관해서 성경에서 말하고 있는 것들을 종합해보면 다음과 같이 정의할 수 있다.

"교회는 하나님의 목적을 성취하기 위해 부름 받은 사람들의 공동체다."

이 정의는 교회의 본질을 네 가지 요소로 설명한다.

1. 교회는 하나님의 '부름을 받은' 사람들의 공동체다

바울은 고린도교회 성도들에게 편지를 하면서 "그리스도 예수 안에서 거룩하여지고 성도로 부르심을 받은 여러분"고전1:2이라고 부른다. 부름받았다는 것은 구원의 은혜를 받았다는 의미다. 우연히 모인 것도 아니고 스스로 좋아서 모인 것도 아니라, 하나님이 영원한 계획 속에서 이루신 구원을 체험한 사람들이 모인 것이 교회다.

그래서 지역교회의 구성원이 되는 최소한의 조건은 하나님에 대한 신앙고백이다. 그럼에도 지역교회에는 '가라지'가 알곡과 함께 섞여 있을 것이다.마13:24-42 비록 우리는 누가 알곡이고 누가 가라지인지 정확하게 알지 못하지만, 또한 지금 그것을 가려내서 없애버리기 위해 애를 써야 하는 것도 아니지만, 하나님의 우주적 교회는 순수하게 구원의 은혜를 체험한 사람들로만 구성되어 있다.

2. 구원받은 '사람들' 신자들이 교회다

구원받은 사람들의 공동체가 교회라는 것은, 어떤 건물이나 조직이 아니라 사람들이 바로 교회라는 것을 의미한다. 그러므로 건물이나 사제나 어떤 유형의 조직이 없더라도 교회는 성립된다.

어떤 특정한 건물 등, 장소가 교회가 아니다. 그 곳은 교회가 편의상 모이는 곳일 뿐이다. 그래서 마치 어떤 장소 자체가 신성한 것처럼 '성전'이라고 부르면서 그것이 교회인양 여기는 것은 교회가 무엇인지를 잘 모르고 있는 것이다. 교회는 건물이 아니라 사람들이다. 성전은 건물이 아니라 하나님의 백성들이다.고전3:16 그래서 우리는 성도들이 모여 예배드리는 장소를 교회당이나 예배당처럼 교회와는 구별된 용어로 사용하는 것이 옳다.

3. 성도들의 '공동체'가 교회다

구원받은 사람들 개인이 교회가 아니다. 구원받은 사람들의 '모임'복수형이 교회다. 하나님은 개인을 구속하는 것으로 끝내지 않고, 그 사람들이 모이기를 원하셨다. 단순한 모임이 아니라 하나님을 아버지로 하는 형제자매들의 밀접한 공동체를 형성하신 것이다.

구원의 궁극적인 목적은 죄로 인해 하나님으로부터 떠나 처참하게 찢겨진 세상을 회복하여 다시 하나로 만드는 것이다. 이 목적을 위해 하나님은 먼저 사람들을 구원하시고 한 데 모아, 온 우주의 평화를 만드는 선도적 공동체로 만드셨다. 이것이 바로 교회다. 그러므로 교회는 사람들이 단순히 계약을 맺어서 조직을 이룬 것이 아니라 삶과 삶이 엮이면서 화학적 결합을 하여 더 큰 하나의 몸을 만드는 공동체다.

4. 교회는 '목적을 성취하기 위해' 모인 공동체다.

교회는 아무 목적이 없이 그냥 모인 군중이 아니다. 각 사람들의 욕구를 충족하기 위한 사교모임, 친목모임, 취미모임, 봉사모임도 아니다. 하나님은 분명한 목적을 가지고 구원의 은혜를 베푸셨고, 그 목적을 성취하기 위해 사람들을 모아 교회라는 공동체를 형성하신 것이다. 이 목적이 교회의 존재 이유다. 교회가 이 목적을 잃어버린다면 교회로서의 존재 이유를 상실한다.

하나님은 이 목적을 성취하는 데 도움이 되도록 각 성도들에게 다양한 은사를 제공해 주셨다. 그래서 교회는 하나님이 맡겨주신 사명을 감당하는 은사 공동체이다. 교회에 속한 모든 하나님의 백성들은 교회의 사명이 무엇인지 인식해야 하고, 그것을 감당하기 위해 자신이 받은 은사를 사용하여 수고하며 애써야 한다. 이런 측면에서 교회는 결코 이기적인 공동체일 수가 없다.

Ⅲ. 교회를 표상하는 이미지들

교회는 다양한 사람들로 구성된 매우 복합적인 유기체다. 그래서 어떤 한 가지 이미지나 특징으로 그 모습을 다 설명할 수 없다. 성경에서도 교회를 묘사하는 다양한 이미지가 동원되고 있다. 그 중에 몇 가지를 들어보면 다음과 같다.

그리스도의 몸고전12:27, 세상의 소금과 빛마5:13-16, 그리스도의 편지고후3:2-3, 하나님의 성전고전3:16, 그리스도의 신부엡5:23-32, 하나님의 백성엡2:19, 새 예루살렘계21:2, 하나님의 가족엡2:19, 외국인과 나그네.히11:13

이 중 몇 가지에 대해 좀 더 자세하게 생각해보자.

1. 그리스도의 몸

교회는 그리스도의 몸을 구성하고, 각 성도들은 그 몸의 지체들이다. "여러분은 그리스도의 몸이요, 따로 따로는 지체들입니다."고전12:27 그리스도가 성도들 안에 있고, 성도들도 그리스도 안에 거하면서 한 몸이 된 것이다. "여러분은 하나님의 자녀로서 그리스도 예수 안에 있습니다."고전1:30 이 몸에서 그리스도는 머리가 되신다. "그분은 교회라는 몸의 머리이십니다."골1:18 이것이 의미하는 바가 무엇인가? 그리스도가 교회의 주인이며, 교회의 궁극적인 리더가 예수님이라는 뜻이다. '머리'는 주권이나 리더십을 의미하므로, 교회에서의 모든 의사결정이나 행동은 교회의 머리가 되시는 그리스도의 뜻에 기초해야 한다. 이와 관련해서 교회가 해야 할 두 가지 과업이 있다.

첫째, 교회는 무엇보다 머리되신 주님의 뜻을 분별하기 위해 애써야 한다. 그것이 교회가 하는 모든 활동의 기초이며 나침반이고 지침이 되어야 한다. 어떤 인간의 생각이 주님의 뜻보다 우위에 설 수 없다. 그렇게 된다면 그것은 더 이상 주님의 교회가 아니라 그 사람의 교회가 되어 버린다.

그래서 교회는 다른 어떤 활동보다 성경을 알아가는 것을 가장 중요하게 여겨야 한다. 이 목적을 위해 하나님은 교회에 특별히 훈련된 말씀 사역자를 일꾼으로 세우신 것이다. 하나님의 말씀에서 떠난 교회는 더 이상 교회가 아니다. 그리스도의 머리됨을 인정하지 않는 것이기 때문이다. 그것은 인간의 생각에 의해 움직여지는 인간의 집단에 불과하다.

둘째, 그리스도의 머리됨을 인정하는 교회의 두 번째 과제는 어떤 어려움이 있더라도 분별한 그리스도의 뜻에 순종하는 것이다. 그 뜻에 순종하는 것이 우리를 피곤하게 하고, 힘들게 하고, 세상의 핍박을 초래하더라도 그 뜻을 변질시킬 권한은 우리에게 없다.

지체들을 만족하게 하는 것이 교회의 목표가 아니고, 교회라는 '조직'의 번성과 안위도 우리의 목표가 아니며, 하나님의 일을 가시적으로 성취하는 것도 최고의 목표가 아닐 뿐더러, 우리에게 맡겨진 사명을 얼마나 효율적으로 수행하느냐 하는 것도 부수적인 문제에 불과하다. 교회는 오직 그리스도가 명령한 것을 그리스도의 방식대로 할 뿐이다. 그것이 머리이신 그리스도를 따르는 몸된 교회가 할 일이다. 그 다음 문제는 머리되신 그리스도가 알아서 하실 것이다. 그러나 오늘날 많은 교회들이 스스로 번성하기 위해 인간적인 지침을 만들어서 교회를 운영한다. 그래서 결국 주님을 머리의 자리에서 끌어내리고 대신 인간이 주인인 교회로 전락해버린다.

우리는 교회의 머리이신 주님보다 앞서가려는 욕심을 버려야 한다. 우리의 목표는 주님의 교회를 크고 멋지게 만드는 것이 아니다. 다만 주님의 뜻과 방법을 분별하고 그것에 충실하게 가는 것뿐이다. 우리는 씨를 뿌리고 물을 줄 뿐이다. 자라게 하고 열매를 맺게 하시는 분은 하나님이다. 그러므로 마치 우리가 주인인 것처럼 앞에 나가서 교회를 성장시키고 멋있게 만들겠다고 설치면 오히려 교회를 망친다. 우리는 교회의 머리이신 그리스도의 길을 묵묵히 따라가야 한다.

2. 하나님의 가족

하나님은 우리를 입양하셔서 자녀로 삼아주셨다. 그래서 우리는 하나님을 아버지로 부르게 되었다. "하나님의 영으로 인도함을 받는 사람은, 누구나 다 하나님의 자녀입니다. 여러분은 또다시 두려움에 빠뜨리는 종살이의 영을 받은 것이 아니라, 자녀로 삼으시는 영을 받았습니다. 그래서 우리는 그 영으로 하나님을 '아빠, 아버지'라고 부릅니다."롬8:14-15 그러므로 성도들의 공동체인 교회는 하나님의 가족이다.

"그러므로 이제부터 여러분은 외국 사람이나 나그네가 아니요, 성도들과 함께 시민이며 하나님의 가족입니다."엡2:19

"만일 내가 늦어지더라도, 하나님의 가족 가운데서 사람이 어떻게 처신해야 하는지를 그대가 알게 하려는 것입니다. 이 가족은 살아 계신 하나님의 교회요, 진리의 기둥과 터입니다."딤전3:15

교회가 하나님의 가족이라는 것은 무엇을 의미하는가? 그것은 일차적으로 우리에게 특권이 주어졌다는 것을 의미한다. 성도들과 교회는 만유의 주님이신 하나님의 자녀가 되는 특권을 얻었다.요1:12 그래서 하나님은 교회를 세우고 지키고 보호하신다. 또한, 하나님은 아버지가 자녀들의 요청을 무시하지 않는 것처럼 교회의 간구를 외면하지 않으신다. "두세 사람이 내 이름으로 모이는 자리에는, 내가 그들과 함께 있다."마18:20

또한, 교회가 하나님의 가족이라는 것은 성도들이 서로 가족과 같은 관계를 맺는다는 것을 의미한다. 교회가 가족이기에 성도들은 형제자매다. 세상에서는 뜻을 나눈 동지들이 '의형제'를 맺기도 하지만, 우리는 하나님의 은혜로 구원받아 이미 한 가족 안에서 형제자매가 되었다. '의형제'가 이미 맺어진 것이다. 그런 결의를 표현하는 것이 바로 '성만찬'이다. 거기서 우리는 마치 의형제들이 피를 나누는 것처럼 그리스도의 피를 함께 나누어 마시면서 뗄 수 없는 관계가 되었다는 것을 확인한다.

그러므로 우리는 교회의 형제자매들과 먼저 영적으로 가족이 되었으니 실제 삶에서도 가족다운 관계를 맺기 위해 노력해야 한다. 어떤 노력을 해야 할 것인가? 먼저, 도움을 주고받으면서 서로 성장시켜주어야 한다. "온 몸은 머리이신 그리스도께 속해 있으며, 몸에 갖추어져 있는 각 마디를 통하여 연결되고 결합됩니다. 각 지체가 그 맡은 분량대로 활동함을 따라 몸이 자라나며 사랑 안에서 몸이 건설됩니다."엡4:16 또한, 가족 안에서 각자 맡은 역할을 잘 감당하면서 가족의 빈 부분을 채우고 가족으로 잘 기능할 수 있도록 노력해야 한다.고전12:14-26 힘들어하는 형제자매의 짐을 서로 져주고,갈6:2 기쁨과 슬픔과 고통을 함께 나누며,고전12:26 물질적으로 어려운 형제자매들을 모른 채 하지 않고 힘닿는 대로 도우려고 애쓴다.행2:44-45, 4:32, 34-35

예수님이 이 땅에서 사셨던 모습을 우리에게 전부 적용할 수는 없지만, 생각하고 배워야 할 부분들이 있다. 예수님은 어린 시절 부모님께 순종하셨다. 가족에 대한 책임감도 커서 아버지의 가업을 이어 목수 일을 하면서 가족을 부양했다. 예수님은 죽는 순간에도 어머니 마리아를 염려하여 요한에게 봉양을 부탁할 정도로 육신의 가족을 생각하는 마음이 깊었다. 그러나 예수님은 성인이 되어 하나님이 부르신 길로 나서야 할 때 주저 없이 가족을 떠났다. 광야로 나갔고, 사람들 속으로 들어갔고, 제자들과 함께 지내셨다. 이렇게 목적지향적인 삶을 사실 때 예수님은 자신의 친가족보다 영적인 가족을 더 귀하게 여기셨다.

"그 때에 예수의 어머니와 동생들이 찾아와, 바깥에 서서, 사람을 들여보내어 예수를 불렀다. 무리가 예수의 주위에 둘러앉아 있다가, 그에게 말하였다. '보십시오, 선생님의 어머니와 동생들과 누이들이 바깥에서 선생님을 찾고 있습니다.' 예수께서 그들에게 대답하셨다. '누가 내 어머니이며, 내 형제들이냐?' 그리고 주위에 둘러앉은 사람들을 둘러보시고 말씀하셨다. '보아라, 내 어머니와 내 형제자매들이다. 누구든지 하나님의 뜻을 행하는 사람이 곧 내 형제요 자매요 어머니다.'"막3:31-35

유교적 전통 가족 관념에 깊이 젖은 한국 사람들이 가장 따르기 힘들어하는 것이 바로 이것이다. 그래서 교회에 속하고 그리스도인이라고 말하면서도 하나님의 더 큰 가족을 생각하지 않고, 육신의 가족의 안위와 번영을 생각하는 데서 한 발자국도 나아가지 못하는 사람들이 많이 있다. 그 결과 하나님의 새로운 가족은 말로만 가족일 뿐 전혀 가족적이지 않은 상태로 머물게 된다. 가족을 만들어주시고, 가족처럼 살기를 원하시는 하나님의 뜻이 좌절되고, 예루살렘 교회를 통해 보여주신 모델은 화석화된 상태로 우리와 아무 상관 없는 것이 되어버린다.

"믿는 사람은 모두 함께 지내며, 모든 것을 공동으로 소유하였다. 그들은 재산과 소유물을 팔아서, 모든 사람에게 필요한 대로 나누어주었다. 그리고 날마다 한 마음으로 성전에 열심히 모이고, 집집이 돌아가면서 빵을 떼며, 순전한 마음으로 기쁘게 음식을 먹고, 하나님을 찬양하였다. 그래서 그들은 모든 사람에게서 호감을 샀다. 주님께서는 구원 받는 사람을 날마다 더하여 주셨다."행2:44-47

우리는 하나님의 은혜로 형성된 교회 공동체를 하나님의 가족다운 모습으로 만들기 위해 애써야 한다. 그것이 우리를 구원하신 하나님의 의도를 성취하며 예수님의 마음을 본받는 길이다.

"여러분은 자기 일만 돌보지 말고, 서로 다른 사람들의 일도 돌보아 주십시오. 여러분 안에 이 마음을 품으십시오. 그것은 곧 그리스도 예수의 마음이기도 합니다."빌2:4-5

3. 하나님 나라의 모델 하우스

성경에 직접 등장하는 표현은 아니지만 교회에 관한 성경의 묘사를 잘 포괄할 수 있는 또 다른 멋진 이미지는 교회가 하나님나라를 보여주는 '모델하우스'라는 것이다.

1) 하나님의 나라란 무엇인가?

하나님나라는 미래에 나타날 낙원과 같은 것이 아니라 온 우주의 왕이신 하나님의 통치와 그 통치가 미치는 영역을 의미한다. 그 통치의 주권이 미치는 대상이 사람일 수도 있고, 어떤 지역일 수도 있고, 삶의 어떤 영역일 수도 있다. 법적으로 말한다면 온 세상은 하나님의 통치 아래 있는 하나님의 나라다. 그러나 실제적인 측면에서 보면 세상은 사탄의 계략에 넘어가서 하나님을 거역하고 하나님의 왕권을 거부하였다.

하나님은 이 세상을 다시 하나님의 통치 아래 회복하기를 원하신다. 그래서 예수님을 보내서 하나님이 세상의 유일무이한 통치자라는 것을 보여주고, 또한 다시 하나님의 통치 영역을 회복하는 일을 시작하셨다. 그래서 하나님의 나라는 예수님의 사역으로부터 이 땅에 임하였고, 지금도 확장되고 있으며, 미래에 완성될 것이다. 하나님은 구원의 은혜를 통해 생겨난 교회 공동체를 통해서 하나님나라의 복음을 선포하고 하나님의 주권을 인정하며 사는 모습, 즉 하나님나라가 회복된 모습을 세상에 보여주기를 원하셨다.

2) 하나님나라와 교회의 관계

하나님 나라와 교회는 어떤 관계가 있는가?

첫째, 교회는 하나님나라와 동일하지 않다. 하나님나라는 피조세계뿐만 아니라 온 우주까지 포괄하기 때문에 교회보다 훨씬 큰 개념이다.

둘째, 교회는 하나님나라 복음에 믿음으로 반응한 사람들로 인해 생겨난 것이다. 즉 교회는 하나님나라의 선포를 통해 탄생하였다.

셋째, 하나님은 이 땅에서 하나님나라의 모습을 가장 잘 보여줄 수 있는 곳으로 교회를 세우셨다. 그러므로 교회는 하나님의 주권을 인정하는 모습을 통해서 종말에 완성될 영광스러운 하나님나라의 모습을 현재에 보여주는 종말론적 공동체인 것이다. 스탠리 그렌츠, 『조직신학』, 크리스챤 다이제스트, 687

넷째, 예수님이 교회를 세상으로 파송하실 때 요20:21 교회는 예수님의 하나님나라 사역을 이어받는 것이다.

종합한다면, 교회는 하나님나라의 복음으로 형성되었고, 하나님나라 안에서 사는 모습을 보여주며, 하나님나라를 선포하는 자로 세워진 것이다.

3) 교회는 어떤 모습을 통해서 하나님나라를 보여줄 것인가?

그것은 모든 성도들의 삶과 교회의 모습에서 그리스도의 주권을 인정하는 것으로 나타나야 한다. 그리스도의 주권을 인정한다는 것이 무엇일까? 주권은 주인으로서의 권리이기 때문에 하나님을 주인으로 인정하면서 그의 말씀에 순종하는 것이 바로 하나님의 주권을 인정하는 것이다. 다른 말로 하면, 우리의 생각을 성경의 권위 아래 두는 것, 그래서 성경의 인도를 따라 움직이는 것, 그것이 바로 교회가 하나님의 주권을 인정하는 참된 하나님나라의 모습을 보여주는 것이다.

4) 하나님의 말씀의 권위를 인정하는 삶

일차적으로는 하나님의 뜻을 거스르는 방향으로 움직이고 있는 세상에서 유행하는 원리를 거부한다는 의미다. "이 시대의 풍조를 본받지 않고."

롬12:2 이 시대의 풍조 중 가장 강력한 것은 부와 권력의 추구다. 이것이 구약 시대에 하나님을 대항하여 백성들을 유혹했던 바알신앙의 핵심인 풍요와 다산의 현대판 버전이다. 이것이 예수님 당시에 '맘모니즘'으로 표현되었다. 풍요와 다산 자체가 잘못된 것은 아니다. 자기 자녀들의 행복을 원하시는 하나님도 비슷한 약속을 하셨다. 그런데 왜 하나님은 그것을 위해서 달려가지 못하게 하셨을까?

문제는 두 가지다. 하나는, 그것을 가짜 신인 바알이 줄 수 없다는 점이고, 두 번째는 부와 권력이 원래 있어야 할 자리보다 지나치게 높은 위치를 차지하기 때문이다. 그것이 다른 모든 가치들을 제치고 인생 최고의 목적이 되었기 때문이다. 하나님은 부와 권력이 차지하는 자리, 혹은 비중이 사람들이 생각하는 것만큼 크지 않다고 보신 것이다. 하나님은 부와 권력보다 더 중요한 가치가 있다고 말씀하셨다. 그것이 바로 정의·공평·평화, 약자보호와 같은 것들이다. 구약식으로 표현하면 이스라엘 백성들이 정의와 평화·공평·약자보호의 가치를 추구하면 부와 권력은 뒤따라오는 것이라고 말씀하신 것이고, 신약식으로 표현하면 설령 부와 권력이 뒤따라오지 않더라도 하나님의 사람들은 정의와 평화, 공평과 약자보호를 위해 힘써야 한다고 말씀하시는 것이다.

이 시대는 오직 부와 권력이 최고의 가치라고 가르치고, 그것을 향해서 달려 나가는 것이 가장 '정상적인 삶'이라고 가르친다. 이것이 '이 시대의 풍조'다. 그러나 하나님은 이 시대의 풍조를 본받지 말라고 분명하게 말씀하신다. 그것은 우상숭배와 똑같은 것이기 때문이다. 그 대신 좀 더 적극적으로 하나님이 원하시는 삶을 살기를 원하신다. 사랑하라, 섬겨라, 나누어주라, 겸손하라, 약자를 도와주어라, 평균케 하는 삶을 살려고 노력하라, 의를 이루려고 힘써라, 너의 욕망을 위해 자연을 착취하지 말고 잘 관리하고 다스려라. 이 명령들에 순종하는 것이 그리스도인 교회가 가야 할 길이다. 서로 격려하면서 이루어가야 할 하나님의 나라이다.

5) 이렇게 살면 세상에서 '이상한 사람들'로 나타나게 될 것이다.

이것은 당연한 일이다. 베드로가 표현한대로 하나님나라의 사람들은 "나그네와 거류민"aliens and strangers in the world, 벧전2:11이기 때문이다. 우리는 이 땅에 속한 사람들이 아니다. 우리의 '시민권'은 하늘에 있다.빌3:20 그렇기에 우리의 충성의 대상은 오직 하늘에 계신 하나님이며, 우리가 적용해야 할 삶의 원리는 하나님으로부터 나온다.

그러므로 교회 공동체에 속한 사람들의 삶은 세상과 다르다. 다를 수밖에 없다. 아니, 달라야 한다. 우리는 공동체가 되어 세상과 다른 삶을 서로 가르치고, 그렇게 살도록 부추기고 격려하고 힘을 북돋아주어야 한다. 그런 교회야말로 하나님나라의 공동체임을 증거하는 곳이다. 지금 한국교회와 성도들은 '다름'을 상실했다. '나그네와 거류민'이 아니라 정착민이 되었다. 오히려 세상의 터줏대감으로 눌러앉아 버렸다. 누구보다 세상의 가치관과 삶의 방식을 더 빨리 받아들이는 선구자로 전락해버렸다. 세상에서 부귀영화를 누리고 온갖 권력을 발휘하려는 지극히 세속적인 집단과 사람들로 변질되어 버렸다. 그러니 교회가 하나님나라를 보여주는 모델하우스이기는커녕 오히려 세상의 모습을 그대로 비추는 '거울'로 몰락해버린 것은 당연한 결과이다.

그리스도인 각자는, 그리고 교회는 스스로 돌아봐야 한다. 우리의 삶은 얼마나 다른가? 우리 교회는 얼마나 다른 삶을 부추기는가? 우리는 삶으로 하나님나라의 실재를 얼마나 증거하고 있는가? 이 질문에 대한 대답이 우리 교회가 진정한 주님의 교회인지 판별해 줄 것이다.

교회에 관한 다양한 이미지들은 교회가 얼마나 풍성하고, 고귀하고, 중요한 것인지를 보여준다. 그러므로 그리스도인은 교회를 소홀히 여겨서는 안 된다. 교회는 하나님의 생각과 계획과 목적이 총 집약된 하나님의 멋진 작품이기 때문이다. 비록 그리스도의 머리되심을 인정하지 않는 타락한 교회들로 인해 교회 전체뿐만 아니라 기독교, 더 나아가서 하나님까지도 모욕을 당하는 세상이 되었지만, 그래서 더더욱 교회의 본질을 다시 회복하고 참된 교회를 만드는 것은 우리의 시대적 사명이다.

참된 교회는 암울한 세상에 빛과 소망을 던져줄 것이다. 이것이 우리가 교회다운 교회를 만들려고 애쓰는 이유다. 주님의 이름을 담은 멋진 교회를 만들기 위해 분투하는 이 땅의 모든 주님의 백성들에게 하나님의 은혜와 능력이 함께할 것이다.

제17장 · 참된 교회의 특징

"여러분은 사도들과 예언자들이 놓은 기초 위에 세워진 건물이며, 그리스도 예수가 그 모퉁잇돌이 되십니다." 엡2:20

세상에는 수많은 모임과 조직들이 있다. 가족이나 부족처럼 자연스럽게 형성된 것도 있지만, 회사나 동호회처럼 사람들이 필요에 따라 만든 것들도 있다. 사람들은 교회도 필요에 따라 만든 모임 중 하나라고 생각한다. 그러나 교회는 그런 식으로 취급될 수 없는 종류의 회합이다. 우리가 앞에서 보았듯이 교회는 그리스도의 몸이기 때문이다. 이것은 세상에 유일무이한 것으로서 교회의 위대함을 웅변적으로 증거하는 것이다. 그리스도인들이 이런 사실을 인식할 때 교회를 대하는 태도가 달라질 것이고 교회를 교회답게 만들려는 열정이 생겨날 것이다.

Ⅰ. 교회의 중요성

세상에 있는 각종 모임들은 나름의 중요성과 의미를 가지고 있다. 그러나 그 어느 것도 교회만큼 중요하거나 큰 의미를 가지고 있지 않다. 왜 그런가? 교회는 하나님의 영원한 계획 속에서 하나님이 의도적으로 만드신 영광스러운 것이기 때문이다.

1. 교회는 이 땅에 주님이 세우신 유일한 공동체이기 때문에 중요하다

예수님은 가이사랴 빌립보에서 베드로의 위대한 신앙고백을 들으신 후에 그를 칭찬하시면서 이렇게 약속해 주셨다, "너는 베드로다. 나는 이 반석 위에다가 내 교회를 세우겠다. 죽음의 문들이 그것을 이기지 못할 것이다."마16:18 예수님은 이 땅에서 자신의 일을 계승하고 발전시킬 다른 어떤 모임이나 조직도 만들지 않으셨다. 오직 성령의 충만함을 받아 자신을 따르는 사람들의 공동체를 남기셨을 뿐이다. 이것이 바로 교회이며, 그래서 교회는 대체 불가능한 유일무이한 공동체다.

2. 교회는 그리스도의 피로 사신 것이기 때문에 중요하다

성경은 교회를 "하나님이 자기 피로 사신 교회"행20:28라고 부른다. 교회는 그리스도의 희생적인 죽음을 통해서 구원받은 사람들로 형성되었다. 이것은 교회가 그리스도의 죽음과 부활의 토대 위에 세워졌다는 말이다. 그러므로 교회에는 그리스도의 희생의 피와 부활의 생명이 동시에 담겨 있다.

3. 교회는 하나님의 영원한 계획에 의해 설립된 것이다

하나님은 구약시대부터 아브라함을 부르시고 이스라엘 백성들을 선택받은 백성으로 구별하시면서 하나님의 백성을 형성하려고 하셨다. 비록 이스라엘 백성이 하나님과의 언약을 깨뜨리고 뛰쳐나갔지만 하나님은 새로운 시대에 또 다른 백성과 언약을 맺으셨다. 그렇게 해서 형성된 것이 교회다. 하나님이 오랜 세월동안 심혈을 기울여 만드시려고 했던 것이 교회라면 그것은 매우 의미 있고 영광스러운 것일 수밖에 없다.

4. 교회는 하나님이 자신의 자녀들을 양육하라고 맡긴 공동체다

하나님의 자녀로 입양된 사람들은 교회를 통하여 그리스도를 닮은 모습으로 양육된다. 즉, 주님께서 자신의 자식에 대한 양육 책임을 교회에 맡기신 것이다. 만약 교회가 그 책임을 방기하거나 제대로 양육하지 못하면 하나님의 자녀들은 바르게 성장하지 못할 것이다. 한 아이의 교육에 학교의 역할이 중요하다면, 그리스도인의 성장에 있어서 교회는 그것과 비교할 수 없을 정도로 더 중요하다.

5. 교회는 예수님의 사역을 위임받은 공동체다

예수님은 다른 어떤 사람들이나 조직에 자신의 사역을 위임하지 않으셨다. 오직 교회가 그 계승자다. 그래서 예수님이 기초 작업을 이루신 사역의 성패는 교회가 어떻게 하느냐에 달려있다고 해도 과언이 아니다. 교회가 자신에게 주어진 사명을 엄중하게 느껴서 겸손함과 담대함으로 그 사명을 감당할 때, 예수님이 선포하신 하나님나라의 복음이 땅끝까지 전파되어 하나님나라의 확장이 이루어질 것이다. 그러나 교회가 자신의 안위만을 위해 하나님이 주신 은사와 자원들을 소진한다면, 교회는 생명력을 상실한, 이름뿐인 교회로 전락할 것이다.

Ⅱ. 교회의 기초

교회는 어떤 기초 위에 서 있는가? 전통적으로 마태복음 16장 18절에 기록된 예수님의 말씀을 교회의 기초를 언급한 것으로 본다. "너는 베드로다. 나는 이 반석 위에다가 내 교회를 세우겠다. 죽음의 문들이 그것을 이기지 못할 것이다." 그러나 이 말씀이 정확하게 무엇을 의미하는지에 대해서는 견해가 엇갈린다.

1. 대립되는 견해

로마 가톨릭은 전통적으로 예수님이 베드로에게 이 약속을 주신 것이므로 베드로가 교회의 기초가 된다고 생각한다. 그래서 그 계통을 이은 로마 주교^{교황}가 교회에 대한 절대권위를 계승한다고 주장한다. 그러나 개신교는 베드로 자신이 아니라 베드로가 성령의 이끌림으로 한 고백, 또는 고백의 중심인 그리스도가 교회의 기초라고 생각한다. 왜냐하면 베드로의 신앙고백과 예수님의 이 말씀이 있은 직후에 그는 예수님에 의해서 '사탄'이라는 질책을 들었고,^{23절} 이렇게 순식간에 변하는 연약한 사람 위에 교회를 세운다는 것은 매우 위험한 일이 되기 때문이다.

베드로의 고백^{"선생님은 살아 계신 하나님의 아들 그리스도십니다"}은 주님이 누구인가를 밝히는 고백이다. 그러므로 그것은 그리스도의 정체성, 그의 인격, 그의 사역을 나타내는 것이며^{그리스도에 관한 진리}, 결국 그것은 그리스도가 교회의 기초라는 것과 같은 말이다. 이것은 고린도전서 3장 11절에서 바울이 교회에 대해 한 말과 같은 맥락이다. "이 닦아 둔 것 외에 능히 다른 터를 닦아 둘 자가 없으니 이 터는 곧 예수 그리스도라."

2. 교회는 진리의 기둥과 터

교회의 기초가 예수 그리스도와 그에 관한 진리라면 이것을 기초로 세워진 성도들의 공동체는 예수 그리스도와 분리될 수 없는 것과 마찬가지로 그의 진리와도 분리될 수 없다. 그래서 교회를 "진리의 기둥과 터"^{딤전 3:15}라고 부르는 것이다. 그러므로 교회의 기초는 그리스도와 그의 진리의 말씀이다.

이것은 무엇을 의미하는가?

첫째, 그리스도에 대한 신앙고백이 교회의 정체성의 핵심이어야 한다. 교회는 다양한 사람들이 모인 것이지만 삼위일체 하나님에 대한 신앙은 똑같아야 한다. 교회가 이 고백을 소홀히 여기거나 저버린다면 그것은 더 이상 주님의 교회이기를 포기하는 것과 같다.

둘째, 또한 그리스도가 가르친 진리의 말씀이 교회의 행동원리여야 한다. 교회는 주님이 명령하신 것을 행하고, 금하는 것을 하지 않고, 주님이 원하시는 방식대로 움직여야 한다. 효과적이라는 이유 때문에 세상의 성공 방식을 따라가서는 안 된다. 철저하게 성경의 원칙에 입각해서 세워지고 운영되는 교회여야 한다는 말이다. 예를 들면, 교회는 직분자들을 임명하는 기준을 성경의 원칙에 두어야 한다.^{딤전3장, 딛1장} 사회적 지위나 경제력을 기준으로 직분자를 세우는 것은 교회 스스로 기초를 부정하는 것과 같다. 또한, 교회는 공동체라는 것을 인식하면서 어떻게든 공동체적 삶을 이루어나가려고 애써야 한다. 교회의 성장을 위해 공동체적 삶을 무시하는 것은 삼위일체 하나님의 공동체적 기초를 부정하는 것과 같다. 성경의 원칙을 따르는 교회는 더 많이 모으고, 누리고, 세력을 키우기 위해서가 아니라 섬기고, 치유하고, 변혁하는 데 자신에게 주어진 힘을 쏟아야 한다.

III. 교회의 주인은 누구인가?

교회는 다른 누구의 교회도 아닌 주님의 교회라고 성경은 분명하게 밝힌다. 하나님은 자기 아들의 피로 교회를 사셨다.^{행20:28} 주인이 되셨다는 말이다. 그러므로 이제 우리는 구원받아, 주님이 머리가 되시고 우리 모두가 각 지체를 구성하는 주님의 한 몸이 되어 그의 소유가 된 것이다. 이것은 무엇을 의미하는가?

1. 어떤 인간도 자신이 교회의 머리라고 주장하지 못한다

교회의 소유권과 리더십은 오직 주님에게 속한 것이다. 그러므로 어떤 사람이 자신의 돈, 노력, 헌신을 한 지역교회에 다 쏟아 부었다 할지라도 그 교회에 대해서 자신의 소유권, 기득권, 리더십 권한을 주장할 수 없다. 궁극적인 소유자와 리더는 오직 주님뿐이다. 사람은 주님이 주신 은사와 역할의 범위 내에서 섬기는 일꾼에 지나지 않는다.

이런 점에서 한국 교회의 현실은 참으로 암담하다. 목회 세습의 기저에는 교회를 자신의 소유물로 생각하는 사고방식이 똬리를 틀고 있다. 오직 우리는 주님이 말씀하신대로 이렇게 고백해야 한다, "너희도 명령을 받은 대로 다 하고 나서 '우리는 쓸모없는 종입니다. 우리는 마땅히 해야 할 일을 하였을 뿐입니다.'"눅17:10 그것을 넘어서는 주장은 인간적인 욕심에서 나오는 것이며, 교회에 대한 주님의 소유권을 인정하지 않는 것이다.

2. 교회의 성공은 주님의 성공이며, 교회의 고난은 주님의 고난이다

이것은 교회가 그리스도의 몸이 되어 주님의 소유가 되었기 때문에 누리는 특권이다. 고린도전서 6장 17절이 바로 이것을 말하고 있다, "주님과 합하는 사람은 그와 한 영이 됩니다." 그래서 하나님이 '우리의 하나님'이라고 불리기를 부끄러워하지 않으시는 것이다. 히11:16

1) 교회의 성공은 주님의 성공이다

그러므로 영광과 칭송을 받을 대상은 사람이 아니라 오직 주님이시다. 우리가 온전한 주님의 교회를 세우려고 노력하는 것은, 목사나 장로의 명예를 위해서가 아니고, 성도들의 만족을 위해서도 아니다. 그것을 통해 하나님이 영광을 받으시기 때문이다.

2) 교회의 고난은 주님의 고난이다

이것은 사울이 주를 따르는 자들을 박해하는 과정에서 잘 드러난다. 분명히 사울은 교회를 박해했지만 주님은 이것을 자신에 대한 박해로 해석하신다. 그래서 사도행전 9장 4절에서 "사울아 사울아 네가 어찌하여 나를 핍박하느냐?" 하고 물으신 것이다. 사울의 박해로부터 교회를 지키신 하나님은 그 이후로도 계속해서 교회의 고난을 자신의 고난으로 여기시면서 그 고통의 과정을 함께하셨고 교회를 지키셨다.

그러므로 참된 교회를 형성하고자 하는 과정이 힘들기도 하고, 때로는 비아냥거리는 놀림과 직접적인 사탄의 방해공작을 받겠지만, 그것은 우리 혼자 당하는 것이 아니다. 궁극적으로 우리 주님이 우리와 함께 당하는 것이다. 그러므로 우리는 주님의 뒤에서 위로를 찾을 수 있다. 우리를 눈동자처럼 보호하시는 하나님은 슥2:8, "무릇 너희를 범하는 자는 그의 눈동자를 범하는 것이라" 우리의 고통을 자신의 고통으로 여기시며 우리를 위로하시고 피난처가 되어주실 것이다.

3) 교회를 교회이게 하는 것

사람들이 모이고 교회라는 간판을 달고 예배의 형태를 갖춘 모임이 이어진다고 해서 그냥 교회가 되는 것이 아니다. 교회를 세우신 하나님의 생각을 담고 있어야 참된 교회라고 부를 수 있다. 실제로 세상에는 교회라는 이름은 가졌지만 하나님의 교회인지 사람의 교회인지 알 수 없는 교회들이 너무 많다. 그러므로 교회를 교회답게 만들려면 참된 교회의 특징이 무엇인지 생각해보고 그런 특징을 담아내기 위해 노력해야 한다.

Ⅳ. 참된 교회의 특성

참된 주님의 교회와 거짓된 교회를 분별할 수 있는 기준은 무엇인가? 전통적으로 신학자들은 성경에 나타난 교회의 모습을 연구하여 네 가지 특성을 그 기준으로 제시하였다. 물론 이 네 가지 기준에 완벽히 맞아야 참된 교회라는 말은 아니다. 다만 이 특성들을 목표로 설정하여 힘을 다해 추구하는 모습이 참된 교회의 모습을 보여준다고 말할 수 있다.

1. 통일성 one

세상에 있는 모든 성도와 교회는 한 성령 안에서 한 하나님을 아버지로 모신 한 형제이며 자매다.엡4:4-6 비록 지역, 민족, 인종, 문화적 차이로 인해 다양한 지역교회를 구성하고 있지만, 가족으로서의 하나됨에 대한 인식은 분명하게 가지고 있어야 한다. 그러므로 진리에 서 있는 다른 교회들을 적대시하거나 무시하는 것은 바른 태도가 아니다.

또한, 한 지역 교회는 하나님을 아버지로 모신 형제자매들이 한 가족을 구성하고 있다는 공동체 의식을 가지고 있어야 한다. 그래서 실질적으로 하나됨을 이루기 위해 노력해야 한다. 예수님은 이 세상에서 마지막 밤을 제자들과 함께 보내시면서 거룩한 기도를 드리셨다. 그 기도에는 그의 유언과 같은 마음이 담겨 있다. "나는 이제 더 이상 세상에 있지 않으나, 그들은 세상에 있습니다. 나는 아버지께로 갑니다. 거룩하신 아버지, 아버지께서 내게 주신 아버지의 이름으로 그들을 지켜주셔서, 우리가 하나인 것 같이, 그들도 하나가 되게 하여 주십시오."요17:11

주님의 뜻을 이루기 위해 교회는 서로 사랑하고 존중하는 것뿐만 아니라, 차이를 조정하고 그것을 뛰어넘는 연합을 이루기 위해 노력하며, 그 노력을 이끌어나가기 위한 질서를 갖춘다. 이것을 위해 하나님은 교회에 지도자들을 주셨다. 이렇게 하나됨을 위한 노력을 하는 가운데 거행하는 성찬은 교회가 한 가족이며 하나라는 것을 상징적으로 보여주고, 확인하는 시간이다.

2. 거룩성 holy

교회는 하나님의 거룩하심을 본받아 세상에서 구별된 공동체다. 교회는 세상을 추종하는 것이 아니라 삶의 모든 면에서 하나님나라의 가치를 추구하는 구별된 공동체다. 정치, 경제, 사회, 문화, 교육 등 모든 분야에서 하나님나라의 가치대로 움직이고, 그것을 통해 하늘에 속한 공동체라는 것을 드러낸다. 그래서 사람들이 돈이 최고라고 여기면서 돈을 향해서 달려갈 때 그것보다 더 중요한 가치가 있다고 선언하며, 돈보다는 사람을 중시하는 삶, 균형 잡힌 영성, 사회적 약자에 대한 배려, 생태계에 대한 관심과 공존을 위한 노력, 공동체의 형성이라는 가치를 택한다.

사회를 정글로 보면서 약육강식의 세계관에 물들어 어떻게든 남들보다 위에 올라서려고 애쓰는 세상 속에서 거룩하고 구별된 교회는 다른 사람을 공동체의 일원으로 여기면서 가난한 자와 사회적 약자들을 돌보고, 도와주고, 세워주고, 섬기는 삶을 살려고 애쓴다. 더 많은 것을 가지고 더 다양한 혜택을 누리려는 소비주의와 물질주의 사회 속에서 하나님의 거룩한 교회는 은혜로 받은 것들을 내 것이라 여기지 않는 마음으로 검소한 삶을 살면서 다른 사람에게 기꺼이 나눠주는 은혜의 삶을 실행한다. 세상이 상대주의적 윤리관에 기초하여 도덕을 상대화하면서, 자기만족을 추구하고 욕망을 충족시키는 것이 가장 자연스럽고 가치 있는 삶이라고 주장할 때, 하나님의 거룩한 교회는 세상의 창조자이신 하나님이 절대적 윤리의 규범자라는 사실을 인정하고 그의 뜻에 맞추어 도덕과 윤리를 세우는 삶을 살려고 애쓴다.

교회는 거룩하신 하나님을 본받아 세상에서 구별된 공동체가 되어 하

하나님나라의 가치를 가르치고 격려하면서 그 가치대로 사는 공동체가 되어야 한다.

3. 보편성 catholic

교회는 한 민족이나 국가나 인종에 국한되지 않는다. 참된 우주적 교회는 다양한 인종과 민족으로 구성된 포괄적인 공동체다.

지역교회도 기본적으로 모든 사람들을 포괄할 수 있는 특징을 가지고 있어야 한다. 교회는 누구에게나 평등하게 전해진 복음을 받아들인 사람들로 구성된다. 그 결과 교회는 인종, 민족, 성별, 피부색, 사회적 신분과 상관없이 모든 사람들에게 열려있고, 사회적 차이와 상관없이 모든 성도들을 하나님의 가족으로 받아들인다. 그러므로 교회가 사회적 혹은 경제적 이유로 사람들을 차별하는 것은 잘못이며,^{약2:1-4} 인종이나 민족이라는 장벽을 두는 것도 잘못이다. 구성원의 보편성은 교회를 특정 목적과 특정인을 위한 선교단체 para-church와 구별하는 중요한 특성이다. 이런 선교단체들은 구성원에 제한을 두는 것이 일반적이지만, 교회는 누구에게나 열려있는 보편적 특성을 가지고 있다.

4. 사도성 apostolic

사도성은 베드로에게까지 거슬러 올라가서 권위를 주장하는 교황의 특권 같은 것을 의미하는 말이 아니다. 베드로의 주도권은 기독교 초기에만 해당되었고, 점차 다른 사람들 예루살렘회의에서는 야고보, 선교에 있어서 바울, 로마 멸망 후에 요한에게로 주도권이 넘어갔다. 우리가 앞에서 살펴보았듯이, 교회의 기초가 베드로의 신앙고백이기 때문에 사도성은 베드로를 비롯한 사도들이 서 있는 신앙고백과 증언으로 이해하는 것이 옳다. 사도성은 교회가 그리스도의 가르침과 사도들의 신앙과 증언 위에 서 있다는 것을 의미한다. 바울은 이것에 대해서 정확하게 기술하였다. "여러분은 사도들과 예언자들이 놓은 기초 위에 세워진 건물이며, 그리스도 예수가 그 모퉁잇돌이 되십니다."엡2:20

교회는 사도들이 전하는 예수 그리스도의 복음을 믿고, 그대로 실천하려고 할 때 사도의 전통 위에 서 있는 것이다. 그러므로 교회는 사도들의 신앙고백과 가르침에 굳게 붙어있어야 한다. "그대가 많은 증인을 통하여 나에게서 들은 것을 믿음직한 사람들에게 전수하십시오. 그리하면 그들이 다른 사람들을 또한 가르칠 수 있을 것입니다."딤후2:2 더 나아가서, 복음의 토대 위에 서 있다는 것은 성도들에게 그 복음을 지속적으로 가르쳐서 삶의 지침으로 삼도록 해야 한다는 의미도 포함한다. 그래서 예수님은 "내가 너희에게 명령한 모든 것을 그들에게 가르쳐 지키게 하여라"마28:20 하고 명령하신 것이다. 그러므로 교회가 가장 힘써야 할 것은 하나님의 말씀을 바르게 선포하고 가르치고 그 말씀을 실천할 수 있도록 훈련하는 것이다.

V. 교회다움을 위하여

교회는 주님의 피로 세워진 고귀한 존재다. 또한, 교회는 하나님의 이름을 담은 영광스러운 존재다. 그러나 교회가 교회답지 못할 때 자신의 귀함과 영광을 스스로 시궁창에 처박는 것과 같다. 그런 행태로 인해 교회가 세상으로부터 무시당할 뿐만 아니라 교회의 머리이신 그리스도에게까지 욕이 돌아가게 한다. 그러므로 우리는 교회를 바르게 세워야 한다. 무엇보다 주님의 이름을 위하여.

교회는 세상의 소망이다. 그러므로 교회가 무너지면 세상은 절망한다. 소망의 빛이 사라졌기 때문이다. 그러므로 교회는 어둠 속에서 절망하고 헤매는 사람들에게 소망을 주고 빛을 던져주기 위해서 더욱 교회다워져야 한다. 그렇게 할 때 독생자의 피값을 치르고 이 세상에 교회를 세우신 하나님께 기쁨이 될 것이다.

제18장 · 교회의 사명

"아버지께서 나를 세상에 보내신 것과 같이, 나도 그들을 세상으로 보냈습니다." 요17:18

Ⅰ. 교회로 모인 이유

1. 교회의 사명

교회는 무엇을 하는 곳인가? 교회는 무엇을 위해 만들어졌는가? 교회는 무슨 사명을 받았는가?

세상에 있는 대부분의 모임은 모인 사람들의 이익을 위해 움직인다. 그것이 최고의 목적일 때가 대부분이다. 요즘의 교회는 이런 모임과 전혀 다르지 않은 경우가 많다. 사람들은 자신의 욕구를 충족시켜줄 교회를 찾아다닌다. 성취 욕구를 충족하려고 종교적 처세술을 가르치는 교회에 몰리고, 권세욕을 채우려고 권력 있는 사람들이 모이는 교회에 몰려가고, 자녀 교육에 유리할 것 같은 교회를 찾아다니고, 자신의 정서적·종교적·사회적 욕구를 잘 충족시켜줄 것 같은 교회를 찾아다닌다. 이 모든 것은 결국 자신의 욕구 충족을 위해 교회를 이용하는 것이다. 자신이 교회에 왜 소속되어 있는지, 왜 하나님이 교회로 보내주셨는지, 왜 교회를 만들어주셨는지 이해하지 못한 것이다.

교회는 우리 자신의 욕구를 충족하기 위해 모인 것이 아니다. 하나님이 자신의 목적을 성취하기 위한 목적으로 모이게 하신 것이다. 그러므로 교회가 이 목적을 이해하지 못하거나 이 목적을 위해 움직이지 않는다면 교회로 모인 사람들끼리 아무리 만족한다고 해도 그것은 하나님을 기쁘시게 할 수 없다.

하나님은 우리를 구원하신 후에 왜 교회로 모이게 하셨는가? 그렇게 하신 데에는 뜻이 있으셨다. 하나님은 분명한 목적을 가지고 교회로 만드셨다. 다시 한번 강조하지만, 교회는 "하나님이 자신의 목적을 성취하기 위해 모이게 하신 성도들의 공동체"다. 우리 인간의 목적이 아니라 하나님의 목적을 성취하려고 모이게 하신 것이다. 그러므로 우리는 교회의 목적을 잘 이해하고 그것을 성취하려고 애써야 한다. 그렇지 않다면 우리가 아무리 만족해도, 교회의 본질은 상실되고 만다.

2. 교회의 사명은 교회의 본질에서 출발한다

교회의 본질, 특별히 교회가 예수 그리스도의 사역을 이어받아 하나님 나라의 복음으로 변화되어 세상으로 파송 받은 공동체라는 데서부터 교회의 사명을 생각할 수 있다.

하나님은 우리를 구원하신 후에 이 세상으로 파송하셨다.요20:21 우리는 예수님이 하셨던 일을 이어서 하나님이 원하시는 일을 하도록 세상으로 보냄 받은 사람들이다. 앞에서도 언급했듯이, 그리스도인들에게 주신 모든 부탁과 명령은 우선적으로 교회 공동체에게 주신 것이다. 그 후에 각 개인들이 공동체 안에서 은사에 따라 자신의 역할을 부여받는다. 그러므로 우리는 세상을 향한 하나님의 뜻을 살펴보아야 한다. 하나님이 세상에서 무엇을 하기를 원하시는지, 그 일에서 우리가 어떤 역할을 하길 원하시는지 생각해야 한다. 그것이 바로 교회의 사명이다.

II. 양육

1. 공동체로 보낸 목적

하나님은 자신의 자녀들이 새롭게 태어난 후에(중생) 어린아이로 머물러 있지 않고 계속 성장하기를 원하신다.

"시간으로 보면, 여러분은 이미 교사가 되었어야 할 터인데, 다시금 하나님의 말씀의 초보적 원리를 남들에게서 배워야 할 처지에 놓여 있습니다. 여러분은 단단한 음식물이 아니라, 젖을 필요로 하는 사람이 되었습니다."히5:12

"우리는 사랑으로 진리를 말하고 살면서, 모든 면에서 자라나서, 머리가 되시는 그리스도에게까지 다다라야 합니다."엡4:15

하나님은 이 목적을 위해 우리를 교회로 보내셨다. 그러므로 교회로 모인 우리가 해야 할 중요한 사명은 서로 가르치고, 교제하고, 도움을 주면서 우리의 삶 속에서 하나님나라가 이루어지도록 성장하게 하는 것이다. 하나님이 교회를 만드시고 목사와 교사 같은 일꾼들을 세우신 이유가 바로 성도들을 가르치고 훈련해서 성장하게 하려는 것이다.

"그분이 어떤 사람은 사도로, 어떤 사람은 예언자로, 어떤 사람은 복음전도자로, 또 어떤 사람은 목사와 교사로 삼으셨습니다. 그것은 성도들을 준비시켜서, 봉사의 일을 하게 하고, 그리스도의 몸을 세우게 하려고 하는 것입니다. 그리하여 우리 모두가 하나님의 아들을 믿는 일과 아는 일에 하나가 되고, 온전한 사람이 되어서, 그리스도의 충만하심의 경지에까지 다다르게 됩니다."엡4:11-13

이처럼 교회의 우선적인 목표는 각 성도를 성장시키는 것이다.

2. 진정한 성장은 공동체에서 이룬다

우리의 목표는 전인격적인 성장이다. 모든 면에서 그리스도에게까지 자라가는 것이 우리의 성장 목표다. "모든 면에서 자라나서, 머리가 되시는 그리스도에게까지 다다라야 합니다."엡4:15 '모든 면'에서 자라기 위해서는 교실에서만 배우는 것으로는 충분하지 않다. 그것은 오직 인지적인 성장만 가져올 뿐이기 때문이다.

전인적인 성장은 세상 속, 삶의 현장에서, 사람들과 부대끼면서 함께 배울 때 가능해진다. 우리가 살아가는 곳이 세상이기 때문에 성장한다는 것은 그 세상 속에서 그리스도인답게 잘 살아갈 수 있도록 준비된다는 의미이다. 또한, 우리는 사람들과 함께 살아갈 것이다. 그러므로 사람들 속에서 어떤 관계를 맺어야 하고 어떻게 행동해야 하는지 잘 훈련받아야 하는 것이 당연하다. 그래서 진정한 성장은 수도원 담 안이 아니라 세상 속에서 사람들과 함께 배우고 훈련하면서 이룬다. 이런 이유로 하나님은 우리를 세상 속에 있는 교회 공동체로 보내서 배우고 훈련받고 자라게 하신 것이다.

이처럼 교회가 같이 배우면서 성장할 때 참된 교회와 바른 그리스도인이 된다. 우리가 속해 있는 교회를 다시 돌아보아야 한다. 그리고 목표를 새롭게 해야 한다. 우리는 성장하는가? 성장을 위해 노력하는가? 성장을 위해 무엇을 하는가?

Ⅲ. 하나님나라 공동체 형성

1. 교회를 잘 표현하는 말, '서로서로'

1) '서로서로'의 말씀들

신약 성경에는 교회 지체들의 관계를 표현하는 말로 '서로서로'를 대표적으로 사용한다. 신약 성경 전체에서 이 표현을 60번 이상 찾아볼 수 있을 정도로, 이것은 주 안에서 형제자매들의 관계를 잘 보여주는 표현이다. 몇 가지만 살펴보자.

"서로 발을 씻기는 것이 옳으니라"요13:14, "서로 사랑하라"요13:34, "서로 마음을 같이하여"롬12:16, "너희도 서로 받으라"롬15:7, "서로 같이하여 돌아보게 하셨으니"고전12:25, "사랑으로 서로 종노릇 하라"갈5:13, "너희가 짐을 서로 지라"갈6:2, "피차 가르치며, 피차 권면하고"골3:16, "피차 권면하고"살전5:11, "서로 돌아보아 사랑과 선행을 격려하며"히10:24, "서로 기도하라"약5:16, "각각 은사를 받은 대로…서로 봉사하라"벧전4:10, "서로 사랑할지니."요일3:11

이런 것들을 잘 하는 모임을 '공동체'라고 한다. 교회가 이런 권면을 실천하려면 단순히 일주일에 한번 모여서 한 시간 남짓한 예배를 같이 드리고 한 끼 식사 같이 하는 것으로는 불가능하다. 이 명령의 내용은 거의 일상의 삶 모든 부분에서 실천될 수밖에 없는 것들이다. 그러므로 이 명령을 잘 지키기 위해서는 교회가 공동체적인 교회가 되어야 한다. 삶의 모든 것들을 함께하는 그런 공동체가 되어야 한다. 이것이 주님이 교회에 주신 또 하나의 사명이다. 주님이 의도하신 '서로서로'를 실천할 수 있는 공동체를 만들어 가는 것.

2) 코이노니아

사람들은 '코이노니아'라는 말을 좋아한다. 교회가 코이노니아를 나누는 곳이어야 한다고 생각한다. 그런데 이 말은 일반적으로 생각하는 것처럼 단순한 친교나 교제만을 의미하는 것이 아니다. 그것은 무언가를 함께 나누는 것을 의미한다. 무엇을 나누어야 하는가? 그것이 바로 '서로서로' 구절들이 언급하는 모든 것이다. 서로 짐을 나누어지는 것갈6:2, 서로 격려해 주는 것히10:25, 서로 기도해 주는 것빌1:9-11, 서로 하나님의 말씀을 가르치는 것, 서로 봉사하는 것, 서로 권면하는 것, 서로 짐을 져 주는 것, 궁핍한 형제를 도와주기 위해 재물을 나누는 것행2:44-45, 6:1 등.

2. 왜 하나님은 공동체적 교회를 만드는 사명을 주셨을까?

1) 성장하기 위해서는 공동체가 필요하다

위에서도 언급했듯이 참된 성장은 공동체 안에서 이루어지기 때문이다. 우리는 서로 영향을 끼친다. 우리는 다른 사람들이 그리스도의 성숙한 제자들이 되도록 도와주는 사람들이다. "그리스도가 머리이시므로 온 몸은 여러 부분이 결합되고 서로 연결되어서 각 부분이 그 맡은 분량대로 활동함을 따라 각 마디로 영양을 공급받고 그 몸을 자라게 하여, 사랑 안에서 스스로를 세우게 합니다."엡4:16 그러므로 우리가 삶의 모든 영역에서 성장하려면 삶의 모든 것을 함께하는 공동체의 도움이 필요하다.

2) 하나님이 주신 사명들을 성취하기 위해서도 공동체가 필요하다

혼자서 주님의 모든 사역을 다 할 수 있는 슈퍼맨은 없다. 그래서 하나님은 교회라는 공동체를 우리에게 주신 것이다. 목사가 하는 역할이 있다. 목사가 모든 소그룹을 이끄는 리더가 될 수는 없다. 전임 사역을 하는 목

사가 재정적으로 크게 기여할 수도 없다. 목사가 지역사회 봉사의 일을 혼자 다 감당할 수 없다. 이 모든 일들은 각기 다른 은사를 받은 성도들이 나누어 감당해야 한다. 그래서 우리 모두는 서로 협력할 수밖에 없다. 각기 맡은 일들은 경중을 따질 수 없다. 모든 일이 귀하고 모든 것이 중요하며 모두가 의미 있는 일들이기 때문이다. 그러므로 우리는 교회에 주신 사명을 감당하기 위해 서로 긴밀한 관계를 맺어야 한다.

3) 하나님나라의 모델하우스를 만들어서 세상에 하나님이 의도하신 대안 공동체요 대조 사회를 보여주어야 하기 때문이다

교회는 성령으로 새롭게 된 삶의 모습을 보여주는 모델하우스다. 그것은 하나님나라에서의 삶이 어떤 것인지를 맛보게 하는 모델하우스다. 교회는 문제 많은 세상 질서 속에서 그렇게 사는 것이 좋지 않다는 것을 지적함과 동시에 어떻게 사는 것이 좋은지를, 어떤 사회가 되어야 좋은지를 보여주는 곳이 되어야 한다. 이것이 바로 교회가 '대안 공동체' '대조 사회'가 되어야 한다는 의미다. 교회는 극한적 개인주의 속에서 약육강식의 논리를 따르면서 다른 사람을 누르고 그 위에 올라서기 위해 혈안이 된 이 세상의 모습이 얼마나 악하고, 얼마나 잘못 됐고, 얼마나 문제가 많은 것인지를 대조적으로 보여주는 '대조 사회'다. 동시에 서로를 보듬어주고, 세워주고, 지켜주고, 협력하는 것이 하나님이 의도하신 참된 인간사회의 모습이라는 것을 보여주면서, 파편화하고 상처받은 사회를 치유하고 교정하는 '대안 공동체'가 되어야 한다. 참된 공동체적 교회는 예루살렘 교회처럼 사람들이 부러워할 모습을 보여주면서 세상에 빛을 던져주는 곳이어야 한다. 하나님이 이를 위해서 교회를 세상의 빛으로 세우신 것이고, 교회를 통해서 하나님나라의 소망을 주기 원하셨던 것이다.

3. 선택이 아니다

모든 교회는 성경에 나와 있는 '서로서로'라는 말씀을 실천하는 공동체적인 모습을 만들어가야 한다. 그것은 취사선택의 사안이 아니다. 해도 되고 안 해도 되는 것이 아니다. 그것은 하나님이 교회를 세우실 때 의도하셨던 청사진이다. 그러므로 교회 성장의 필요와 같은 이유 때문에 공동체적 교회를 형성하는 것을 포기할 자유가 우리에게는 없다.

교회의 형태는 다양할 수 있다. 공동체성을 어떻게 담아낼 것인지는 다양할 수 있다는 말이다. 완전 소유공동체, 가정교회적 교회, 제자훈련 교회, 전통적 구역예배 구조의 교회, 사명지향적 교회, 추구자지향형 교회, 등등. 어느 한 가지 형태만이 유일한 참된 교회라고 말할 수는 없다. 그러나 형태가 무엇이 되었든지, 모든 교회는 하나님이 의도하시는 교회, 즉 '서로서로'를 실천하는 교회, 세상의 대안공동체가 되어 하나님나라를 보여줄 수 있는 교회를 만들어야 한다는 것은 분명하다. 그것은 우리의 선택이 아니다.

Ⅳ. 문화명령창조 사역

1. 교회는 하나님나라의 전진 기지

하나님나라의 공동체인 교회는 생육하고 번성하고 땅을 다스리라^{culture}는 명령을 수행하는 하나님나라의 전진기지다. "하나님이 그들에게 복을 베푸셨다. 하나님이 그들에게 말씀하시기를 '생육하고 번성하여 땅에 충만하여라. 땅을 정복하여라. 바다의 고기와 공중의 새와 땅 위에서 살아 움직이는 모든 생물을 다스려라' 하셨다."창1:28 하나님의 관심은 온 세상이다. 하나님이 원하시는 것은 온 세상이 하나님의 주권을 인정하는 것이다. 그것이 하나님나라의 비전이다. 그러므로 하나님나라의 전진기지인 교회도 똑같은 관심을 갖는 것이 당연하다. 그래서 다른 기관이 아니라 우선적으로 교회가 바로 이것을 자신의 사명으로 삼고 감당하기 위해 노력해야 한다.

성경의 모든 명령이 개인보다는 공동체에게 우선적으로 주어진 것처럼, 이 사명도 개인 그리스도인보다는 공동체에게 먼저 주어졌다. 그래서 교회는 자신이 하나님의 주권을 인정하는 공동체의 모습을 만들고 보여주어야 하는 동시에, 세상에서도 하나님의 주권이 인정되어 하나님나라가 편만하게 확장되도록 노력해야 한다.

2. 세상의 모든 영역이 교회의 관심사

정치·경제·사회·문화·교육·예술·생태 등등 세상에서 이루어지는 모든 활동들 속에서 하나님의 주권이 인정되고, 하나님의 원리가 인정되고, 하나님의 뜻이 성취되도록 교회는 노력을 기울여야 한다. 그 모든 영역이 하나님의 관심사이기에 어느 한 영역도 교회의 관심사에서 제외되어서는 안 된다.

물론 한 지역교회가 이 모든 영역에 똑같은 관심을 기울이고, 똑같은 자원을 쏟을 능력을 갖추기는 어렵다. 지역교회는 한계가 있을 수밖에 없다. 그러나 교회는 성도들을 통해서 얼마든지 모든 영역에 관심을 가질 수 있고, 참여할 수 있다. 또한, 다른 지역교회나 특별단체선교단체, NGO 등와 협력하면서 이 사역을 감당할 수도 있다. 중요한 것은 교회가 이런 관심을 놓지 않는 것이다. 어떤 사역은 자신의 사역이 아니니까 전혀 관심을 가질 필요가 없는 다른 사람들의 사역이라고 여기며 방기하지 않고, 그것 역시 자신의 책임으로 인식하는 것이 중요하다.

3. 문화 명령 중 사람들과 직접적으로 관련된 '섬김' 사역

그리스도인과 그 공동체인 교회는 세상의 소금과 빛이 되어 모든 사람들에게 선을 행하도록 부르심 받았다. "그러므로 기회가 있는 동안에, 모든 사람에게 선한 일을 합시다."갈6:10 교회는 세상 사람들이 하나님의 형상으로서 존엄한 삶을 영위할 수 있도록 도와야 한다. 그래서 가난, 불의, 폭력, 재난, 질병으로 인해 인간다운 삶을 누리지 못하는 사람들을 도와야 한다. "하나님 아버지께서 보시기에 깨끗하고 흠이 없는 경건은, 고난을 겪고 있는 고아들과 과부들을 돌보아주며, 자기를 지켜서 세속에 물들지 않게 하는 것입니다."약1:27

또한, 교회는 세상이 하나님의 정의와 평화의 기초 위에 세워지기를 위해 노력해야 한다. 그래서 하나님이 세우신 세상의 질서를 어지럽히고 파괴하는 세력들에 대항하고, 정의롭고 정직하고 평화로운 세상이 되도록 노력해야 한다.

섬김 사역은 크게 두 가지로 나누어 생각할 수 있다. 첫째는 사회봉사social service, 요일3:17-18; 약2:14-17이다. 예수님은 하나님나라의 복음을 전파할 뿐만 아니라, 병들고 굶주리고 사회적으로 밀려난 약자들을 돌보셨다. 주님을 따르는 교회도 이 모습을 본받아야 한다. 강도 만난 사람을 도와준 선한 사마리아인처럼 교회도 고통 받는 사람들을 찾아가서 도움을 베풀어야 한다.

두 번째는 사회활동social action, 구조적 개혁이다. 사회봉사로부터 사회 활동의 필연성이 나온다. 이런 경우를 생각해보자. 예루살렘에서 여리고로 내려가는 길에서 계속 강도 사고가 난다면 우리에게 필요한 것은 더 많은 선한 사마리아인이 아니라 제도적인 안전장치다. 어느 교차로에서 계속 똑같은 사고가 반복된다면, 우리에게 필요한 것은 더 많은 구급차가 아니라 좀 더 안전한 신호체계다. 가난이 대물림되는 것이 고착화되고 있다면 그들에게 필요한 것은 몇 개의 빵을 더 나누어주는 것이 아니라 왜곡된 사회 구조를 개혁하는 것이다. 교회는 세상 모든 질서가 하나님의 정의와 평화의 기초 위에 세워지도록 노력해야 한다. 하나님이 세우신 삶의 질서를 어지럽히고 파괴하는 세력들에 대항하고, 정의롭고 정직하고 평화로운 세상이 되도록 노력해야 한다.

이 사역은 기득권 세력과 부딪치는 것이기 때문에 힘들고 위험하다. 그래서 대부분의 교회들은 파당적 위험성이 있다는 핑계를 대면서 사회적 활동에 참여하기를 꺼린다. 그러나 침묵은 암묵적 지지와 같은 정치적 행위다. 그것은 실질적으로 기존 체제에 순응하고 지지하는 것과 같은 태도다. 그러므로 세상의 왜곡된 구조를 분별하는 노력을 기울이면서, 필요하다면 적극적으로 그것을 개선하기 위한 행동에 나서야 한다. 이것은 우리가 힘들고 위험하다고 방기할 수 있는 것이 아니다. 온 세상이 하나님의 주권 앞에 바로 세워지기를 원하는 교회라면 이 사명을 무거운 마음으로 받아들여야 한다.

예수님은 자신의 원수였던 우리 죄인들을 섬기기 위해 이 세상에 오셨다. 마10:45; 롬5:6-8 그 섬김을 통해서 사람들을 구원하고 창조질서를 회복하기를 원하셨다. 이제 하늘로 가신 예수님은 교회가 그 사역을 이어받기를 원하신다. 그래서 우리를 세상 속으로 파송하신 것이다. 요17:18, "아버지께서 나를 세상에 보내신 것과 같이, 나도 그들을 세상으로 보냈습니다."; 요 20:21 교회는 자신의 이익을 추구하려고 모인 것이 아니라는 사실을 깊이 인식하고 계속해서 밖으로 나가서 하나님이 우리에게 주신 것복음이든 재물이든 능력이든을 나누어주어야 한다. 그것이 교회를 세우신 하나님의 목적이다.

V. 복음 전파

1. 교회는 증거 공동체다

예수님은 지상 사역을 마치고 승천하시기 전에 제자들, 즉 교회에게 중요한 사명을 주셨다.

"그러므로 너희는 가서, 모든 민족을 제자로 삼아서, 아버지와 아들과 성령의 이름으로 세례를 주고, 내가 너희에게 명령한 모든 것을 그들에게 가르쳐 지키게 하여라. 보아라, 내가 세상 끝 날까지 항상 너희와 함께 있을 것이다."마28:19-20

"그러나 성령이 너희에게 내리시면, 너희는 능력을 받고, 예루살렘과 온 유대와 사마리아에서, 그리고 마침내 땅 끝에까지 이르러 내 증인이 될 것이다."행1:8

교회는 예수님을 이어서 그가 전한 하나님나라의 복음을 온 세상에 전해야 하는 사명을 받았다.

2. 말과 행동으로 증거

증거martyria는 일차적으로 말로 하는 증언이다. 말이 가장 명확한 전달 수단이기 때문이다. 성경의 복음전도자들도 모두 말을 사용해서 복음을 전했다. 그러므로 우리는 하나님나라의 복음을 먼저 말로 전해야 한다. 그러나 우리의 행동이 우리의 말과 일치하지 않으면 말의 권위는 땅에 떨어진다. 행위는 말을 확증해 주고 말에 권위를 더해 준다. 그러므로 우리의 전도는 말로 증거하고, 행위가 보증하는 증거여야 한다.

3. 주의!

1) 전도와 선교를 과소평가해서는 안 된다

교회가 하는 모든 일이 궁극적으로 선교라고 하면서 전도와 선교의 의미를 희석시키는 것은 옳지 않다. 실제로 전도와는 관계가 먼 온갖 종류의 단체 이름에 'oo선교단'이라고 붙이는 것이 이런 경우다. 예를 들어, 축구선교단, 찬양선교단, 유아선교원 등 그렇게 하는 것이 전도와 선교를 강조하는 것처럼 보이지만, 실제로는 전도와 선교를 가볍게 만들어버리는 잘못을 범하는 것이다. 교회의 모든 활동이 궁극적으로 전도나 선교와 연결되어 있는 것이긴 하지만, 좁은 의미에서의 전도와 선교는 분명하게 구분되어야 한다.

2) 전도와 선교를 과대평가해서도 안 된다

전도와 선교는 교회가 감당해야 할 핵심적인 사역이지만, 그렇다고 해서 그것이 유일한 사역은 아니다. 양육·공동체 형성·섬김 등도 교회가 회피해서는 안 되는 매우 중요한 사역이다. 그런 점에서 교회 이름을 'oo선교교회'라고 짓는 것은 선교를 강조하겠다는 의미에서는 이해할 수 있지만 마치 선교가 교회의 유일한 사명인 것처럼 생각하게 만들 위험도 내포하고 있다. 이것은 'oo양육교회' 'oo섬김교회'가 이상하게 들리는 것과 마찬가지다. 교회는 주님께서 맡겨주신 다양한 사명을 모두 감당하는 곳이기 때문이다.

Ⅵ. 결론

1. 균형이 필요하다

1) 하나님은 교회에게 다양한 사명을 주셨다

성도들을 믿음 안에서 양육하고, 세상 속에서 하나님나라의 공동체를 형성하고, 힘겨운 삶을 영위하는 사람들을 돕고, 세상의 악한 질서들을 바로 잡고, 하나님나라의 복음을 전파하는 사명은 하나님이 교회를 세우실 때 맡기신 사명들이다. 교회는 그 중에서 어느 한두 가지 사명만을 취사선택할 권한이 없고 주님께서 원하시는 모든 사명들을 잘 감당해야 한다. 그러므로 한 교회가 자신들의 사명은 이 중 어느 한 가지라고 말하는 것은 잘못이다.

많은 교회가 주님께서 맡기신 사명들 중에서 한두 가지만을 강조하면서 나머지 사명을 방기하는 경향이 있다. 'oo공동체교회', 'oo선교교회', 'oo제자교회' 등의 이름을 내세우며 사명의 일부를 강조하는 것은 목표를 선명하게 하고 나아갈 방향을 좁혀주어서 편하고 좋을 수도 있고, 교인들을 만족시켜주거나 교회성장에 도움이 될지 모르지만, 교회는 그렇게 할 권한을 가지고 있지 않다. 교회는 주님이 시키시는 일을 할 뿐이다.

2) 모든 사명들은 서로 영향을 주고받는다

그래서 한 가지 사명이 결여되면 다른 것에도 영향을 미친다. 양육이 부족하면 복음전도도 잘할 수 없게 되고, 세상을 섬기는 일도 약화된다. 복음전도가 약화되면 교회는 점차 위축되고, 내부적으로 갈등과 문제가 발생하면서 성장이 멈추게 된다. 섬기는 사역을 잘 감당하지 않으면 복음전도가 막힌다.

그렇다고 해서 모든 성도가 교회의 모든 사명에 직접 관여해야 한다는 의미는 아니다. 성도들 개인은 교회의 여러 가지 사명 중에서 특별히 한두 가지 사명에 집중할 수 있다. 하나님은 성도들에게 각기 다른 은사를 주셨기 때문이고, 또한 성도들은 모든 것을 감당하기에는 시간과 힘이 부족하기 때문이다. 성도 개인은 몸된 교회의 지체이고 지체로서 그 사명의 일부를 감당하면 된다. 하지만 서로 다른 은사를 받아서 각기 다른 사명을 감당하는 지체들 사이에서는 다른 사명을 감당하는 사람들을 인정하고 자신보다 낫게 여기는 태도가 반드시 필요하다.

2. 사명을 성취한 결과

사도행전 2장 47절에는 하나님의 교회가 자신에게 맡겨진 사명을 잘 감당할 때 나타나는 두 가지 결과를 보여주고 있다. "그들은 모든 사람에게서 호감을 샀다. 주님께서는 구원받는 사람을 날마다 더하여 주셨다."

먼저 교회가 모든 사람에게서 호감을 산다. 교회다운 교회를 형성했을 때 세상 사람 모두가 교회의 가치와 소중함을 안다. 교회를 칭찬한다. 교회가 이 사회에 꼭 필요하다고 적극적으로 변호한다. 그러므로 사회에서 교회가 모욕을 당할 때 그것을 막기 위해 '언론대책 위원회'를 구성하여 대응할 문제가 아니다. 교회다운 교회를 형성하면 된다.

둘째는, 주님께서 구원받는 사람을 더해 주신다. 세상이 줄 수 없고, 세상에서 찾아볼 수 없는 어떤 가치 있는 것이나 의미 있는 것이 교회에 있다고 인식할 때, 사람들은 교회로 찾아온다. 주님께서 그들을 이끌어주시는 것이다. 이것은 삶으로서의 복음전도의 결과다. 그러므로 교회가 교회다움을 회복하는 것이야말로 교회가 자연스럽고 건강한 방식으로 양적 성장을 이룰 수 있는 참된 비결이다.

제19장 · 교회, 은사 공동체

"각 사람은 은사를 받은 대로 하나님의 여러 가지 은혜를 맡은 선한 관리인으로서 서로 봉사하십시오." 벧전4:10

I. 성령의 선물

그리스도의 승천 이후 시대를 성령의 시대라고 말한다. 구약이 성부 하나님의 시대였고, 신약 시대가 성자 예수 그리스도의 시대였다면, 그리스도의 승천 이후 재림 때까지는 성령의 시대다. 이 시대에 성령은 성도들을 돕고, 교회를 세우는 일을 하신다. 그래서 성령을 '보혜사'counselor, helper, comforter라고 부른다. 성령은 그리스도가 성취하신 구원의 대업이 우리에게 효력이 발생되도록 적용시켜주고, 하나님의 말씀을 깨닫게 하고, 우리가 하나님의 뜻대로 살아갈 수 있도록 돕는 역할도 한다. 또한, 외부의 공격과 핍박에서 교회를 지키고, 교회가 하나가 되어 하나님이 주신 목적을 잘 감당할 수 있도록 도와주신다.

성령이 성도들과 교회를 돕는 또 다른 중요한 방식은 성도들에게 '은사', 즉 영적 선물spiritual gift을 나누어 주시는 것이다. 성령의 은사에 대해서 몇 가지 중요한 점을 생각해보자.

Ⅱ. 은사의 종류

1. 은사 목록

사도 바울은 여러 서신들에서 다양한 성령의 은사들을 열거하고 있다.

"하나님께서 우리에게 주신 은혜를 따라, 우리는 저마다 다른 신령한 선물을 가지고 있습니다. 가령, 그것이 예언이면 믿음의 정도에 맞게 예언할 것이요, 섬기는 일이면 섬기는 일에 힘써야 합니다. 또 가르치는 사람이면 가르치는 일에, 권면하는 사람이면 권면하는 일에 힘쓸 것이요, 나누어 주는 사람은 순수한 마음으로, 지도하는 사람은 열성으로, 자선을 베푸는 사람은 기쁜 마음으로 해야 합니다."롬12:6-8

"어떤 사람에게는 성령을 통하여 지혜의 말씀을 주시고, 어떤 사람에게는 같은 성령을 따라 지식의 말씀을 주십니다. 어떤 사람에게는 같은 성령으로 믿음을 주시고, 어떤 사람에게는 같은 성령으로 병 고치는 은사를 주십니다. 어떤 사람에게는 기적을 행하는 능력을 주시고, 어떤 사람에게는 예언하는 은사를 주시고, 어떤 사람에게는 영을 분별하는 은사를 주십니다. 어떤 사람에게는 여러 가지 방언을 말하는 은사를 주시고, 어떤 사람에게는 그 방언을 통역하는 은사를 주십니다."고전12:8-10

"하나님께서 교회 안에 몇몇 일꾼을 세우셨습니다. 그들은 첫째는 사도요, 둘째는 예언자요, 셋째는 교사요, 다음은 기적을 행하는 사람이요, 다음은 병 고치는 은사를 받은 사람이요, 남을 도와주는 사람이요, 관리하는 사람이요, 여러 가지 방언으로 말하는 사람입니다."고전12:28

"그분이 어떤 사람은 사도로, 어떤 사람은 예언자로, 어떤 사람은 복음 전도자로, 또 어떤 사람은 목사와 교사로 삼으셨습니다."엡4:11

"각 사람은 은사를 받은 대로 하나님의 여러 가지 은혜를 맡은 선한 관리인으로서 서로 봉사하십시오. 말을 하는 사람은 하나님의 말씀을 전파하는 사람답게 하고, 봉사하는 사람은 하나님께서 주시는 힘으로 봉사하는 사람답게 하십시오. 그리하면 하나님이 모든 일에 예수 그리스도로 말미암아 영광을 받으실 것입니다. 영광과 권세가 영원무궁하도록 그에게 있습니다. 아멘."벧전4:10-11

위의 구절들에서 예시하고 있는 은사들을 한데 모아보면 다음과 같은 긴 목록이 나온다. "예언, 섬기는 일, 가르치는 일, 권면하는 일, 나누어 주는 일, 지도하는 일, 자선 베푸는 일, 지혜의 말, 지식의 말, 믿음, 병 고치는 것, 기적 행함, 예언, 영 분별, 방언, 방언 통역, 사도, 예언자, 교사, 남을 도와주는 것, 관리하는 것, 복음 전도, 목사와 교사, 봉사."

2. 이 목록을 통해 우리가 알 수 있는 것

이 은사 목록을 통해서 우리는 몇 가지 사실을 알게 된다.

1) 은사는 매우 다양하다

성령의 은사는 한두 가지로 제한되지 않는다. 성경에는 20가지가 넘는 은사들이 열거되어 있다. 그러나 이 목록에 열거된 것들이 성령의 은사의 전부라고 볼 필요는 없다. 은사를 제시하는 구절들이 각기 다른 은사들을 열거하고 있으며, 어떤 구절도 모든 것을 포괄하는 은사 목록을 제시하지 않는다는 점으로 볼 때, 바울은 어느 곳에서도 은사에 관한 완벽한 목록을 제시하려고 한 것이 아니라는 것을 알 수 있다. 그저 상황에 따라 생각나는 은사들을 예시한 것으로 보인다. 그렇다면 성경에 예시되지 않은, 즉 바울이 언급하지 않은 은사들도 얼마든지 있을 수 있다고 보는 것이 합당하다.

예를 들어, 중보기도의 은사, 귀신 쫓아내는 은사, 찬양 인도하는 은사, 재정관리 은사, 선지자적 은사성경에 비추어서 문제를 발견하고 지적하는 것, 공동체의 아이들을 돌보는 은사, 음식으로 섬기는 은사, 지혜로 조언해 주는 은사, 노인들을 잘 돌보는 은사, 사람들을 즐겁게 해 주는 은사 등 공동체에 유용한 은사들을 얼마든지 생각할 수 있을 것이다.

하나님은 다양한 영역에서 다양한 일들을 행하는 분이시므로 자신의 사역을 위해서 얼마든지 다양한 은사들을 주실 수 있다.

2) 초자연적 은사와 자연적 은사

분명히 어떤 은사들은 초자연적인 능력과 관련되어 있다. 방언, 치유, 축사, 예언, 기적 행함, 영분별, 등 이런 은사들은 자연적으로 습득되는 것이 아니라 어느 순간 성령의 초자연적인 능력에 의해 부여된다. 그런데 우리는 흔히 이런 '초자연적' 은사들만을 성령의 은사라고 생각하는 경향이 있다.

그러나 성경은 그런 것들 말고도 자연적이고 선천적인 재능과 유사한 은사들도 있다고 말한다. 지혜, 지식, 가르침, 리더십, 봉사, 권면, 등 자연적이고 선천적인 능력도 하나님이 주신 것이므로 그 모든 것을 다 하나님의 은혜의 선물이라고 보기 때문이다. 다만, 그 재능과 능력을 사용하는 목적공동체 섬김과 태도사랑의 섬김, 그리고 자신의 힘만이 아니라 성령의 능력을 받아 사용한다는 점에서 성령의 은혜를 받기 이전과 달라졌기 때문에 그것을 성령의 은사라고 하는 것이다. 그러므로 이런 은사들도 초자연적 은사 못지않게 중요하고 의미 있는 은사들이다.

Ⅲ. 성령의 은사는 누구에게 주어지는가?

1. 은사는 모든 성도에게 주어진다 롬12:4-6

성령의 은사는 특별한 사람들에게만 주어지는 것이 아니다. 성령으로 거듭난 모든 신자가 예외 없이 성령으로부터 한 가지 이상의 은사를 받는다.

"이와 같이 우리도 여럿이지만 그리스도 안에서 한 몸을 이루고 있으며, 각 사람은 서로 지체입니다. 하나님께서 우리에게 주신 은혜를 따라, 우리는 저마다 다른 신령한 선물을 가지고 있습니다." 롬12:5-6

그리스도의 몸교회의 지체들은 각각 은사를 받았다는 말이다. 어떤 사람은 자신의 은사가 무엇인지 잘 몰라서 은사를 받지 않았다고 생각하지만, 그리스도의 공동체 안에서 은사를 받지 않은 사람은 없다.

2. 은사는 골고루 나누어진다 고전12:14-30

하나님은 한 사람에게 모든 은사를 주지 않으신다. 고전12:14-21 하나님은 모든 은사를 가진 초인을 만들지 않았다. 또한, 모든 사람이 똑같은 은사를 받는 것도 아니다. 고전12:28-30 모든 사람이 가르침의 은사를 받는 것도 아니고, 방언의 은사를 받는 것도 아니고, 병 고치는 은사를 받는 것도 아니다. 사람들마다 각기 다른 은사를 받는다.

성령은 자신이 원하는 대로 각 사람에게 필요한 은사를 나누어 주신다. "이 모든 일은 한 분이신 같은 성령이 하시며, 그는 원하시는 대로 각 사람에게 은사를 나누어주십니다." 고전12:11 그러므로 우리가 어떤 은사를 바랄 수는 있지만, 성령님이 내가 원하는 대로 주실 의무는 없다. 그것은 전적으로 성령의 주권이기 때문이다. 고전12:4, "은사는 여러 가지지만, 그것을 주시는 분은 같은 성령이십니다" 그러므로 다른 사람이 받은 은사를 질투하거나 반대로 내가 받은 은사를 자랑하는 것은 어리석은 일이다.

3. 모든 은사가 중요하다 고전12:22-26

은사들은 모두 성령에 의해 주어지는 것이기 때문에 중요하고 가치 있다. 물론 교회에서 중심적인 역할을 하는 은사들이 있기는 하다.

"하나님께서 교회 안에 몇몇 일꾼을 세우셨습니다. 그들은 첫째는 사도요, 둘째는 예언자요, 셋째는 교사요."고전12:28

"그분이 어떤 사람은 사도로, 어떤 사람은 예언자로, 어떤 사람은 복음전도자로, 또 어떤 사람은 목사와 교사로 삼으셨습니다."엡4:11

사람들은 중심적인 역할을 하는 은사나 초자연적인 것처럼 보이는 은사들을 더 중시하고 그런 은사를 받은 사람을 마치 질적으로 다른 종류의 사람인 것처럼 우러러 보는 경향이 있다. 별로 두드러지지 않는 은사를 경시하거나 그 은사를 받은 사람을 무시하는 경향도 있다. 그러나 성경은 초자연적인 은사와 자연적인 은사를 구분하여 질적으로 다르다고 보지 않는다. 또한, 어떤 은사를 더 신령하다고 여기지도 않는다. 오히려 바울은 그런 태도는 잘못된 것이라고 비판한다.

"그러므로 눈이 손에게 말하기를 '너는 내게 쓸 데가 없다' 할 수가 없고, 머리가 발에게 말하기를 '너는 내게 쓸 데가 없다' 할 수 없습니다."고전12:21

바울이 강조한 것처럼 "몸의 지체 가운데서 비교적 더 약하게 보이는 지체들이 오히려 더 요긴"22절하기 때문이다. 교회의 지체들은 역할이 작아 보이는 은사를 가진 사람을 무시하지 않아야 한다.21절 오히려 하나님은 두드러져 보이는 은사를 받은 사람보다 그렇지 않은 은사를 받은 사람들에게 더 큰 은혜를 주신다. "하나님께서는 몸을 골고루 짜 맞추셔서 모자라는 지체에게 더 풍성한 명예를 주셨습니다"24절 다양한 은사들은 서로 보완하는 효과가 있다는 것을 기억해야 한다. 눈이 아무리 중요해도 온 몸이 모두 눈으로만 구성되어 있다면 그것은 기형이다. 몸에 다양한 신체 기관이 필요한 것처럼 교회에도 다양한 은사를 가진 사람들이 필요하다.^{15-18절} 그러므로 은사의 경중과는 상관없이 나와 다른 은사를 가진 사람의 섬김을 고마워해야 한다. 다양한 은사가 있다는 것은 교회에 큰 축복이다. 서로 다른 은사들이 풍성하게 발휘될 때 지체들이 서로 도움을 받을 수 있고, 더 많은 사역을 감당할 수 있으며, 교회가 더욱 든든하게 성장할 수 있기 때문이다.

Ⅳ. 은사를 주시는 목적은 무엇인가?

하나님은 특별한 목적을 위해 각 성도들에게 은사를 주신다. 그 목적이 무엇인가?

1. 성도의 성장

성령의 은사를 받고 그것을 잘 활용하면 성도의 삶에서 성령이 함께하시는 역사가 더 실제적으로 느껴지게 될 것이다. 방언의 은사가 이런 종류다. 이 은사는 다른 사람보다는 자신에게 더 유익을 준다. 그러나 일반적으로 은사를 받은 사람은 그 은사를 활용해서 교회를 섬길 때에 자신이 하나님의 몸을 세우는 데 기여한다는 보람과 기쁨을 누리게 되고, 하나님의 은혜를 누리는 체험을 통해서 더 성장할 수 있는 동력을 얻게 된다.

그러나 성령의 은사를 받았다는 것 자체가 그 사람의 성숙을 증명하거나 보장하는 것은 아니다. 고린도교회 성도들이 대표적인 경우다. 그들은 성령의 은사를 풍성하게 받았지만, 기대와는 달리 미성숙했고 그들이 모인 교회는 심각한 문제들로 가득 차 있었다.^{고전1:7, 3:1} 이처럼 성령의 은사를 받아서 어떤 영역에서는 하나님의 편에서 큰일을 하지만, 다른 영역에서는 아주 미성숙한 모습을 보이는 성도들이 얼마든지 있다. 오히려 자신이 받은 영적 은사로 인해서 더 교만하고 무례하게 되고 말씀과 기도로 성숙해야 할 필요를 느끼지 못하는 상황에 빠질 위험도 많다. 그러므로 우리는 영적 은사를 영적 성숙의 지표로 삼지 말아야 한다. 영적 성숙은 성령으로 충만해서 하나님께 순종하는 삶을 살고 있는가 하는 것으로 측정해야 한다.

2. 공동체의 성장

성령의 은사가 개인에게 주는 유익도 있지만, 은사의 더 근본적인 목적은 공동체를 위한 것이다. 하나님은 교회를 세우기 위해서 각 지체들에게 성령의 은사를 주셨다. "각 사람에게 성령을 나타내 주시는 것은 공동 이익을 위한 것입니다."^{고전12:7} 성령의 은사는 지체들을 돕고, 교회를 세우고, 교회의 사명을 잘 감당하도록 주어졌다. 이것이 은사의 핵심적인 목적이다. 개인의 유익도 중요하지만 그것보다 공동체의 유익을 위해서 은사가 주어진 것이다.

교회에는 다양한 은사를 받은 사람들이 있는 것이 좋다. 만약 교회에 어떤 은사가 부족하다면 그런 은사를 받으려 기도하거나, 아니면 그런 은사를 받은 사람들이 공동체에 더해지도록 간구하는 것이 좋을 것이다. "이와 같이 여러분도 성령의 은사를 갈구하는 사람들이니, 교회에 덕을 끼치도록, 그 은사를 더욱 넘치게 받기를 힘쓰십시오."^{고전14:12}

교회는 어떤 기적적 능력을 행하는 은사들^{치유, 축사, 방언, 예언}을 받기 위해 노력하기보다는 교회를 세우고 하나님의 사역을 감당하는 데 필요한 은사가 채워지기를 바라고 간구하는 것이 더 필요하다.

V. 은사의 활용

1. 잘못된 태도
은사의 활용에 관해서 두 가지 잘못된 태도가 있다.

1) 은사를 자신의 이익을 위해 사용하는 것
교회에는 하나님이 주신 은사를 이용해서 사람들의 칭송을 받고, 더 높은 지위를 차지하고, 심지어는 경제적 이득을 취하려는 사람들이 있다. 대개 치유, 기적, 예언, 축사, 영분별과 같은 초자연적 은사를 받은 사람들이 이런 오류에 빠지기 쉽다. 이런 사람들은 아무리 큰 능력을 행한다고 해도 하나님의 심판을 면하기 어렵다. 주님의 이름으로 큰 능력을 행했지만 마지막 날에 주님께서 모른다고 하는 사람들과 같다.

"그 날에 많은 사람이 나에게 말하기를 '주님, 주님, 우리가 주님의 이름으로 예언을 하고, 주님의 이름으로 귀신을 쫓아내고, 또 주님의 이름으로 많은 기적을 행하지 않았습니까?' 할 것이다. 그 때에 내가 그들에게 분명히 말할 것이다. '나는 너희를 도무지 알지 못한다. 불법을 행하는 자들아, 내게서 물러가라.'"마7:22-23

2) 은사를 사용하지 않는 것
성령이 주신 은사를 오용하는 사람들이 있는 반면, 그것을 묵혀두고 사용하지 않는 사람들도 있다. 은사의 본질이 '섬김'이기 때문에 은사를 사용하는 것은 결국 섬기는 것과 같다. 그런데 섬김은 귀찮고 힘들고 어려운 일이다. 그래서 자신의 은사를 공동체를 위해 사용하지 않고 썩히는 사람들이 있다. 이것은 자신의 안락함을 위해 하나님의 은혜를 무시하는 것과 같은 일이다. 이렇게 성령이 주신 은사를 사용하지 않을 때 어떤 결과들이 나타날까?

첫째, 마치 한 달란트를 땅에 묻어둔 사람처럼 하나님이 나에게 주신 은사를 사장함으로 인해 하나님께 불충성하는 자가 된다. 그런 자는 있는 것도 빼앗기게 되고, 하나님의 책망을 받게 된다.^{마25:24-30} 둘째, 다른 지체들이 필요한 도움^{나만이 줄 수 있는 도움}을 받지 못하게 된다. 은사는 공동체를 섬기기 위해 주어진 것이므로 내가 은사를 발휘하지 않으면 다른 지체들이 피해를 입는다. 셋째, 공동체가 불완전해지고 성장이 지체된다. 은사는 공동체를 세우는 것이므로 내가 받은 은사로 섬기지 않으면 마치 한 귀퉁이가 깨진 접시처럼 공동체가 온전한 모습을 형성하지 못하게 된다.

그러므로 우리는 하나님의 은혜의 선물인 은사를 감사함으로 받고, 그것으로 공동체를 섬기는 데 힘써야 한다. 그것이 내게 은사를 주신 하나님의 뜻을 성취하는 길이다.

2. 교회는 은사를 중심으로 사역해야 한다

교회의 일꾼은 은사를 기준으로 세워야 한다. 즉 기능 중심으로 움직여야 한다. 성도는 교회에서 칭송받고 권세를 발휘하는 어떤 자리가 좋아 보인다고 그 자리를 탐해서는 안 된다. 또한, 교회는 돈이 많거나 세상에서 높은 지위에 있다고, 또는 어떤 일을 하고자 하는 열정이 강하다고 그 사람이 받은 은사와는 무관하게 사역을 맡겨서도 안 된다.

그런데 어떤 교회나 성도들은 교회 직분마저도 일종의 서열로 생각하는 경향이 있다. 그래서 은사를 무시하고 흔히 나이나 학벌, 사회적 지위를 기준으로 직분을 맡기는 경우가 있다. 목사나 장로, 집사와 권사 같은 직분을 서열로 여길 때 이런 문제가 발생한다. 이렇게 하면 교회 내에서 자리다툼이 발생하며 성령의 은사를 따라 기쁨으로 섬기는 아름다운 모습은 저 멀리 밀려나게 된다.

그러므로 먼저 교회의 어떤 사역이나 직분에 필요한 은사가 무엇인지 확인하고 그 은사를 받은 사람을 찾아 직분을 맡기는 것이 은사를 주신 하나님의 의도에 가장 부합되는 방식이다. 예를 들어, 교사의 직분은 가르치는 은사를 받은 사람이, 교회를 이끄는 직분은 리더십의 은사를 받은 사람이, 봉사부장은 섬기는 은사를 받은 사람이 맡는 것이 좋다.

성령의 은사는 하나님의 선물gift이다. 그러므로 우리에게 은사를 주신 것에 감사해야 한다. 감사의 진정한 표현은 은사를 잘 사용하는 것이다. 크게는 하나님 나라를 위해서, 그리고 작게는 교회 공동체를 위해서 내게 주신 은사로 섬겨야 한다. 베드로는 권면한다, "각 사람은 은사를 받은 대로 하나님의 여러 가지 은혜를 맡은 선한 관리인으로서 서로 봉사하십시오."벧전4:10 우리는 성령으로부터 받은 은사를 무시하지 않고, 책임을 맡은 자로서 신실하게 섬기는 삶을 살아야 한다.

제20장 · 죽음과 부활

"무덤 속에 있는 사람들이 다 그의 음성을 들을 때가 온다. 선한 일을 한 사람들은 부활하여 생명을 얻고, 악한 일을 한 사람들은 부활하여 심판을 받는다." 요 5:28-29

I. 종말론 시대

1. 종말론자

기독교인들은 다른 어떤 사람들보다 종말에 큰 관심을 가져왔다. 예수님의 말씀과 요한계시록을 비롯하여 성경 곳곳에서 종말에 대한 메시지를 많이 찾아볼 수 있기 때문이다. 그 결과 지난 2천년 동안 종말을 강조하는 기독교 종말론자들이 수시로 도처에서 나타났다. 그들은 종말에 대한 성경의 예언을 현실에 비추어보면서 종말 시간표를 작성하는 데 온 관심을 집중하곤 하였다. 특히 세기말이 가까워지거나 전쟁, 가난, 기근, 자연재해 등이 빈번해지면 마치 종말이 가까워진 것처럼 부산을 떨기도 했다. 그러다가 그들의 예견대로 종말이 오지 않으면, 사람들은 그들을 거짓말하는 양치기 목동 취급을 하면서 조롱하였고, 그들도 실망하여서 성경을 의심하거나 근본적으로 종말의 존재에 대해 회의하기도 한다.

지금도 전 세계에서 각종 종말론자들이 발흥하고 있다. 밀레니엄 말기였던 20세기 후반과 21세기 초반에는 이런 현상이 특히 극심했었다. 요즘에는 천국에 다녀왔다고 주장하는 사람들이 많이 나타나면서 과거에 기승을 부렸던 우주적인 종말보다는 개인적인 종말에 대한 관심이 더 커지고 있다.

2. 종말론이 발흥하는 이유

종말론이 인기를 끄는 이유가 무엇일까? 무엇보다도, 삶이 힘들어지면 질수록 현실 도피 성향이 강해지면서 종말론이 기승을 부린다. 사람들은 현실의 절망을 미래에 대한 희망으로 메우고자 종말론에 열광한다. 두 번째는, 많은 기독교인들이 천국에 대해 오해하고 있기 때문이다. 그들은 천국을 전적으로 미래지향적이고, 장소지향적이고, 현 세상과 분리된 것으로 생각한다. 그래서 없어질 이 세상에 미련을 두지 않고 다가올 천국에 소망을 두고 싶어 한다. 그렇게 하는 것이 바른 믿음의 태도라고 생각하는 것이다. 세 번째는, 종교 지도자들이 물질적인 천국 이해와 심판에 대한 공포심을 이용해서 무지한 성도들로부터 더 많은 헌신과 헌금을 끌어내려고 종말론을 이용하기 때문이다.

3. 종말론은 성경적 개념이다

비록 잘못된 이해에 기초한 부작용이 있기는 하지만, 성경이 종말에 대해 자주 강조하고 있는 것은 사실이다. 그래서 이런 부정적인 술수들마저 위력을 발휘하는 것이다. 그러므로 우리는 잘못된 종말론을 배격하고 종말에 대하여 건전한 기대를 갖기 위해 하나님이 말씀하시는 종말을 잘 이해할 필요가 있다.

종말론은 크게 두 가지로 나뉜다. 첫 번째는 '우주적 종말론'이다. 종말론이라고 할 때 사람들은 대개 이 세상과 역사의 종말에 대해 생각한다. 이것이 종말론의 핵심적인 주제인 것은 분명하다. 그러나 우주와 역사의 종말 이전에 각 개인들은 대부분 자기 삶의 종말을 먼저 경험하게 된다. 지금까지 이 땅에 존재했던 사람들 모두는 역사적 종말 이전에 자신의 삶이 마치게 되는 것을 경험했다. 이것을 '개인적 종말'이라고 한다. 앞으로도 더 많은 사람들이 비슷한 상황을 맞이할 것이다. 그러므로 우리는 우주적 종말을 생각하기 전에 개인적 종말, 즉 죽음에 대해 먼저 생각하는 것이 순서에 맞을 것이다.

II. 죽음

1. 죽음의 불가피성

우리는 모든 사람이 죽는다는 것을 경험적으로 안다. 어떤 사람도 죽음을 피할 수 없다. 산다는 것은 결국 죽어간다는 것을 의미하기도 한다. 삶이라는 초를 태우면서 죽음으로 한걸음씩 나아가는 것이기 때문이다. 성경도 "사람이 한 번 죽는 것은 정해진 일이요"히9:27라고 분명하게 말한다.

그러나 이렇게 죽음이 가까이 있고 그곳으로 달려가고 있음에도 불구하고 사람들은 자신의 죽음에 대해 깊이 생각하기를 꺼린다. 두렵고 막막하기 때문이다. 그러나 자신이 죽을 것이라는 사실을 무시하면서 사는 것은 삶의 방향과 의미조차 놓쳐버리는 우를 범하는 일이다. 죽음은 회피한다고 해결될 문제가 아니다. 피할 수 없는 것이라면 오히려 적극적으로 그 본질과 의미를 성찰하는 것이 현명하다.

2. 죽음의 종류

성경은 죽음에 세 가지 종류가 있다고 말한다.

1) 영적 죽음

인간은 영혼과 육체의 통합체로 만들어졌다. 하나님이 사람을 창조하실 때 먼저 육체를 만드시고 거기에 생령, 즉 영혼을 불어넣으셨다. 그러므로 온전한 인간은 육체와 영혼이 함께 있는 존재를 말한다. 그러나 인간이 죄를 지음으로 인해 하나님의 임재로부터 쫓겨나게 되었다. 에덴동산에서 쫓겨나는 것으로 표상되는 이 사건을 성경은 '영적 죽음'이라고 말한다.

"여러분도 전에는 허물과 죄로 죽었던 사람들입니다. 그 때에 여러분은 허물과 죄 가운데서, 이 세상의 풍조를 따라 살고, 공중의 권세를 잡은 통치자, 곧 지금 불순종의 자식들 가운데서 작용하는 영을 따라 살았습니다."엡2:1-2

하나님으로부터의 분리는 실상 죽음과 같다는 것이다. 비록 육체는 살아 있을지 모르지만, 영혼은 죽은 것이다.

2) 육체적 죽음

인간은 어떤 존재로 창조되었을까? 창세기에 의하면 인간은 영원히 살 수도 있고, 죽을 수도 있는 중간상태로 창조된 것으로 보인다. 생명나무 열매를 먹으면 영생할 수도 있었고, 선악을 알게 하는 나무의 열매를 먹으면 죽을 수도 있었다. 그 선택의 상황에서 인간은 하나님의 명령을 거역하면서 선악을 알게 하는 나무의 열매를 먹어서 죄를 지었고, 그 결과 모든 인간은 죽음을 현실로 경험하게 되었다.

"그러므로 한 사람으로 말미암아 죄가 세상에 들어왔고, 또 그 죄로 말미암아 죽음이 들어온 것과 같이, 모든 사람이 죄를 지었기 때문에 죽음이 모든 사람에게 이르게 되었습니다."롬5:12

이 죽음은 지상에서의 삶을 계속 이어가지 못하는 것이며, 육체와 영혼이 분리되는 것이다. 약2:26, "영혼이 없는 몸이 죽은 것과 같이"

"그리고 몸은 죽일지라도 영혼은 죽이지 못하는 이를 두려워하지 말고, 영혼도 몸도 둘 다 지옥에 던져서 멸망시킬 수 있는 분을 두려워하여라." 마10:28

여기서 예수님은 육체의 죽음과 영혼의 죽음이 구별된다는 것을 전제하고 말씀하신다. 이처럼 우리의 몸은 죄로 인해 이 땅에서 한시적인 삶을 살다가 죽음을 맞게 된다.

3) 제3의 죽음

영적인 죽음과 육체적 죽음 외에 성경은 또 다른 죽음이 있다고 말한다. 그것을 '둘째 사망'영원한 죽음이라고 부른다.

"그러나 비겁한 자들과 신실하지 못한 자들과 가증한 자들과 살인자들과 음행하는 자들과 마술쟁이들과 우상 숭배자들과 모든 거짓말쟁이들이 차지할 몫은, 불과 유황이 타오르는 바다뿐이다. 이것이 둘째 사망이다." 계21:8

이것은 세상의 종말에 하나님의 심판을 받아 영원히 하나님으로부터 분리되는 것을 의미한다.

3. 죽음의 결과

개인적 종말은 육체의 죽음으로부터 시작된다. 육체적 죽음은 두 가지 결과를 초래한다. 먼저 지상에서의 삶이 끝난다. 죽음은 지상에서의 우리의 삶에 종지부를 찍는다. 지상의 삶은 우리가 현재 경험하고 있는 것이다. 이 생명은 단 하나뿐이며, 그래서 매우 소중하게 여겨진다. 사람들은 한번뿐인 삶이 끝나는 죽음을 두려워하게 되었고, 어떻게든 피하려고 애쓴다.

죽음은 모든 관계의 단절을 가져온다. 영적인 죽음이 하나님과의 관계에 단절을 가져온 것처럼, 육체의 죽음은 이 땅에서 누렸던 모든 관계의 단절을 초래한다. 사람들은 죽음을 다른 사람들과 단절되어 마치 혼자 어두컴컴한 암흑세계에 영원히 감금되는 것처럼 생각하기 때문에 두려워한다. 아직 살아있는 자도 죽은 자와 영원히 단절된다고 생각하기 때문에 죽음 앞에서 슬퍼한다. 육체적 죽음이 가져오는 관계의 단절은 신자든 불신자든 피할 수 없는 슬픈 경험인 것은 분명하다.

4. 죽음에 대한 부정적 인식

육체적 죽음은 이렇게 부정적인 결과를 가져오기 때문에 죽음은 인간에게 원수와 같은 존재다. 사실 죽음은 죄에 대한 심판이기 때문에 태생부터 암흑의 존재다. 창2:17; 시90:7-11; 롬6:23; 고전15:21 그래서 사람들은 죽음을 세상의 그 어떤 것보다 두렵고 무서운 것으로 여긴다. 사회에서 가장 극한 형벌로 죽음을 사용하는 것도 이런 생각이 바탕에 깔려 있는 것이다.

죽음이 이렇게 두려운 존재이기 때문에 사람들은 어떻게든 죽음을 피하려고 애쓴다. 진시황과 같은 수많은 제왕들이 죽지 않는 비법불로초을 소유하고자 갖은 노력을 다하였다. 불사조피닉스에 대한 동경도 사람들이 죽음을 피하려는 갈망의 표현이다. 지금도 사람들은 어떻게든 죽음을 피하려고 애쓴다. 그래서 장수에 대해 연구하고, 장수 식품을 섭취하고, 장수하는 습관을 가지려고 애를 쓴다.

어떻게든 죽음을 회피하려다보니, 삶을 이어가는 것 그 자체가 목적이 되어서, 그렇게만 할 수 있다면 비굴함도 감내하고 불의도 용납하는 삶을 살게 된다. 이것이 바로 죽음이 우리 인생을 지배하고 있다는 표시다. 인간은 죽음 앞에서 떨면서 그것의 노예가 되어버렸다. 죽음이 왕노릇을 하고 있는 것이다. 롬5:14

그러나 아무리 피하려 해도 죽음은 모든 인간에게 엄습한다. 그것은 죄인들이 직면한 피할 수 없는 운명이기 때문이다.

5. 죽음에 대한 다른 태도

그러나 모든 사람이 죽음에 대해 똑같은 태도를 취하는 것은 아니다. 특히 그리스도인들은 새로운 생명을 얻음과 동시에 죽음에 대해 다른 태도를 가질 수 있는 열쇠를 부여받았다. 그리스도인들에게 죽음은 더 이상 왕노릇을 하는 존재가 아니다. 그리스도는 부활을 통해서 죽음을 정복하셨다.

"우리가 알기로, 그리스도께서는 죽은 사람들 가운데서 살아나셔서, 다시는 죽지 않으시며, 다시는 죽음이 그를 지배하지 못합니다."롬6:9

그러므로 죽음은 그리스도 안에 있는 자들을 영원히 지배하지 못한다. 죽음의 권세에서 해방된 것이다.

"그것은, 죄가 죽음으로 사람을 지배한 것과 같이, 은혜가 의를 통하여 사람을 지배하여, 우리 주 예수 그리스도로 말미암아 얻는 영원한 생명에 이르게 하려는 것입니다."롬5:21

비록 우리가 아직은 육체적 죽음을 피할 수 없지만, 죽음의 영향력은 제한적인 것으로 변했다. 이제 죽음은 우리의 삶을 끝내는 것이 아니라 또 다른 삶으로 인도하는 관문으로 변했다. 바울은 죽음이 이 땅에서의 삶을 끝내고 우리를 하나님의 현존 앞으로 인도하는 관문 역할을 한다고 말한다.

"나에게는, 사는 것이 그리스도이시니, 죽는 것도 유익합니다. 그러나 육신을 입고 살아가는 것이 나에게 보람된 일이면, 내가 어느 쪽을 택해야 할지 모르겠습니다. 나는 이 둘 사이에 끼여 있습니다. 내가 원하는 것은, 세상을 떠나서 그리스도와 함께 있는 것입니다. 그것이 훨씬 더 나으나."

빌1:21-23

죽음은 더 이상 파멸시키고 박탈하는 것이 아니라 죄가 지배하는 세상을 벗어나게 해 주는 통로요, 하나님 앞에서 참된 안식을 누리게 하는 관문으로서 긍정적인 기능을 한다. 죽음은 또 다른 시작이지 끝이 아니다. 그러므로 이제 죽음은 역설적으로 복의 근원이 될 수 있다.

"나는 또 하늘에서 들려오는 음성을 들었습니다. '기록하여라. 이제부터 주님 안에서 죽는 사람들은 복이 있다.' 그러자 성령께서 말씀하셨습니다. '그렇다. 그들은 수고를 그치고 쉬게 될 것이다. 그들이 행한 일이 그들을 따라다니기 때문이다.'"계14:13

그러므로 우리는 불신자들처럼 죽음을 두려워하거나 무작정 피해야 할 것으로 생각하지 않는다. 생명을 유지하는 것이 인생 최고의 목적인양 그것을 위해 불의와 타협하거나 비겁한 결정을 내릴 필요가 없다. 불신자들은 부당한 일을 하는 핑계로 '다 살기 위해서'라고 한다. 그러나 우리는 그럴 수 없다. 사는 것 자체가 절대적인 것이 아니기 때문이다. 우리는 삶과 죽음 그 자체를 초월하는 존재이기 때문이다.

다니엘의 세 친구들은 '나의 금 신상우상 앞에 절하라, 그렇지 않으면 죽여버리겠다'는 왕의 명령 앞에서 당당했다. 죽음을 절대적인 위치에서 끌어내려 '상대화'했기 때문이다. 삶을 유지하는 것보다 더 소중하고 의미 있고 가치 있는 것이 있다는 것을 알았기 때문이다.

스데반은 복음을 전하다가 사람들에게 잡혀 죽어가는 순간에 이렇게 고백했다. "그런데 스데반이 성령이 충만하여 하늘을 쳐다보니, 하나님의 영광이 보이고, 예수께서 하나님의 오른쪽에 서 계신 것이 보였다."행7:55 스데반은 죽음 너머를 보는 눈이 있었다. 그렇기에 기쁨으로 죽음을 맞이할 수 있었다.

기독교 역사는 죽음의 권세에서 해방된 사람들의 역사다. 그들은 생명을 유지하려고 주님을 배반하는 선택을 하지 않았고, 죽음이 두려워서 하나님나라를 위한 삶을 포기하지 않았다. 오히려 '죽으면 죽으리라'는 자세로 의를 위하여 기꺼이 죽음을 맞이하였다. 그 결과, 죽지 않을 때는 진정한 삶을 누리게 되고, 죽음 앞에서도 하늘나라의 소망을 가지고 평안을 누릴 수 있었다.

6. 죽음의 죽음

하나님이 세상을 완전히 새롭게 하실 때에 죽음도 다른 모든 부정적인 것과 함께 사라질 것이다.

"맨 마지막으로 멸망 받을 원수는 죽음입니다."고전15:26

"사망과 지옥이 불바다에 던져졌습니다."계20:14

"그들의 눈에서 모든 눈물을 닦아 주실 것이니, 다시는 죽음이 없고, 슬픔도 울부짖음도 고통도 없을 것이다. 이전 것들이 다 사라져 버렸기 때문이다."계21:4

하나님은 생명의 주님이시기 때문에 하나님의 임재가 충만한 천국에서는 더 이상 죽음의 자리가 없을 것이다. 그 자리를 대신하는 것은 '영원한 생명'이다. 우리에게는 이런 소망이 있다. 그래서 우리는 영원한 생명의 관점에서 죽음을 바라본다. 우리가 비록 이 땅에서는 모두 죽을 것이지만, 죽음은 결코 끝이 아니다. 그것은 생명으로 인도하는 길이다.

Ⅲ. 죽은 자의 부활

1. 죽음 이후에 대한 여러 가지 견해들

죽음이 모든 인간의 피할 수 없는 운명이라는 대해서는 모두 동의한다. 그러나 죽음 이후에 어떻게 될 것인지에 대해서는 여러 다른 생각들이 있다.

1) 신적 합일설(monism)

어떤 사람들은 인간은 죽음을 통해서 개인적 실존이 끝나고 죽음 이후에는 신적인 생명 속으로 융합된다고 본다. 이들이 생각하는 신은 인격신이 아니라 모든 존재하는 것의 합, 즉 범신론적인 개념이다.

2) 환생설(reincarnation)

인간은 완성해탈을 이룰 때까지 계속해서 또 다른 생명으로 태어나게 된다고 본다. 몸은 영혼이 잠시 거주하는 도구일 뿐이다.

3) 영혼 불멸설(immortality of the soul)

몸은 잠시 동안 영혼이 거처하는 장소에 불과하다. 그러므로 육체의 죽음은 영혼이 자신의 고향이었던 영원한 지복 상태, 혹은 이데아의 세계로 들어가는 것이다. 이런 견해를 가진 사람들은 육체는 악하고 영혼은 선하다고 생각하며, 그래서 우리가 극복해야 할 대상은 죽음보다는 육체라고 생각한다.

이 세 가지 견해는 모두 육신을 부정적으로 생각하는 이원론적 사고방식의 기초 위에 세워진 것들이다.

2. 부활의 확실성

1) 육체의 부활

위의 세 가지 견해는 우리의 육체는 소멸되고 오직 영혼만 부활하는 것으로 생각한다. 육체는 중요하지 않다고 여기기 때문이다. 그러나 예수님은 인간의 육체가 소멸해서 없어질 것이 아니라 모든 육체가 세상 끝에 부활할 것이라고 말씀하신다. "이 말에 놀라지 말아라. 무덤 속에 있는 사람들이 다 그의 음성을 들을 때가 온다. 선한 일을 한 사람들은 부활하여 생명을 얻고, 악한 일을 한 사람들은 부활하여 심판을 받는다."요5:28-29

사도 바울도 육체의 부활이 확실하다는 점을 여러 번 강조해서 가르쳤다. "예수를 죽은 사람들 가운데서 살리신 분의 영이 여러분 안에 살아 계시면, 그리스도를 죽은 사람들 가운데서 살리신 분께서, 여러분 안에 계신 자기의 영으로 여러분의 죽을 몸도 살리실 것입니다."롬8:11

우리의 육체는 영혼을 담는 그릇에 불과한 것이 아니다. 인간은 원래부터 육체와 영혼이 함께 있는 존재였다. 그러므로 부활은 육체와 영혼이 다시 결합하는 것이다.

2) 모든 사람의 부활

세상 종말에는 예수님이 부활하신 것처럼 모든 인간들, 신자와 불신자 모두가 부활할 것이다. "나는 하나님께 소망을 두고 있는데, 나를 고발하는 이 사람들도 그 소망이 이루어지기를 고대하고 있습니다. 곧 그것은 의로운 사람들과 불의한 사람들의 부활이 장차 있으리라는 것입니다."행24:14

신자와 불신자 모두 최후의 심판을 받아야 하기 때문에 심판 이전에 먼저 모두 부활해야 한다.

3. 부활의 모습

1) 연속성

부활은 육체가 다시 살아나는 것이기 때문에 부활 이후의 모습은 부활 이전의 육체와 연속성이 있을 것이다. 사람들은 부활하신 예수님을 알아볼 수 있었다.요20:27 이와 마찬가지로 우리도 사람들이 알아볼 수 있는 모습으로 부활할 것이고, 자신의 존재에 대한 의식자의식 역시 그대로 이어지게 될 것이다.

2) 불연속성

물론 부활한 모습이 이전의 모습과 완전히 똑같은 것은 아니다. 부활한 예수님의 모습도 죽음 전의 모습과 달랐던 것처럼 우리의 부활한 모습도 이전과는 다를 것이다.눅24:31, 36-37; 요20:19-29 구체적으로 어떻게 다를지는 잘 모른다. 다만 신자들의 경우에는 외모도 영광스러운 모습으로 변할 뿐만 아니라, 내면의 모습도 죄의 흔적이 완전히 사라진 모습이 될 것이다. "죽은 사람들의 부활도 이와 같습니다. 썩을 것으로 심는데, 썩지 않을 것으로 살아납니다. 비천한 것으로 심는데, 영광스러운 것으로 살아납니다. 약한 것으로 심는데, 강한 것으로 살아납니다."고전15:42-43

Ⅳ. 부활의 삶

우리는 모두 죽는다. 이 땅에서의 삶을 끝내야 할 때가 온다. 이것을 피할 수는 없다. 그러나 죽음 이후에 모든 것이 끝나는 것이 아니라 우리는 다시 부활할 것이다. 그리고 새로운 삶을 살 것이다. 그러므로 우리는 죽음을 두려워할 필요가 없다.

현세적 삶은 그 자체로 종결이 아니다. 죽음이 모든 것에 마침표를 찍는 것이 아니다. 우리는 죽어도 다시 부활할 것이고, 현재의 삶의 결과들은 부활한 이후의 삶과 연결될 것이다. 이런 사실을 잘 알고 있었던 바울은 우리가 겪어야 할 죽음, 그리고 그 후에 다가올 부활에 대해 설명한 후 이렇게 결론을 맺는다.

"그러므로 나의 사랑하는 형제자매 여러분, 굳게 서서 흔들리지 말고, 주님의 일을 더욱 많이 하십시오. 여러분이 아는 대로, 여러분의 수고가 주님 안에서 헛되지 않습니다."고전15:58

바울의 권면처럼 주님을 위하여 한 수고가 헛되지 않을 것이라는 믿음을 가지고 주님의 일에 더욱 열심을 내는 삶을 사는 것, 이것이 죽음을 두려워하지 않고 부활을 소망하며 사는 사람들의 모습이다.

제21장 · 재림과 최후심판

"그러므로 형제자매 여러분, 주님께서 오실 때까지 참고 견디십시오. 보십시오, 농부는 이른 비와 늦은 비가 땅에 내리기까지 오래 참으며, 땅의 귀한 소출을 기다립니다. 여러분도 참으십시오. 마음을 굳게 하십시오. 주님께서 오실 때가 가깝습니다." 약5:7-8

I. 역사

어떤 생명체로 살다가 죽은 후 다른 생명체로 다시 살아나는 윤회를 믿는 순환적 역사관은 이 땅에서의 삶이 무한히 반복된다고 생각한다. 굳이 윤회까지는 아니어도 지상에서의 삶은 어떤 형태로든 지속된다고 생각하는 사람들도 있다. 이와는 반대로 종말론적 역사관을 가진 기독교는 역사는 무한히 반복되거나 아무 의미 없이 지속되는 것이 아니라 목적을 가지고 흘러간다고 믿는다. 역사에 시작이 있다면 끝도 있으며, 역사를 시작하신 하나님이 끝도 맺으실 것이라고 믿는다. 하나님의 천지창조로 시작된 역사는 부활 승천하신 그리스도가 다시 오셔서 온 세상을 심판하는 것으로 결말을 맺게 된다고 믿는다.

역사에 끝이 있으며 삶을 결산할 날이 있다는 믿음은 인생을 목적론적 관점에서 바라보게 하며, 현세의 삶에도 영향을 끼친다. 그러므로 세상의 종말, 그 날에 있을 그리스도의 재림과 최후 심판은 기독교 신앙의 주변부가 아니라 이 땅의 삶 전반에 영향을 주고 재구성하게 하는 핵심이다.

II. 그리스도의 재림

1. 재림의 확실성

인간의 몸을 입고 이 땅에 오셔서 하나님의 구원사역을 성취하시고 부활 승천하신 예수 그리스도는 세상 끝 날에 다시 오실 것을 약속하셨다. 예수님은 이것을 300번이 넘게 가르치셨다.

"그 때에 사람들은 인자가 큰 권능과 영광을 띠고 구름을 타고 오는 것을 볼 것이다."눅21:27

"내가 가서 너희가 있을 곳을 마련하면, 다시 와서 너희를 나에게로 데려다가, 내가 있는 곳에 너희도 함께 있게 하겠다."요14:3

"인자가 모든 천사와 더불어 영광에 둘러싸여서 올 때에, 그는 자기의 영광의 보좌에 앉을 것이다."마25:31

예수님이 승천하실 때 함께 있었던 천사도 이것을 확인해 주었다.

"'갈릴리 사람들아, 어찌하여 하늘을 쳐다보면서 서 있느냐? 너희를 떠나서 하늘로 올라가신 이 예수는, 하늘로 올라가시는 것을 너희가 본 그대로 오실 것이다' 하고 말하였다."행1:11

또한, 예수님의 가르침을 받고 그의 승천을 목격하고 천사의 선언을 들었던 사도들도 예수님의 재림을 확실하게 믿었다.

"주님께서 호령과 천사장의 소리와 하나님의 나팔 소리와 함께 친히 하늘로부터 내려오실 것이니, 그리스도 안에서 죽은 사람들이 먼저 일어나고."살전4:16

"그러므로 형제자매 여러분, 주님께서 오실 때까지 참고 견디십시오."약5:7

"'보아라, 그가 구름을 타고 오신다. 눈이 있는 사람은 다 그를 볼 것이요, 그를 찌른 사람들도 볼 것이다. 땅 위의 모든 족속이 그분 때문에 가슴

을 칠 것이다.' 꼭 그렇게 될 것입니다. 아멘."계1:7

"주님께서는 여러분을 위해서 미리 정하신 그리스도이신 예수를 보내실 것입니다."행3:20

이처럼 그리스도의 재림은 예수님과 천사의 가르침을 받은 모든 사도들과 성도들이 의심 없이 믿었던 신앙의 내용이다.

2. 재림의 시기

과연 주님은 언제 재림할 것인가?

그동안 수많은 사람이 재림의 때를 알려고 애써왔다. 종말의 징조를 연구하는 사람들은 역사적 사건들의 진행이나 천체의 변화로 재림의 시기를 알 수 있다고 주장한다. 초월적인 계시를 추구하는 사람들은 하나님에게서 재림의 시기를 계시 받았다고 주장하기까지 한다. 그래서 재림의 날짜와 위치까지 정확하게 지정하여 광고하면서 사람들을 모아 준비시키기도 한다. 그러나 우리는 지금까지 이런 시도들이 모두 허사로 돌아갔다는 것을 목격해왔다. 오히려 이런 사람들 때문에 주님의 재림은 조롱거리로 전락해버렸고, 주님이 반드시 재림한다는 교회의 외침 자체도 양치기 소년의 거짓말로 치부되었다.

성경은 재림의 확실성에 대해서는 많이 언급하고 있지만, 그 때가 언제인지는 분명하게 말하고 있지 않다는 사실을 기억해야 한다. 오히려 예수님은 자신도 그 때를 알지 못하고 오직 아버지 하나님만 아신다고 말씀하셨다. "그러나 그 날과 그 시각은 아무도 모른다. 하늘의 천사들도 모르고, 아들도 모르고, 오직 아버지만이 아신다."마24:36; 막13:32-33 그렇기에 당연히 예수님의 제자들도 그 때를 알 수 없다. 마24:42, "그러므로 깨어 있어라. 너희는 너희 주님께서 어느 날에 오실지를 알지 못하기 때문이다."; 행1:7

하나님은 그 누구에게도 재림의 시기를 알려주시지 않는다. 오직 그 날이 되어서야 비로소 모든 사람이 알게 될 것이다. 주님은 우리가 재림 시기를 가늠하는 데 관심을 쏟기보다는 주님이 맡기신 사명을 어떻게 하면 잘 감당할 수 있을까 하는 것에 더 신경을 쓰라고 명령하신다. 사도행전 1장 7절에서 예수님은 "때나 시기는 아버지께서 아버지의 권한으로 정하신 것이니, 너희가 알 바가 아니다"라고 말씀하신다. 그리고 나서 예수님은 온 세상에 나가서 그리스도의 증인의 사명을 감당하라고 명령하신다. "그러나 성령이 너희에게 내리시면, 너희는 능력을 받고, 예루살렘과 온 유대와 사마리아에서, 그리고 마침내 땅 끝에까지 이르러 내 증인이 될 것이다."행1:8

그러므로 재림의 정확한 시기를 알려고 과도한 관심을 쏟는 것은 오히려 하나님의 뜻에 어긋난다는 것을 기억해야 한다.

3. 재림의 징조

그럼에도 사람들이 재림의 시기를 탐구하는 것은 재림이 임박했다는 것을 알려주는 징조에 대해서 성경이 자주 언급하고 있기 때문이다.

1) 여러 가지 징조들

복음서는 물론이고 바울 서신에서도 종말의 징조에 대한 말씀을 찾아볼 수 있다.

"또 너희는 여기저기서 전쟁이 일어난 소식과 전쟁이 일어나리라는 소문을 들을 것이다. 그러나 너희는 당황하지 않도록 주의하여라. 이런 일이 반드시 일어나야 한다. 그러나 아직 끝은 아니다. 민족이 민족을 거슬러 일어나고, 나라가 나라를 거슬러 일어날 것이며, 여기저기서 기근과 지진이 있을 것이다."마24:6-7

"그 날이 오기 전에 먼저 믿음을 배신하는 일이 생기고, 불법자 곧 멸망의 자식이 나타날 것입니다. 그는 신이라고 불리는 모든 것이나 예배의 대상이 되는 모든 것에 대항하고, 그들 위로 자기를 높이는 자인데, 하나님의 성전에 앉아서, 자기가 하나님이라고 주장할 것입니다."살후2:3-4

2) 적그리스도

어떤 사람들은 데살로니가후서 2장 3절에 나오는 '멸망의 자식'이 요한계시록 13장의 '열 개의 뿔과 일곱 개의 머리가 달린 짐승'이며, 그것이 바로 '적그리스도'라고 생각한다. 그래서 적그리스도가 구체적으로 누구를 지칭하는 것인지 알려고 애써왔다. 적그리스도가 나타났다는 것은 종말이 임박했다는 증거라고 생각했기 때문이다. 사람들은 대개 어떤 구체적인 인물을 적그리스도로 규정해왔는데, 가장 최근에는 스탈린, 히틀러, 모택동 같은 인물이라고 생각하기도 했고, 심지어는 유럽연합 대통령이나 교황이 적그리스도라고 주장하는 사람들도 있었다. 그러나 시간이 지나면서 결국 이 모든 주장들이 틀렸다는 것이 하나씩 밝혀지고 있다. 그럼에도 사람들은 여전히 어떤 초인적인 악한 인물이 나타날 것이고 그가 적그리스도일 것이라는 확신을 버리지 않았다.

그러나 적그리스도에 대해서 말하는 많은 성경구절은 이런 생각 자체에 의문을 제기한다.

"누가 거짓말쟁이입니까? 예수가 그리스도이심을 부인하는 사람이 아니고 누구겠습니까? 아버지와 아들을 부인하는 사람이 곧 그리스도의 적대자적그리스도입니다."요일2:22

"그러나 예수를 시인하지 않는 영은 다 하나님에게서 나지 않은 영입니다. 그것은 그리스도의 적대자적그리스도의 영입니다. 여러분은 그 영이 올 것이라는 말을 들었습니다. 그런데 그 영이 세상에 벌써 와 있습니다."요일4:3

"속이는 자들이 세상에 많이 나타났기 때문입니다. 그들은 예수 그리스도께서 육신을 입고 오셨음을 고백하지 않습니다. 이런 자야말로 속이는 자요, 그리스도의 적대자입니다."요이7

이 구절들에서 말하는 적그리스도는 불신자들뿐만 아니라 신자들에게 다가가서 하나님과 예수 그리스도를 부인하도록 유혹하는 세력, 혹은 어떤 영spirit이라고 보는 것이 합당하다. 이 구절들이 적그리스도를 선명하게 묘사하는 것과는 달리, 요한계시록은 상징적인 묘사이기 때문에 그것을 근거로 적그리스도가 어떤 구체적인 인물인 것처럼 추정하는 것은 무리다.

3) 징조로 재림의 시기를 추정하는 것은 쉽지 않다

비록 종말에 여러 징조가 나타나기는 하지만, 그것을 보고 재림의 시기를 추정해내는 것은 어려운 일이다. 정도의 차이는 있지만 이런 징조들은 예수님의 초림 이후 지금까지 세계 여러 곳에서 계속해서 일어나는 현상으로 보이기 때문이다. 그런 현상이 시간이 지나면서 점점 더 심해지는 것도 아니다. 때에 따라 그 정도가 심해질 때도 있고 다시 잦아들 때도 있기 때문이다. 그러므로 현상 자체를 보고 바로 이때가 종말이라고 단정 짓기는 어렵다.

또한, 하나님이 생각하시는 시간 개념과 우리가 느끼는 시간 개념은 분명히 다르다. 베드로가 종말을 설명하면서 언급했듯이 "주님께는 하루가 천 년 같고, 천 년이 하루 같다"벧후3:8는 사실을 기억해야 한다. 우리는 상황의 긴박감을 느끼면서 마치 1년 안에 세상의 종말이 올 것 같은 생각이 들더라도, 하나님의 시간 개념에서는 그것이 수십 년, 수백 년이 될 수도 있다.

4) 균형 감각이 필요하다

우리는 종말에 일어나리라고 묘사된 일들이 발생할 때마다 일상에 젖어있는 삶에서 깨어서 주님이 곧 다시 오실 것이라는 사실을 상기하면서 종말에 대한 경각심을 새롭게 해야 한다. ^{마24:33}, "이와 같이, 너희도 이 모든 일을 보거든, 인자가 문 앞에 가까이 온 줄을 알아라" 하지만, 종말이 바로 지금이라고 확신 있게 단정 짓는 일은 피해야 한다.

4. 재림의 특징

그리스도는 재림 때에 어떤 모습으로 나타나실까? 예수님은 초림 때와는 달리 어느 한 곳에서 비밀리에 오시는 것이 아니라 모든 사람들이 알 수 있게 다시 오실 것이다. "보아라, 그가 구름을 타고 오신다. 눈이 있는 사람은 다 그를 볼 것이요, 그를 찌른 사람들도 볼 것이다."^{계1:7} 그러므로 예수님이 어떤 지역에 오실 거라면서 그 곳으로 모이는 것은 헛된 일이다. 또한, 소수의 선택된 사람들에게만 예수님의 재림이 나타날 것이라고 주장하는 것도 근거가 없다.

그리스도가 이 땅에 처음 오셨을 때에는 초라한 모습이었지만, 그가 다시 오실 때에는 큰 권능과 영광으로 오실 것이다. "그 때에 인자가 올 징조가 하늘에서 나타날 터인데, 그 때에는 땅에 있는 모든 민족이 가슴을 치며, 인자가 큰 권능과 영광에 싸여 하늘 구름을 타고 오는 것을 보게 될 것이다."^{마24:30} 그는 "호령과 천사장의 소리와 하나님의 나팔 소리와 함께 친히 하늘로부터 내려오실 것이"^{살전4:16}다.

그래서 그리스도를 인정하는 사람이든 그렇지 않은 사람이든, 그리스도의 재림 때에는 그의 영광을 목도하게 될 것이고 결국 그가 온 세상의 진정한 권세자라는 것을 인정하게 될 것이다.

5. 재림 때 일어날 일

1) 부활
그리스도의 재림과 더불어 과거에 죽었던 모든 사람이 부활하게 된다.

"선한 일을 한 사람들은 부활하여 생명을 얻고, 악한 일을 한 사람들은 부활하여 심판을 받는다."요5:29

선한 사람들만 부활하는 것이 아니다. 악한 사람들까지 모두 부활하게 될 것이다.

2) 심판
그렇게 부활한 사람들은 심판을 받게 될 것이다. 의인은 상급을 받는 심판을, 악인은 하나님의 징벌을 받는 심판을 받게 될 것이다.

"하나님께서는 각 사람에게 그가 한 대로 갚아 주실 것입니다. 참으면서 선한 일을 하여 영광과 존귀와 불멸의 것을 구하는 사람에게는 영원한 생명을 주시고, 이기심에 사로잡혀서 진리를 거스르고 불의를 따르는 사람에게는 진노와 분노를 쏟으실 것입니다."롬2:6

"인자가 자기 아버지의 영광에 싸여, 자기 천사들을 거느리고 올 터인데, 그 때에 그는 각 사람에게, 그 행실대로 갚아 줄 것이다."마16:27

3) 구원의 완성
심판과 더불어 세상을 회복하려는 하나님의 계획이 완성된다. 그래서 죄와 사탄이 완전히 제거될 것이고, 모든 것이 새롭게 될 것이다.

"나는 새 하늘과 새 땅을 보았습니다. 이전의 하늘과 이전의 땅이 사라지고, 바다도 없어졌습니다."계21:1

6. 그리스도의 재림은 우리에게 어떤 의미가 있는가?

1) 재림의 확실성은 사랑하는 사람을 먼저 떠나보낸 사람들에게 위로를 준다

바울은 데살로니가 성도들, 특히 먼저 죽은 사람로 슬퍼하는 사람들을 향해서 그렇게 슬퍼할 필요가 없다고 권면한다. 그리스도께서 재림하실 때에 그들도 다시 살아나서 함께 나타날 것이기 때문이다. 그러므로 재림은 부활의 확실성을 보증해 주고 소망을 준다.

"형제자매 여러분, 우리는 여러분이 잠든 사람의 문제를 모르고 지내는 것을 원하지 않습니다. 여러분은 소망을 가지지 못한 다른 사람들과 같이 슬퍼하지 않아야 할 것입니다. 우리는 예수께서 죽으셨다가 살아나신 것을 믿습니다. 이와 같이 하나님께서 예수 안에서 잠든 사람들도 예수와 함께 데리고 오실 것입니다…그러므로 여러분은 이런 말로 서로 위로하십시오."살전4:13-14, 18

2) 포기하지 않고 선을 행하는 삶을 살려는 동력을 제공해 준다

그리스도의 재림은 불의를 바로 잡고, 우리의 억울함을 풀어주는 때가 될 것이기 때문이다.

"그러므로 형제자매 여러분, 주님께서 오실 때까지 참고 견디십시오. 보십시오, 농부는 이른 비와 늦은 비가 땅에 내리기까지 오래 참으며, 땅의 귀한 소출을 기다립니다. 여러분도 참으십시오. 마음을 굳게 하십시오. 주님께서 오실 때가 가깝습니다."약5:7-8

세상의 권력자들이 약자를 압제하는 불의를 저지르는 것이 현실이지만, 우리는 그들의 행태가 영원히 지속될 것처럼 생각하면서 절망할 필요는 없다. 그리스도가 나타나실 때에 그들은 심판을 받을 것이고 우리에게

는 보상이 주어질 것이기 때문이다. 그러므로 참고 견디고, 마음을 굳게 해야 한다.

3) 주님의 재림을 준비하게 한다

그리스도의 재림에 대한 언급은 항상 깨어서 주의 재림을 준비하라는 권면으로 끝을 맺고 있다.

"그러므로 너희도 준비하고 있어라. 너희가 생각하지도 않는 시각에 인자가 올 것이기 때문이다."^{마24:44}

"그러므로 깨어 있어라. 집주인이 언제 올는지, 저녁녘일지, 한밤중일지, 닭이 울 무렵일지, 이른 아침녘일지, 너희가 알지 못하기 때문이다."^{막13:35}

"너희는 스스로 조심해서, 방탕과 술취함과 세상살이의 걱정으로 너희의 마음이 짓눌리지 않게 하고, 또한 그 날이 덫과 같이 너희에게 닥치지 않게 하여라. 그 날은 온 땅에 사는 모든 사람에게 닥칠 것이다. 그러니 너희는 앞으로 일어날 이 모든 일을 능히 피하고, 또 인자 앞에 설 수 있도록, 기도하면서 늘 깨어 있어라."^{눅21:34-36}

이것은 재림에 대해 알려주는 목적이 단지 호기심을 충족시켜주거나 일상의 삶을 내팽개치고 재림만을 기다리라고 권하는 데 있지 않다는 것을 보여준다. 그것은 재림과 이후에 전개될 심판을 준비하는 삶을 살라고 권면하기 위한 것이다. 그러므로 우리는 그리스도가 반드시 다시 오셔서 세상을 심판하실 것을 믿기 때문에 믿음의 삶을 더욱 열심히 살려고 노력해야 한다.

Ⅲ. 최후의 심판

1. 재림 후에 있을 심판

1) 예수 그리스도의 재림과 모든 자의 부활 후에 하나님의 최후의 심판이 있을 것이다

"우리는 모두 그리스도의 심판대 앞에 나타나야 합니다. 그리하여 각 사람은 선한 일이든지 악한 일이든지, 몸으로 행한 모든 일에 따라, 마땅한 보응을 받아야 합니다."고후5:10

"그들은 산 사람과 죽은 사람을 심판하실 분에게 사실을 죄다 아뢰어야 합니다."벧전4:5

"바다가 그 속에 있는 죽은 사람들을 내놓고, 사망과 지옥도 그 속에 있는 죽은 사람들을 내놓았습니다. 그들은 각각 자기들의 행위대로 심판을 받았습니다."계20:13

2) 누가 심판하는가?

성자 예수님에게 심판하는 권세가 주어졌다.

"인자가 자기 아버지의 영광에 싸여, 자기 천사들을 거느리고 올 터인데, 그 때에 그는 각 사람에게, 그 행실대로 갚아 줄 것이다."마16:27

"아버지께서는 아무도 심판하지 않으시고, 심판하는 일을 모두 아들에게 맡기셨다."요5:22

성도들도 예수님과 함께 심판할 것이다.

"내가 또 보좌들을 보니, 그 위에 사람들이 앉아 있었는데, 그들은 심판할 권세를 받은 사람들이었습니다."계20:4

2. 심판의 대상

누가 심판을 받게 되는가?

1) 마귀와 사탄(마25:41, 유 6)

재림의 때에 우선적으로 심판을 받는 것은 마귀와 사탄이다.

"그들을 미혹하던 악마도 불과 유황의 바다로 던져졌는데, 그 곳은 그 짐승과 거짓 예언자들이 있는 곳입니다. 거기에서 그들은 영원히, 밤낮으로 고통을 당할 것입니다."계20:10

2) 사람들

"그런데 어찌하여 그대는 형제나 자매를 비판합니까? 우리는 모두 다 하나님의 심판대 앞에 서게 될 것입니다."롬14:10

"우리는 모두 그리스도의 심판대 앞에 나타나야 합니다. 그리하여 각 사람은 선한 일이든지 악한 일이든지, 몸으로 행한 모든 일에 따라, 마땅한 보응을 받아야 합니다."고후5:10

3) 불신자들에게는 정죄의 판결을 내리는 자리

"나를 배척하고 내 말을 받아들이지 않는 사람을 심판하시는 분이 따로 계시다. 내가 말한 바로 이 말이, 마지막 날에 그를 심판할 것이다."요12:48

4) 신자들이 받는 심판

신자들도 심판을 받는데, 그들이 받을 심판은 불신자가 받는 심판과 그 성격이 다르다. 이 심판은 두 가지 의미가 있다.

첫째, 이 심판은 신자들을 완전히 의롭다고 선언하는 판결 자리가 될 것이다. 이 날은 성화의 완성이요 영화롭게 되는 날이다. 둘째는, 신자들이 하나님의 뜻에 얼마나 순종했는지를 기준으로 상급을 정하는 것이다. "누가 이 기초 위에 금이나 은이나 보석이나 나무나 풀이나 짚으로 집을 지으면, 그에 따라 각 사람의 업적이 드러날 것입니다. 그 날이 그것을 환히 보여 줄 것입니다. 그것은 불에 드러날 것이기 때문입니다. 불이 각 사람의 업적이 어떤 것인가를 검증하여 줄 것입니다. 어떤 사람이 만든 작품이 그대로 남으면, 그는 상을 받을 것이요, 어떤 사람의 작품이 타 버리면, 그는 손해를 볼 것입니다. 그러나 그 사람은 구원을 받을 것이지만 불 속을 헤치고 나오듯 할 것입니다." 고전3:12~15

3. 천국에서 상급

천국에서 신자들이 받는 상급은 실제적인 것인가? 아니면 상징적인 것에 불과한 것인가?

1) 성경은 여러 곳에서 상급에 대해 말한다

"지혜 있는 사람은 하늘의 밝은 빛처럼 빛날 것이요, 많은 사람을 옳은 길로 인도한 사람은 별처럼 영원히 빛날 것이다." 단12:3

"너희는 기뻐하고 즐거워하여라. 하늘에서 받을 너희의 상이 크기 때문이다. 너희보다 먼저 온 예언자들도 이와 같이 박해를 받았다." 마5:12

"예언자를 예언자로 맞아들이는 사람은, 예언자가 받을 상을 받을 것이요, 의인을 의인이라고 해서 맞아들이는 사람은, 의인이 받을 상을 받을 것이다. 내가 진정으로 너희에게 말한다. 이 작은 사람들 가운데 하나에게, 내 제자라고 해서 냉수 한 그릇이라도 주는 사람은, 절대로 자기가 받을 상을 잃지 않을 것이다." 마10:41-42

"어떤 사람이 만든 작품이 그대로 남으면, 그는 상을 받을 것이요, 어떤 사람의 작품이 타 버리면, 그는 손해를 볼 것입니다. 그러나 그 사람은 구

원을 받을 것이지만 불 속을 헤치고 나오듯 할 것입니다."고전3:14-15

그러므로 상급은 분명히 성경적인 개념이라고 보는 것이 합당하다.

2) 상급 개념의 위험성

그러나 상급 개념을 반대하는 사람들은 상급 개념 자체가 내포하고 있는 위험성을 지적한다.

첫째, 상급에 차등이 있으면 비교 때문에 질투, 괴로움, 박탈감과 같은 부정적인 인식들이 생겨나지 않겠는가? 그러면 천국은 결코 완전한 장소가 아니다. 이것은 천국의 개념에 맞지 않다. 둘째, 상급을 과도하게 강조하면 신자들이 순종하는 삶을 살려는 동기가 왜곡될 가능성이 생긴다. 순종의 진정한 동기는 하나님의 은혜와 사랑에 대한 감사의 마음이어야 하는데, 죄악된 세상의 잘못된 경쟁 심리를 그대로 적용해서 다른 사람보다 더 높아지고 으스대려는 마음으로 순종할 위험이 있다.

3) 상급은 약속된 것이다

그러나 상급은 하나님이 분명하게 약속하신 것이다. 그러므로 우리는 상급을 기대할 수 있고, 기대하는 것이 하나님의 의도에 부합한다. 그러면 왜곡된 경쟁이나 다른 사람들보다 더 높아지고자 하는 교만의 의미가 배제된 상급 개념이 어떻게 가능한가? 우리는 이 점을 우리의 지혜로는 100퍼센트 이해할 수 없다고 고백해야 할 것이다. 성경은 상급만 언급할 뿐 그것이 어떻게 천국의 삶과 조화를 이룰 수 있는지 설명해 주지 않는다. 그러나 비록 우리가 완전히 이해하지는 못하지만, 하나님의 능력과 지혜로 우심을 신뢰할 수 있을 것이다.

추정해보자면, 혹시 하나님이 상급을 다르게 주시지만 각 사람들은 다른 사람이 받은 상급을 모르는 채 오직 자신의 상급만 아는 것일 수도 있지 않을까? 예를 들어, 두 사람이 같은 예배를 드려도 거기서 얻는 만족도가 다르듯이 천국의 삶에서 누리는 만족도에 차이가 있을 수 있다. 클래식 음악을 들을 때 어떤 사람은 그냥 좋다고 느낄 뿐이지만, 음악에 조예가 깊은 사람은 진한 감동을 느낄 수 있는 것과 같다. 그러나 그 차이는 각자 느끼는 절대적 인식일 뿐 상대적인 것은 아니다.

4. 공정한 심판

이 세상에서는 불의를 행하는 사람이 아무런 처벌도 받지 않고 부귀영화를 누리는 경우가 많다. 우리나라 역사를 봐도 일제부역자는 자자손손 잘 살고 있지만, 독립운동가는 본인도 엄청난 고생을 했을 뿐만 아니라 그 후손들도 대대로 힘겹게 살아가고 있는 것이 현실이다. 현실 세상에서 정의가 승리하는 것처럼 보일 때도 있지만, 그것은 오히려 드문 일일 뿐이다. 현세의 역사만을 바라보면 세상은 별로 공정하지 않다고 한탄하는 것이 더 현실에 맞는 판단이다.

이스라엘의 선지자 하박국도 세상을 보면서 이와 비슷한 생각을 가졌다. 하박국은 세상의 불의가 제대로 심판받지 않는 것을 보면서 화가 나서 하나님께 원망을 늘어놓는다.

"어찌하여 나로 불의를 보게 하십니까? 어찌하여 악을 그대로 보기만 하십니까? 약탈과 폭력이 제 앞에서 벌어지고, 다툼과 시비가 그칠 사이가 없습니다. 율법이 해이하고, 공의가 아주 시행되지 못합니다. 악인이 의인을 협박하니, 공의가 왜곡되고 말았습니다."$^{1:3-4}$

그러나 하나님은 그에게 앞으로 이루어질 심판의 모습을 보여주셨다.

"네가 수많은 민족을 털었으니, 살아남은 모든 민족에게 이제는 네가 털릴 차례다. 네가 사람들을 피 흘려 죽게 하고, 땅과 성읍과 그 안에 사는 주민에게 폭력을 휘두른 탓이다"$^{2:8}$

"네가 레바논에서 저지른 폭력이 이제, 네게로 되돌아갈 것이다. 네가 짐승을 잔인하게 죽였으나, 이제는 그 살육이 너를 덮칠 것이다. 사람들을 학살하면서, 땅과 성읍과 거기에 사는 주민에게 폭력을 휘둘렀기 때문이다"2:17

그 때가 곧 올 것이니 지금 불의한 세상의 모습을 보면서 절망하지 말고 기다리라고 권면하신다.

"이 묵시는, 정한 때가 되어야 이루어진다. 끝이 곧 온다는 것을 말하고 있다. 이것은 공연한 말이 아니니, 비록 더디더라도 그 때를 기다려라. 반드시 오고야 만다. 늦어지지 않을 것이다."2:3

하박국은 하나님의 심판의 확실함과 공정함으로 정의가 다시 세워진다는 것을 확신하고 감사와 찬양의 노래를 부른다.

"무화과나무에 과일이 없고 포도나무에 열매가 없을지라도, 올리브 나무에서 딸 것이 없고 밭에서 거두어들일 것이 없을지라도, 우리에 양이 없고 외양간에 소가 없을지라도, 나는 주님 안에서 즐거워하련다. 나를 구원하신 하나님 안에서 기뻐하련다. 주 하나님은 나의 힘이시다. 나의 발을 사슴의 발과 같게 하셔서, 산등성이를 마구 치닫게 하신다."3:17-19

하나님은 이 땅에서 일어나는 일을 모두 알고 계시고 정확하게 기억하시기 때문에, 그 모든 일들에 대해 공정하게 심판하실 것이다. 세상의 권력자들이 약자를 압제하는 불의를 저지르는 것이 현실이지만, 그들의 행태를 보고 너무 절망할 필요는 없다. 그리스도가 나타나실 때에 그들은 심판을 받게 될 것이기 때문이다. 하나님은 의로우신 분이므로 그의 심판은 역사에 정의를 세울 것이다. 그 날을 기대하며 우리는 억울하고 답답한 세상 속에서도 인내하면서 정의가 회복될 것이라는 확신을 가질 수 있다.

그러므로 우리가 그 날이 확실하다는 것을 믿는다면, 그들을 부러워하거나 절망하지 않고, 우리가 살아야 할 삶, 해야 할 선한 일들을 포기하지 않고 지속적으로 실천하는 삶을 살아야 한다.

"그러므로 형제자매 여러분, 주님께서 오실 때까지 참고 견디십시오. 보십시오, 농부는 이른 비와 늦은 비가 땅에 내리기까지 오래 참으며, 땅의 귀한 소출을 기다립니다. 여러분도 참으십시오. 마음을 굳게 하십시오. 주님께서 오실 때가 가깝습니다."약5:7-8

제22장 · 새 하늘과 새 땅

"그러나 우리는 주님의 약속을 따라 정의가 깃들여 있는 새 하늘과 새 땅을 기다리고 있습니다." 벧후3:13

　기독교 초기부터 그리스도인들에게 천국과 지옥은 신앙의 매우 중요한 부분이었다. 사람들은 하나님의 심판과 그 결과로 주어질 천국과 지옥의 실재를 의심하지 않았다. 그러나 과학주의와 실증주의의 발흥으로 천국과 지옥은 실재가 아니고, 신화적인 이야기이며 원시 사회의 잔재 같은 것으로 간주되기에 이르렀다.
　그러나 우리는 성경을 읽으면서 천국과 지옥에 관한 수많은 묘사를 접한다. 천국과 지옥은 실재하는가? 아니면 그것은 단지 신화이며 상징에 지나지 않는 것인가? 비록 미래에 일어날 일을 예측하는 것은 인간의 한계를 뛰어넘는 것이지만, 하나님의 계시인 성경을 나침반 삼아 나아간다면 천국과 지옥의 실체에 어느 정도 근접한 이해를 얻을 수 있을 것이다.

I. 지옥영원한 형벌

1. 부정적인 인식

　현대인들은 지옥과 형벌에 매우 부정적이다. 그런 반응을 보이는 데는 몇 가지 이유가 있다. 먼저 지옥이나 형벌과 같은 것은 전근대적인 신화적 개념이라고 생각한다. 그것은 무지했던 시대에나 통용되던 개념으로 우주여행도 가능해진 과학시대에는 시대착오적인 개념이라고 생각한다. 또한, 하나님은 사랑이기 때문에 그 하나님이 어떤 사람에게 벌을 내린다는 것은 하나님의 속성에 맞지 않는다고 생각한다. 이런 경향이 자아에 대한 무한긍정의 시대적 흐름과 결합되면서 형벌, 심판, 지옥과 같은 개념은 현대 세계에서 자리 잡기 어려운 것이 되었다.

이것은 자신의 잘못된 행위에 전혀 책임을 지지 않으려는 태도와 일맥상통한다. 잘못을 해도 그것에 대해 벌을 받는 것을 당연하게 여기지 않는다. 혹시 잘못을 인정할지라도 항상 그것에 대한 형벌이 지나치다고 생각하면서 억울해한다. 이런 잘못된 태도들이 지옥과 형벌에 부정적 인식을 강화시키는 데 한 몫을 담당했다. 이런 분위기의 영향을 받은 그리스도인들도 구원을 받지 못한 사람들의 상태, 그리고 그들이 받을 형벌과 지옥에 대해 다른 견해들을 제시하려고 애써왔다.

2. 영원한 형벌을 부정하는 견해들

1) 보편구원설 universalism

이들은 지옥은 실재하지 않으며 결국 모든 사람이 구원을 받을 것이라고 주장한다. 이들은 무엇을 근거로 이렇게 주장하는가?

첫째, 하나님의 은혜와 사랑은 모든 사람을 구원하기에 충분할 정도로 크기 때문에 결국 모든 사람이 구원을 받을 것이다. 영원한 형벌이나 지옥은 하나님의 사랑과 맞지 않는 개념이다. 그러므로 지옥은 없다.

둘째, 하나님이 이루신 구원은 만인을 위한 것이기 때문에 결국 만인이 구원을 받을 것이다.

셋째, 모든 사람이 구원을 받기를 원하신다는 하나님의 바람은 단지 바람만으로 그치지 않고 실제로 성취될 것이다. 딤전 2:4, "하나님께서는 모든 사람이

다 구원을 얻고 진리를 알게 되기를 원하십니다.";벧후3:9; 롬5:18; 고후5:19; 엡1:10

그러나 이런 견해는 성경적인 지지를 받기가 쉽지 않다.

우선, 모든 사람이 구원받기를 원한다는 말씀은 구원을 실제로 얻기 위해서는 믿음이 필요하다는 말씀과 함께 나온다. 이 말은 어떤 사람들은 구원에 필요한 믿음을 갖지 않을 수 있다는 가능성을 전제로 하는 것이다. 그러므로 하나님의 바람과 실제 성취되는 것은 다를 수 있다.

둘째, 하나님은 인간에게 선택할 수 있는 자유를 주셨고, 그 선택에 대한 결과를 책임질 수 있는 존재로 만드셨다. 그러므로 잘못된 선택에 따른 징벌도 받아야 마땅하다. 이것을 부인하는 것은 결국 인간됨을 부인하는 것과 같다.

셋째, 우리는 불신자들에게 하나님의 심판이 분명하게 내려질 것이며, 그것은 영원한 결정이라고 말하는 성경 말씀을 수많은 곳에서 찾아볼 수 있다. 마25:41; 막9:43-48; 고전1:18-24; 엡5:4-6; 빌1:28

그러므로 보편구원설은 성경적 근거가 약하며 사람들의 희망사항일 뿐이다.

2) 멸절설 annihilationism

구원받은 사람들은 영생을 얻지만, 그렇지 못한 사람들은 심판과 더불어 존재 자체가 소멸되거나 일정 기간 형벌을 받다가 소멸될 것이라는 주장을 '멸절설'이라고 한다. 이 견해에 따르면 지옥이라는 것은 설령 잠시 존재한다 할지라도 영원히 존재하는 것은 아니다. 이 주장의 근거가 무엇인가?

첫째, 보편구원설에서 주장하는 것과 같이, 영원한 형벌은 하나님의 사랑과 맞지 않다.

둘째, 영원한 형벌은 영혼이 불멸하다는 헬라 사상으로부터 유래한 것이며, 성경은 우리가 영생을 얻을 때만 영원한 존재가 된다고 가르친다.

셋째, 불신자들에게 임할 사망과 멸망은 말 그대로 존재 자체가 소멸하는 것이며롬1:32, 6:23; 고전3:17, 심판을 불타는 것이나 불못에 던져지는 것으로 비유한 것도 그런 이유이다. 벧후2:6; 계20:14-15

넷째, 성경에서 '영원한 형벌'이라고 말하는 것은 형벌이 영원하다는 것이 아니라 심판의 결과가 영원히 돌이킬 수 없는 것이라는 의미다.

그러나 이런 주장 역시 성경적 근거가 약하다.

첫째, 성경은 심판과 형벌이 모두 '영원히' 지속되는 것이라고 분명하게 말한다. 마18:8, 25:41; 유7; 살후1:9; 계14:11, 20:10 멸절론자들은 형벌의 '영원성'과 천국에서의 삶의 '영원성'을 다르게 해석하지만 그렇게 할 아무런 근거가 없다. 성경은 의인이 누릴 복과 악인이 당할 형벌 모두에 영원이라는 똑같은 용어를 사용하기 때문이다. 마25:46

둘째, 만약 이 땅에서 죄를 지은 자가 죽은 후에 단순히 사라져버리는 것에 불과하다면, 하나님의 심판이나 형벌은 아무 의미가 없어진다. 그것은 악행에 대해 지불하는 대가가 될 수 없기 때문이다.

3) 상징설

어떤 사람들은 지옥에 대한 묘사가 문자적인 의미가 아니라 단지 상징에 지나지 않는 것이라고 주장한다. 성경에서 지옥과 형벌을 말하는 것은 더 순종적이고 윤리적인 삶을 살라고 격려하기 위해서라는 것이다. 그러나 성경은 심판과 형벌의 실재를 분명하게 가르치고 있다.

첫째, 성경은 그리스도를 자신의 주로 영접하지 않는 사람들은 정죄를 받는다고 말한다. 요3:36; 롬2:5, 8

둘째, 최후의 심판에서 악인들은 극심한 고통의 심판을 받을 것이라고 말한다. 마25:46; 막9:43; 눅16:23; 살후1:9; 계14:10-11, 20:10

셋째, 비록 이런 묘사들에 상징적 요소들이 섞여 있다는 것을 인정한다고 해도 그 표현이 의도하는 것을 부정할 수는 없다. 이런 식으로 반복해서 말한다는 것은 구체적인 모습은 다를 수 있을지 모르지만, 형벌과 지옥의 실체는 분명하다는 것을 확증해 준다.

그러므로 우리는 지옥이 실재한다고 믿는 것이 옳다. 이것은 예수님이 지속적으로 지옥에 대해 경고하신 것이나^{마13:42, 49-50, 22:13, 25:10-13; 요5:29}, 사도들도 똑같은 가르침을 준 것과 잘 부합된다.^{살후1:9, 히6:2, 계14:10-14}

3. 지옥에 대한 묘사

지옥은 실제적인 물리적 장소와 마음의 상태의 결합이다. 성경에서 묘사하는 지옥의 특징을 살펴보자. 그곳은 영원히 지속되는 육체적 고통을 당하는 곳이다. 성경은 이를 고통^{계20:10}, 울며 이를 가는 상태^{마13:42, 24:51, 25:30}, 영원한 불^{마25:41; 유7} 등으로 표현한다. 또한, 지옥은 교제의 단절이라는 고통을 당하는 곳이다. 고독, 소외 그리고 절망의 극심한 고통을 당한다. 지옥을 '바깥 어두움'이라고 묘사한 것이 이런 모습을 잘 보여준다.^{마8:12, 25:30} 이것은 공동체^{다른 인간들과 피조물과}의 교제에서 추방된 결과다. 지옥에서 당하는 가장 큰 고통은 무엇보다 하나님의 부재로 오는 고통이다.^{살후1:9; 마25:41} 우주는 하나님의 임재로 지탱된다. 때문에 우리는 하나님 부재의 상태가 얼마나 끔찍한 것인지 짐작할 수 없다. 그러나 하나님의 임재의 충만함이 천국의 가장 중요한 특성인 것처럼 하나님의 부재는 지옥의 고통을 설명하는 최고의 묘사이다.

천국에서 받을 상급에도 차이가 있는 것처럼 지옥의 고통에도 정도의 차이가 있다. 예수님은 악한 율법학자들이 더 엄한 심판을 받을 것이라고 말씀하신다.^{눅20:47} 또한, 알고도 죄를 지은 자와 모르고 죄를 지은 자 사이에 차이가 있다고 말씀하신다. "주인의 뜻을 알고도, 준비하지도 않고, 그 뜻대로 행하지도 않은 종은 많이 맞을 것이다. 그러나 알지 못하고 매 맞을 일을 한 종은, 적게 맞을 것이다. 많이 받은 사람에게는 많은 것을 요구하고, 많이 맡긴 사람에게는 많은 것을 요구한다"눅12:47-48

4. 지옥의 형벌이 우리에게 주는 의미

하나님의 은혜와 사랑을 강조하고, 그것 때문에 하나님을 믿고 선한 삶을 사는 것은 좋은 일이다. 그러나 성경은 우리 귀에 좋은 것만 말하고 있지 않다. 성경은 죄와 심판 그리고 그 결과로 주어지는 끔찍한 형벌에 대해서도 분명하게 언급하고 있다.

현대인들이 지옥이나 형벌과 같은 것으로 사람들을 위협하고 겁주는 것은 잘못된 일이라고 주장하며 그 개념 자체를 혐오한다고 해도, 이것이 성경 도처에 나오는 경고라면 우리가 무시할 권한은 없다. 하나님은 구약 시대에도 선지자들을 통해서 죄에 대한 심판과 형벌을 자주 경고하셨다. 그리고 그런 경고로 사람들을 바른 길로 돌이키려고 하였다. "'너희가 기꺼이 하려는 마음으로 순종하면, 땅에서 나는 가장 좋은 소산을 먹을 것이다. 그러나 너희가 거절하고 배반하면, 칼날이 너희를 삼킬 것이다.' 이것은 주님께서 친히 하신 말씀이다"사1:19-20 예수님도 하나님의 사랑과 은혜를 말씀하셨을 뿐 아니라 지옥의 형벌과 심판도 경고하셨다.마25:30, 41, 46

이렇게 경고를 하는 이유는 무엇인가? 더 늦기 전에 회개하고 하나님께 순종하는 삶으로 돌아오게 하기 위한 것이다. "너희도 회개하지 않으면, 모두 그렇게 망할 것이다."눅13:3 우리는 하나님과 예수님이 우리를 위해 경고하시는 방식을 무시할 수 없다. 우리 감성에 맞지 않는다는 이유로 부정적이고 끔찍한 표현들을 임의로 무시하거나 제거할 권한이 없다. 오히려, 우리 시대를 돌아보면 심판과 형벌의 메시지가 더욱 필요하다는 것을 절감한다. 인간의 교만이 하늘을 찌르고, 부정과 불의가 판을 치며, 전쟁과 폭력과 속임수가 만연한 이 시대는 하나님의 심판의 경고가 절실하다.

심판은 확실한 미래다. 그 형태가 무엇인지 정확히 알 수 없다고 해도, 지옥의 형벌은 분명한 실재다. 우리는 하나님의 경고를 귀담아 들어야 한다. 그리고 두려움과 떨림으로 우리의 구원을 이루어가는 삶을 살아야 한다.

II. 천국새 하늘과 새 땅

1. 기독교 복음의 절정은 천국이다

기독교는 우리가 이 세상에서 어떻게 살아가야 하는지를 가르칠 뿐만 아니라, 죽음 이후에 들어갈 천국을 선포해왔다. 이 말씀을 받은 신자들은 천국의 소망을 품고 이 세상을 하직한다. 이것은 성경에 근거한 행동이다. 성경은 미래에 우리가 들어갈 천국을 여러 번 언급하고 있기 때문이다.

"주님께서 나를 모든 악한 일에서 건져내시고, 또 구원하셔서 그분의 하늘나라에 들어가게 해 주실 것입니다. 그분께 영광이 영원무궁하도록 있기를 빕니다. 아멘."딤후4:18

"그러나 우리는 주님의 약속을 따라 정의가 깃들여 있는 새 하늘과 새 땅을 기다리고 있습니다."벧후3:13

요한계시록 21-22장은 새 하늘과 새 땅에 대해 묘사하면서 성경 이야기를 끝맺는다. 하나님의 천지창조에서 시작된 성경의 역사는 천국에 대한 소망으로 그 대단원의 막을 내리는 것이다.

2. 천국은 어떤 곳인가?(1): 상태

1) 천국은 일차적으로 장소보다는 상태를 의미한다

천국이라고 하면 사람들은 먼저 장소를 떠올린다. 남태평양의 어느 멋진 섬과 같은 곳, 복지제도가 잘 갖춰진 북유럽의 어느 나라와 같은 곳 등. 그러나 성경에서 말하는 천국은 일차적으로 장소라기보다는 상태를 의미한다. 천국, 새 하늘과 새 땅, 하나님나라는 이 세상 어디든 하나님의 임재가 충만하고 그의 주권이 완전히 인정되는 상태나 영역을 의미한다.

원래 모든 세상은 천국이었다. 하나님의 임재가 충만했었고, 모든 피조물들이 그의 주권을 인정했기 때문이다. 그때는 모든 곳이 천국과 같았다. 다른 말로 하면 상태와 장소의 구분이 필요하지 않았다. 그러나 죄가 들어온 이후로 피조물은 하나님의 주권을 거부하면서 그의 임재를 제한하고 있다. 그래서 어떤 영역이나 장소에서는 하나님의 주권이 인정되기도 하지만, 반대로 똑같은 영역과 장소에서 하나님을 거역하는 일도 벌어진다. 이 세상과 우리의 삶은 하나님의 주권에 대한 인정과 거부가 공존하고 있는 상태다.

그러나 주님이 다시 오시면 죄가 제거되고, 모든 피조물이 하나님의 주권 아래 굴복하면서 하나님의 영광으로 충만한 천국의 상태가 회복될 것이다. 결국 온 세상이 천국으로 회복되는 것이다. 이 회복은 하나님과의 관계와 다른 피조물과의 온전한 관계 회복을 의미한다.

2) 하나님과의 관계가 회복된 곳

무엇보다 천국은 하나님의 임재의 영광이 충만한 곳이다. "그 도성에는, 해나 달이 빛을 비출 필요가 없습니다. 그것은, 하나님의 영광이 그 도성을 밝혀 주며, 어린 양이 그 도성의 등불이시기 때문입니다."계21:23 그래서 그 곳에는 하나님과 그의 임재를 상징하는 성전과 같은 곳이 필요 없게 될 것이다. 계21:22, "나는 그 안에서 성전을 볼 수 없었습니다. 그것은 전능하신 주 하나님과 어린 양이 그 도성의 성전이시기 때문입니다"

또한, 천국은 하나님과 온전한 교제를 나누는 곳이다. "보아라, 하나님의 집이 사람들 가운데 있다. 하나님이 그들과 함께 계실 것이요, 그들은 하나님의 백성이 될 것이다. 하나님이 친히 그들과 함께 계시고."계21:3 우리는 언제나 하나님과 함께 있게 될 것이고, 하나님과 교제를 나누는 충만한 기쁨을 누릴 것이다.

천국에서 우리는 하나님의 주되심을 완전히 인정하는 삶을 살 것이다. 천국에서는 하나님을 거역하고 배신하는 일이 더 이상 없을 것이다. 우리 모두는 하나님이 만유의 주라는 것을 확실하게 인정하면서 실제로 그런 삶을 살 것이다. 하나님의 주되심을 인정하는 것이 부담이나 어려움이 아니라 가장 큰 즐거움이며 기쁨이 될 것이다. 시16:11

3) 피조물과 온전한 교제를 나누는 곳 – 진정한 공동체의 회복

천국에서는 깨어진 모든 관계가 회복되면서 사랑, 평화, 정의가 바탕이 되는 진정한 인간 공동체가 이루어질 것이다. 나아가 다른 피조물과도 조화와 평화를 이룰 것이다.

"그 때에 이리가 어린 양과 함께 살며 표범이 어린 염소와 함께 누우며 송아지와 어린 사자와 살진 짐승이 함께 있어 어린 아이에게 끌리며, 암소와 곰이 함께 먹으며 그것들의 새끼가 함께 엎드리며 사자가 소처럼 풀을 먹을 것이며, 젖 먹는 아이가 독사의 구멍에서 장난하며 젖 뗀 어린 아이가 독사의 굴에 손을 넣을 것이라."사11:6-8

3. 천국은 어떤 곳인가?(2): 장소

1) 천국은 장소다

천국이 일차적으로 하나님의 주권이 미치는 어떤 상태나 영역을 의미하지만, 동시에 3차원적 존재인 인간에게는 어떤 장소로 인식되기도 한다. 즉 하나님의 주권이 완전히 회복된 장소를 천국이라고 말할 수도 있다. 죄가 만연한 현 세상에서는 하나님의 주권이 완전히 인정되는 곳이 없기 때문에 어떤 장소를 천국이라고 말할 수 없다. 그러나 종말에 하나님이 회복할 세상에서는 '모든 곳'^{장소}에서 하나님의 주권이 완전하게 인정될 것이기 때문에 죄로 분리되었던 상태와 장소가 온전히 통합된 모습이 될 것이다.

천국을 장소로 생각하는 몇 가지 근거가 더 있다.

첫째, 인간은 부활 후에 여전히 육체를 가진 인간으로 존재하게 된다. 그러므로 종말에 이루어질 천국도 인간이 존재할 수 있는 공간적이고 시간적인 장소라고 보는 것이 옳다.

둘째, 요한계시록에서 묘사하는 천국도 어떤 장소를 의미하는 것으로 보인다. 요한계시록 21-22장에서 묘사하고 있는 천국은 거룩한 도시이며 사람들이 다니는 곳이고, 생명의 강과 온갖 과일이 있는 새 하늘과 새 땅과 같은 곳이다.

그러므로 종말에 우리가 살 천국은 하나님의 임재로 충만한 어떤 '장소'일 것이다.

2) 가장 아름답고 멋진 곳

성경은 지상에서 가장 값지고 아름다운 것들을 동원해서 천국을 모사한다.

"그 성벽은 벽옥으로 쌓았고, 도성은 맑은 수정과 같은 순금으로 되어 있었습니다. 그 성벽의 주춧돌들은 각색 보석으로 꾸며져 있었습니다. 첫째 주춧돌은 벽옥이요, 둘째는 사파이어요, 셋째는 옥수요, 넷째는 비취옥이요, 다섯째는 홍마노요, 여섯째는 홍옥수요, 일곱째는 황보석이요, 여덟째는 녹주석이요, 아홉째는 황옥이요, 열째는 녹옥수요, 열한째는 청옥이요, 열두째는 자수정이었습니다. 또 열두 대문은 열두 진주로 되어 있는데, 그 대문들이 각각 진주 한 개로 되어 있었습니다. 도시의 넓은 거리는 맑은 수정과 같은 순금이었습니다."계21:18-21

이것은 천국의 모습이 실제 그런 물질로 구성되어 있다는 것이 아니라 그 정도로 멋지고 아름답다는 것을 보여주려는 것이다. 천국은 물질주의의 욕망을 넘어서는 곳이기 때문이다. 그러나 천국이 이처럼 우리가 상상하는 것보다 훨씬 더 멋진 곳이라는 점은 분명하다.

4. 천국과 현재 세상과의 관계

사람들은 대개 천국을 이 세상이 없어지고 새롭게 만들어질 세상으로 생각한다. 정말로 그럴까? 새 하늘과 새 땅과 지금 우리가 살고 있는 세상은 어떤 관계가 있는가?

1) 불연속성

'하늘과 새 땅'은 현재 우리가 사는 세상과 분명히 다를 것이다.

"나는 새 하늘과 새 땅을 보았습니다. 이전의 하늘과 이전의 땅이 사라지고, 바다도 없어졌습니다."계21:1

어떤 점에서 다를 것인가? 우선 새 하늘과 새 땅은 죄가 제거되고, 우리를 유혹하던 마귀가 사라진 곳이다.

"그들을 미혹하던 악마도 불과 유황의 바다로 던져졌는데, 그 곳은 그

짐승과 거짓 예언자들이 있는 곳입니다. 거기에서 그들은 영원히, 밤낮으로 고통을 당할 것입니다."계20:10

그러므로 그 곳에서 우리는 마귀의 유혹에서 벗어나서 죄를 짓지 않을 것이다. 또한, 새 하늘과 새 땅은 죄의 모든 결과가 정화된 모습일 것이다.

"그들의 눈에서 모든 눈물을 닦아 주실 것이니, 다시는 죽음이 없고, 슬픔도 울부짖음도 고통도 없을 것이다. 이전 것들이 다 사라져 버렸기 때문이다."계21:4

그래서 새 하늘과 새 땅은 정의와 평화가 완전히 회복되어 사랑과 진리와 기쁨이 넘치는 곳이 될 것이다.

2) 연속성

'새 하늘과 새 땅'은 현재의 세상과 완전히 단절된 것이 아니라 연속성도 가지고 있다. '새 하늘과 새 땅'은 현재의 하늘과 땅이 완전히 사라지고 전혀 다른 우주가 출현한다는 의미가 아니라 질적으로 갱신된 현재의 우주를 말한다. 다른 말로 하면 우리는 지금 우리가 살고 있는 세상을 떠나 전혀 다른 곳으로 가는 것이 아니라 정화된 이 세상에서 살게 된다는 말이다. 그 근거가 무엇인가? 안토니 후크마는 그 근거를 몇 가지로 잘 정리해 준다. 안토니 후크마, 『개혁주의 종말론』, 부흥과 개혁사, 16장

첫째, 베드로후서 3장 13절 '새 하늘과 새 땅', 요한계시록 21장 1절의 '새 하늘과 새 땅'에서 '새로운'을 뜻하는 헬라어는 'neos'가 아니라 'kainos'다. 'neos'는 시간과 기원에 있어서 전혀 새로운 종류를 의미하고, 'kainos'는 질적으로 새롭다는 뜻이다. 바이러스로 오염된 컴퓨터를 치료하고 포맷하여 새 것처럼 만드는 것과 같은 것 그러므로 '새 하늘과 새 땅'의 의미는 현재의 하늘과 땅과 전혀 다른 우주의 출현을 의미하는 것이 아니라 현재의 우주와 동일하지만 질적으로 갱신된 우주를 말한다. 그것은 요한계시록 21장 4절에서

말하는 것처럼 죄의 결과들인 '이전 것들'죽음, 슬픔, 울부짖음, 고통이 다 사라진 세상이다.

둘째, 피조물도 구속의 날을 기다리고 있다는 것은 피조물이 사라지는 것이 아니라 죄로부터 해방되고 갱신된다는 것을 의미한다. "그것은 곧 피조물도 썩어짐의 종살이에서 해방되어서, 하나님의 자녀가 누릴 영광된 자유를 얻으리라는 것입니다. 모든 피조물이 이제까지 함께 신음하며, 함께 해산의 고통을 겪는 것을 우리는 압니다."롬8:21-22

이사야 11장 6-8절은 이 모습을 아름답게 묘사한다, "그 때에는, 이리가 어린 양과 함께 살며, 표범이 새끼 염소와 함께 누우며, 송아지와 새끼 사자와 살진 짐승이 함께 풀을 뜯고, 어린 아이가 그것들을 이끌고 다닌다. 암소와 곰이 서로 벗이 되며, 그것들의 새끼가 함께 눕고, 사자가 소처럼 풀을 먹는다. 젖먹는 아이가 독사의 구멍 곁에서 장난하고, 젖뗀 아이가 살무사의 굴에 손을 넣는다."

해방되어 더 나은 모습으로 변하는 것은 소멸이 아니라 갱신을 의미한다. 인간의 육체도 연속성을 가지는 것처럼 다른 피조물들도 그 존재가 이어질 것이다.

셋째, 하나님이 우주를 소멸한다는 것은 하나님의 창조 계획이 실패했음을 자인하는 것을 의미한다. 이것은 하나님의 속성에도 맞지 않고, 사탄이 망쳐놓은 세상을 치유 불가능하다고 포기하는 것이어서 결국 사탄의 승리를 선언하는 것이 될 뿐이다.

후크마가 정리하고 있는 바와 같이, 하나님이 창조하신 자연 만물과 하나님의 은총을 받은 인간이 만든 좋은 것들문화적 산물은 정화되어 그대로 천국에 남을 것이다. 이사야는 하나님나라의 모습을 이렇게 표현한다, "이리와 어린 양이 함께 풀을 먹으며, 사자가 소처럼 여물을 먹으며, 뱀이 흙을 먹이로 삼을 것이다. 나의 거룩한 산에서는 서로 해치거나 상하게 하는 일이 전혀 없을 것이다. 주님의 말씀이시다."^사65:25 사도 요한도 종말에 이루어질 천국의 광경을 이렇게 묘사한다, "민족들이 그 빛 가운데로 다닐 것이요, 땅의 왕들이 그들의 영광을 그 도성으로 들여올 것입니다."^계21:24

그렇다면 왜 하나님은 현재 세상에 존재하던 것들을 존속시키면서 갱신하시는가?

첫째, 창조 때부터 온 우주가 여전히 하나님의 것이기 때문이다. "땅과 거기에 가득 찬 것들이 다 주님의 것이기 때문입니다."^고전10:26 하나님은 이 세상을 포기한 적이 없다. 그래서 우주적 구원계획을 실행하신 것이다.

둘째, 문화 명령^창조 명령, 창1:28은 인간이 죄를 짓기 전에 주신 명령이다. 하나님은 애초에 문화적 발전을 염두에 두고 세상을 창조하셨다. 그것을 모두 부정하거나 소멸시킬 이유가 없다.

그러므로 새 하늘과 새 땅을 이런 도식으로 이해하는 것이 좋을 것이다. "새 하늘과 새 땅 = 원래의 하늘과 땅 – 죄의 요소의 제거 및 정화 – 필요 없는 요소의 제거^천국에서 필요 없는 여러 가지 제도나 문화들: 결혼제도, 정치제도, 제도적 교회 + 문화적 발전의 성과."

우리는 복음을 전해서 사람들을 주님께로 인도하는 구속사명 뿐만 아니라 하나님의 창조를 이어가는 문화명령도 잘 감당해야 한다. 그것은 천국이 오면 사라질 무의미한 것들이 아니다. 둘 다 하나님이 우리들에게 주신 사명이기도 하고, 사람들과 문화적 산물 모두 천국에서 연속성을 가지고 있기 때문이다.

5. 천국에서 우리는 어떻게 살 것인가?

천국에서의 삶이 어떨지 우리는 세세하게 알지 못한다. 다만 성경에서 간헐적으로 언급되는 것으로 몇 가지 모습을 추출할 수 있을 뿐이다.

1) 예배와 찬양 계19:1-4

천사들의 주된 업무가 예배와 찬양이듯이 우리가 천국에서 가장 많이 하는 것도 예배와 찬양이 될 것이다. 이렇게 말하면 어떤 사람들은 천국에서의 삶이 매우 지루하고 따분하지 않을까 염려하기도 한다. 이 땅에서 예배와 찬양을 하면서 때때로 그런 느낌을 갖기 때문이다. 이것은 우리가 구원을 받았지만 여전히 죄의 영향 아래 있다는 것을 보여주는 모습이다. 그 때문에 우리가 하는 예배와 찬양조차도 자기 위치를 상실하고 부담스럽고 힘겹고 지루한 것으로 전락할 때가 잦다.

그러나 우리는 간헐적으로 예배와 찬양 속에서 넘치는 기쁨과 황홀을 경험하기도 한다. 하나님의 충만한 임재 속에서 하나님과 교제하고 그를 높이는 귀한 경험을 하는 것이다. 천국에서 우리가 하는 모든 예배와 찬양이 바로 그런 것이 될 것이다. 죄가 완전히 제거된 천국, 하나님의 임재로 충만한 천국에서 드리는 예배와 찬양은 절대 지루하거나 따분하지 않으며, 이루 말할 수 없이 즐겁고 가슴 벅차고 황홀한 경험이 될 것이다.

2) 안식

천국에서 우리는 이 땅에서 살아가면서 겪는 모든 고통에서 해방되어 참된 안식을 누리게 된다. "하나님께서 주실 안식에 들어가는 사람은, 하나님이 자기 일을 마치고 쉬신 것과 같이, 그 사람도 자기 일을 마치고 쉬는 것입니다." 히4:10

안식은 파괴된 관계의 회복을 수반한다. 우리는 하나님, 이웃, 자연 환경 그리고 자신과의 관계가 회복된 삶을 살 것이다. 그래서 더 이상 반역이나 억압과 착취 그리고 소외가 없을 것이며, 하나님이 보시기에 '좋고' 아름다운 곳이 될 것이다. 그것이 바로 참된 안식이다. 창1:31

3) 봉사와 사역

"그리하여 너희가 내 나라에 들어와 내 밥상에서 먹고 마시게 하고, 옥좌에 앉아서 이스라엘의 열두 지파를 심판하게 하겠다."눅22:30

안식한다고 해서 아무 것도 안 한다는 뜻이 아니다. 천국에서도 우리는 하나님과 더불어 세상을 다스리고 하나님이 원하시는 다른 일들도 할 것이다. 그러나 그 곳에서 하는 '일'은 지금 이 땅에서 우리가 하는 '일'과는 다를 것이다. 일을 고통스럽게 만드는 죄와 악, 이기심과 정욕 그리고 그로 인한 스트레스와 절망감은 사라질 것이기 때문이다. 그 결과 하나님이 원래 의도하셨던 대로 일이 고통스러운 것이 아니라 즐겁고 기쁜 것으로 회복될 것이다.

6. 천국의 존재가 우리의 삶에 주는 의미

하나님이 천국에 대해 여러 말씀을 주시고 기대를 갖게 하시는 이유가 무엇일까? 물론 천국이 존재한다는 사실을 알려주는 의미도 분명 있다. 그러나 천국은 단지 미래에 대한 이야기만이 아니다. 그것의 존재는 그리스도인의 현재의 삶에 중대한 영향을 미친다.

1) 고통을 이기는 소망

비록 우리가 이 땅에서 하나님의 제자로 살아가는 동안 어렵고 힘들고 고통스러운 삶을 경험하면서 좋은 것들을 많이 누리지 못한다 하더라도, 그래도 우리에게는 소망이 있다. 가장 아름답고 멋진 곳, 하나님의 영광이 충만하고, 진정한 평화가 있는 곳에 들어갈 것이기 때문이다. "그러나 우리는 주님의 약속을 따라 정의가 깃들여 있는 새 하늘과 새 땅을 기다리고 있습니다."벧후3:13

기독교 역사를 수놓았던 수많은 믿음의 사람이 이런 소망을 품고 고통을 이겨냈다. 스데반, 바울, 베드로, 예루살렘교회와 안디옥교회 성도들, 그들에게서 복음을 받은 수많은 초대교회 성도들, 구한말 민족의 운명이 극단의 위기에 놓인 상황 속에서 하나님나라의 복음으로 소망의 불씨를 지폈던 우리 믿음의 선조들이 그러했다. 이들의 삶은 우리도 하나님나라와 그의 의를 위하여 살아가면서 겪는 수많은 고난과 고통에 굴복하지 말고 천국에 대한 소망을 품고 그 어려움을 견뎌내라는 위로와 격려가 된다.

2) 현재에 침투한 미래의 천국

천국의 완성은 미래이지만 미래의 천국은 현재에 침투해 들어왔다. 이미 하나님의 나라가 우리 안에 들어온 것이다. 눅17:21, "하나님의 나라는 너희 가운데에 있다" 우리가 하나님의 주권을 인정하고, 그의 임재를 기뻐하고, 그의 인도하심을 따를 때 이미 천국을 경험하고 있는 것이다. 또한, 성도들과 사랑과 용서와 섬김으로 진정한 코이노니아를 나누고 행 2:44-46, 세상 속에서 하나님의 정의와 평화를 누릴 때 천국을 경험한다. 이런 경험은 미래에 완성될 완전한 하나님나라를 더욱 소망하게 한다.

3) 우리 삶의 목표

이런 측면에서 미래에 예고된 천국의 모습은 우리가 이 땅에서 추구해야 할, 또는 이루어가야 할 목표를 보여주는 의미가 있다. 우리는 완성될 천국을 바라보면서 지금 그런 모습을 흉내 내려고 애쓴다. 그것이 천국을 지금 우리에게 가져다주셔서 경험하게 하신 하나님의 뜻이다. 천국은 미래에 이루어질 것이지만, 그것은 현실을 변화시켜야 할 방향을 제시하는 모델의 역할도 한다. 우리는 미래의 완전한 천국을 모델로 하여 지금 이곳의 현실을 변화시켜 나가는 것이다.

4) 삶의 동력

천국에 대한 소망은 우리가 열심히 하나님을 위해서 살게 하는 동력이다. 바울은 예수 그리스도의 부활과 종말에 경험할 우리의 부활 그리고 그 후에 일어날 영광스러운 변화에 대해 설명한 후에, 그 미래를 현실과 연결시키면서 이렇게 권면한다. "그러므로 나의 사랑하는 형제자매 여러분, 굳게 서서 흔들리지 말고, 주님의 일을 더욱 많이 하십시오. 여러분이 아는 대로, 여러분의 수고가 주님 안에서 헛되지 않습니다."고전15:58 우리가 주를 위하여 하는 수고는 절대로 헛되지 않을 것이다. 천국이 실재하고 그곳에 우리가 들어갈 것이 확실하기 때문이다.

그러므로 천국을 소망하는 믿음을 가진 자마다 한편으로는, 현실의 팍팍한 삶 속에서도 포기하지 않고 주님이 주신 목표를 위하여 더욱 헌신한다. 그러면서 다른 편으로는, 이 땅에서의 삶이 영원할 것으로 생각하지 않고 우리를 위해 예비되어 있는 새 하늘과 새 땅을 소망하며 사도 요한과 더불어 이렇게 외칠 것이다. "아멘, 주 예수님, 어서 오십시오."계22:20

색인

ㄱ

가현설 22
거룩한 영 164
공생애 22 25 76
구속 46 68 202 205 296 297
그루뎀 168
그리스도의 몸 206 216 230 247
그리스도의 신부 206
그리스도의 인성 35 39
그리스도의 편지 206
기드온 130

ㄴ

나사로 24 29
네스토리우스 35 36
니고데모 16 43 99 100 104
니케아 12 34

ㄷ

다윗 57 135
대속 27 64 68 96 113 123 144 153
대안 공동체 234
대조 사회 234
도마 19 83 196

ㅁ

마틴 루터 95
맘모니즘 213
맥그라스 129
모세 46 47 48 50
문화명령 235 297
므비보셋 135

ㅂ

바나바 160 164
바리새인 76 80 81 82
바알세불 16
바울 사도 136
베드로 19 25 42 48 83 96 111 117 142 146 149 151 165 167 187 196 197 214 217 218 219 225 253 272 295 300
보혜사 243
브리스길라 160
빌라도 총독 76

ㅅ

사문서 128
선지자 11 46 47 48 49 50 51 52 60 64 117 245 281 289
섬김 사역 237
성령 충만 159 160 161 162 163 164 165 166 167 168 169 170
성만찬 208
성육신 34 35 37 39 40 41 42 44 48 64 122
성화 128 144 146 147 148 149 150 151 153 154 155 156 157 164 172 173 174 175 176 183 279
스데반 160 261 300
신적 합일설 263

ㅇ

아굴라 160
아르미니안주의 172
아리우스 12
아브라함 14 26 39 179 217
아인슈타인 11

아타나시우스   12
아폴리나리우스   22 35 36
안디옥 교회   300
알렉산더   184 186
알프레드 아이어   63
야고보   22 72 81 83 116 125
   126 177 179 180 225
양성교리   34 37 39
에비온   12
에클레시아   203
엘리야   18 46
영화   126 147 148 173 214 279
   281
예레미야   18
요셉   22 76 164
유다   22 76
유티케스   35 36

ㅈ

재림   38 58 86 140 243 267
   268 269 270 272 273 274
   275 276 277 278
적그리스도   271 272
중생   99 100 101 102 103 104
   105 106 107 108 109 119
   148 230
진리의 영   163 167

ㅊ

칭의   119 120 121 122 123 124
   125 126 127 128 129 130
   132 144 145 146 148 172
   173 177 178 180 182 190

ㅋ

카할   201 203
칼뱅주의   171 172
칼케돈   35 38
케노시스   37 40 41 42 44

케노시스 신학   37
코이노니아   233 300
키케로   63

ㅌ

토플레디   130

ㅎ

하나님의 가족   200 206 208 210
   225
하나님의 백성   56 127 202 203
   204 205 206 217 292
하나님의 성전   133 169 206 271
할례   162 185 202
환생설   263
회개   47 49 50 52 54 93 94 96
   104 110 111 112 113 114
   115 117 118 120 181 186
   187 198 289
회심   80 110 114 115 117 118
   119 148 189
회중   201
후메내오   184 186
후크마   295 296
히브리서   25 26 31 33 54 139
   146 155 181 186

색인 | 303